Andreas Witzel | Herwig Reiter

Das problemzentrierte Interview – eine praxisorientierte Einführung

Grundlagentexte Methoden

Andreas Witzel | Herwig Reiter

Das problemzentrierte Interview – eine praxisorientierte Einführung

BELTZ JUVENTA

Die Autoren

Dr. Andreas Witzel ist seit 1976 als Wissenschaftler im Bereich der empirischen Lebenslaufforschung an der Universität Bremen tätig gewesen, jetzt befindet er sich im Ruhestand. Er ist einer der Wegbereiter qualitativer Sozialforschung und entwickelte das PZI.

Dr. Herwig Reiter ist Wissenschaftler im Zentrum für Dauerbeobachtung und Methoden am Deutschen Jugendinstitut in München und arbeitet in den Bereichen qualitative Methoden der Sozialforschung, qualitative Interviewforschung, Jugendforschung, Lebenslaufsoziologie.

MIX
Papier | Fördert gute Waldnutzung
FSC® C089473
www.fsc.org

Dieses Buch ist erhältlich als:
ISBN 978-3-7799-6278-6 Print
ISBN 978-3-7799-5578-8 E-Book (PDF)

1. Auflage 2022

in der Verlagsgruppe Beltz · Weinheim Basel
Werderstraße 10, 69469 Weinheim

Herstellung: Ulrike Poppel
Satz: Datagrafix, Berlin
Druck und Bindung: Beltz Grafische Betriebe, Bad Langensalza
Beltz Grafische Betriebe ist ein klimaneutrales Unternehmen (ID 15985-2104-1001)
Printed in Germany

Weitere Informationen zu unseren Autor:innen und Titeln finden Sie unter: www.beltz.de

Inhalt

I Einleitung 9

II Hinführung: das Grundanliegen problemzentrierter Interviewführung 16

1. Zum Einstieg: wie Fragen ausführliche Antworten verhindern können, oder: das Problem des Frage-Antwort-Schemas – Beispiel A 17
   1.1. Erste Einschätzung 18
   1.2. Weiterführende Diskussion 20
   1.3. Methodische Bilanz 22
2. Die Anfangsphase des Interviews: eine Weichenstellung für das PZI – Beispiel B 24
   2.1. Erste Einschätzung 26
   2.2. Weiterführende Diskussion 28
   2.3. Methodische Bilanz 32
3. Die Interviewenden – Wanderer zwischen zwei (Wissens-)Welten 33
   3.1. Vorwissen in Interviewbeispiel B 35
   3.2. Fiktive Variante eines gelungenen Rückgriffs auf den Höhepunkt der Erzählung 37
   3.3. Methodische Bilanz – Vorwissen, Vorinterpretation, Gegenstandsorientierung 39
4. Fazit 41

III Programmatik des PZI – methodische Aspekte, Begrifflichkeiten und Konzepte 42

1. Verstehensprozesse im qualitativen Interview 43
   1.1. Sinnverstehen als Alltagsmethode 44
      1.1.1. Sinnverstehen nonverbaler Kommunikation – Beispiel Gestik 46
      1.1.2. Dokumentarische Methode der Interpretation (DMI) als Prozess 50
      1.1.3. Sinnverstehen im Alltag mit der DMI – Fazit 52
   1.2. Sinnverstehen im qualitativen Interview 53
      1.2.1. Überbrückung fremder Sinnwelten im Interview 54
      1.2.2. Erzählungen, (Nach-)Fragen und ihre Kombination 57
      1.2.3. Sinnverstehen im qualitativen Interview anhand der DMI – Fazit 62

2. Problemzentrierung 64
3. Vorwissen und sensibilisierende Grundhaltung 67
    3.1. Verwendung sensibilisierender Konzepte 68
    3.2. Sensibilisierende Grundhaltung 70
    3.3. Vorwissen als Voraussetzung und Mittel für problemzentrierte Forschung 73
    3.4. Prozesshaftigkeit problemzentrierter Forschung 76
4. Kommunikation im PZI 77
    4.1. Rollen von Interviewenden und Interviewten 78
        4.1.1. Interviewende – aktive/passive Doppelrolle als Fachkundige und Lernende 79
        4.1.2. Interviewte – Doppelrolle als Objekte und Subjekte 84
        4.1.3. Dynamik der PZI-Interaktion 86
    4.2. Kontaktaufnahme und Vorbereitung des Arbeitsbündnisses 88
    4.3. Kommunikationsstrategien der allgemeinen Sondierung 90
    4.4. Kommunikationsstrategien der spezifischen Sondierung 93
    4.5. Zusammenspiel der Kommunikationsweisen im Rahmen des PZI-Gesamtkonzepts – ein Fazit 96

IV Praxis und Umsetzung des PZI 100
1. Was ist das Problem? – Forschungsinteresse & Begründung der Methodenwahl 101
2. Was weiß ich und wie nutze ich mein Vorwissen im Interview? 104
    2.1. Aus dem Werkzeugkasten der Interviewstrukturierung – Gesprächsfaden & ARB-Modell 105
        2.1.1. Gesprächsfaden – ein Wegweiser für Interviewende 107
        2.1.2. Heuristisches Schema zum Sortieren und Erinnern von Aussagen – Beispiel: ARB-Modell 113
3. Interviewvorbereitung 121
    3.1. Interviewtraining 122
    3.2. Aufklärung und Vorbereitung 124
4. Bildung eines Arbeitsbündnisses 128
5. Kommunikationsstrategien der Interviewführung – Offenheit und dialogische Verständnisklärung 132
    5.1. Typischer Interviewablauf – Übersicht 132
    5.2. Ausgangspunkte des Interviewgesprächs 136
    5.3. Situativer Einsatz verschiedener Kommunikationsstrategien 139
        5.3.1. Zielgerichtete Pfade zum Wissen – erzählungsgenerierende Strategien 140
        5.3.2. Verschlungene Wege zum Verständnis – verständnisgenerierende Strategien 148

5.3.3. Kommunikationsstrategien – zusammenfassende Übersicht 162
5.3.4. Flexible Reise zur Erkenntnis – ein Fazit 164
6. Idealtypische Interviewsituationen – Varianten des interaktiven Austauschs 165
6.1. Situation 1 – Einstieg und Interaktion zu Beginn des Interviews 167
6.2. Situation 2 – Annäherung an eine produktive Interaktion 173
6.3. Situation 3 – Ergebnisorientierte, diskursiv-dialogische Interaktion 180
6.4. Situation 4 – Abschluss und Nachbereitung des Interviews 183
7. Anmerkungen zur Auswertung 188
7.1. Inhaltliche Sondierung und Rekonstruktion von Vorinterpretationen 190
7.2. Fallanalyse 192
7.3. Fallvergleich 194
7.4. Synthese und Darstellung der Ergebnisse 195

Glossar wichtiger PZI-Begriffe 200

PZI – Literatur, chronologisch 205

Literatur 206

Anhang
Gesprächsfaden der Beispielstudie 211

I Einleitung

Grundidee der Einführung

Bei Interesse an der Anfang der 1980er Jahre entwickelten Methode des problemzentrierten Interviews (PZI) kann mittlerweile auf zahlreiche Veröffentlichungen zur Anwendung in Forschungsprojekten zurückgegriffen werden. Nach über 40 Jahren Forschungspraxis mit dem Verfahren wollen wir diese *Erfahrung* für die Gestaltung des vorliegenden Buchs nutzen, statt auf Debatten zu theoretischen Grundlagen des PZI zurückzugreifen. Auch wollen wir die Logik der Methode und ihre Anwendungsempfehlungen möglichst praxisnah darstellen und anhand von konkreten Forschungszusammenhängen kontextualisieren und erläutern. Die praxisorientierte Vermittlung konzeptioneller Inhalte ist nicht ganz einfach. Daher wählen wir im Rahmen unseres Lehrbuchs einen eher ungewöhnlichen Zugang. Vor dem Hintergrund unserer eigenen Forschungs- und Lehrerfahrungen besteht die *Leitidee* für diese Einführung darin, stärker auf die Erklärungskraft konkreter Interaktionsabläufe im Interview zu setzen, anstatt methodisch relevante Einzelaspekte sukzessive abzuarbeiten. Besonderes Gewicht legen wir auf die Diskussion des realen Interviewgeschehens und illustrieren es anhand von Ausschnitten aus Transkripten eines empirischen Forschungsprojekts. Wir laden die Lesenden zu einem *Lernprozess* ein, in dem sie die Inhalte trotz des Formats eines Lehrbuchs nicht nur rezeptiv verarbeiten, sondern sich einzelne Schritte auch aktiv nachvollziehend aneignen können. Interviewsequenzen und zugehörige methodische Kommentare dienen als Grundlage dafür, sich kritisch mit den verfahrenstypischen Strategien und den Bemühungen von Interviewenden um einen thematisch ergiebigen Dialog auseinanderzusetzen.

Dieses Anliegen verfolgen wir über drei Kapitel hinweg mit unterschiedlichen Schwerpunktsetzungen, die auch in verschiedenen Darstellungsstilen reflektiert sind. Kurz gesagt, in *Kapitel II* geben wir einen ersten Einblick in einzelne mehr oder weniger gelungene Aspekte interviewmethodischer Vorgehensweisen. Diese thematische Hinführung ist so gestaltet, dass wir die Lesenden mithilfe ausführlicher Kommentierungen von zwei kurzen Beispielen des Intervieweinstiegs *mitnehmen* in die Welt der qualitativen Interviewführung. Auf diese Art wollen wir für zentrale Herausforderungen sensibilisieren, ohne die Darstellung mit konzeptionellen Aspekten zu überfrachten. Außerdem sollen die Lesenden neugierig gemacht werden auf die im Anschluss daran folgende Diskussion programmatischer und praktischer Vorschläge des problemzentrierten Ansatzes zur Begegnung dieser Herausforderungen. *Kapitel III* ist zum Großteil im Stil einer *Synthese* verfasst und den programmatischen Grundlagen des PZI zur Vorbereitung und Gestaltung des Interviews und Verwendung von Kommunikationsstrategien gewidmet. In *Kapitel IV* wechseln wir die Perspektive und demonstrieren den Prozess der *praktischen Umsetzung* des PZI Schritt für Schritt. Um ihren gegenstandsangemessenen Einsatz erfahrungsbasiert nachvollziehbar zu machen, werden die konkrete Anwendung und Wirkung von Kommunikationsstrategien erneut anhand von Interviewausschnitten illustriert. Wie Kapitel II ist auch dieser Abschnitt so gestaltet, dass wir die Lesenden möglichst nah und kleinschrittig an die Abläufe im konkreten Interviewgeschehen heranführen, um reale Austauschprozesse transparent zu machen.

Durch die wiederholte Diskussion programmatischer Aspekte im Zusammenhang von Empfehlungen zur praktischen Interviewgestaltung entsteht eine gewisse begriffliche und argumentative Redundanz, die beabsichtigt ist. Wir wollen so die Vollständigkeit der Argumentation gewährleisten und die vielfältigen Schattierungen und perspektivischen Nuancen deutlich machen. Das *Ziel* des Einführungsbuchs besteht zunächst darin, sich einen umfänglichen Einblick in die Methode des PZI erarbeiten zu können. Auf dieser Grundlage soll es möglich sein zu entscheiden, ob es eine adäquate Methode zur Bearbeitung eigener Fragestellungen sein könnte und ob der damit verbundene Aufwand notwendig und gerechtfertigt ist. Außerdem wollen wir den Lesenden mit diesem Buch nicht nur einen Werkzeugkasten an methodischen Hilfsmitteln an die Hand geben, sondern ihnen in Verbindung damit eine gewisse professionelle Haltung als Interviewende nahelegen. Dazu gehören: Ernsthaftigkeit in der Sache; Akzeptanz, Authentizität und Empathie gegenüber den Interviewten; Achtsamkeit in Bezug auf die Interaktionssituation; Vermeiden von Vorurteilen; und selbstkritische Distanz zum eigenen Verhalten.

Zum Hintergrund des PZI

Das PZI wurde von Andreas Witzel (1982, S. 66 ff.) ausgearbeitet als „methodische Alternative" zu Ansätzen, die sich an der normativ-standardisierten Forschungstradition orientieren. Es hat seinen *intellektuellen Hintergrund* in methodologischen und erkenntnistheoretischen Debatten der 1970er Jahre im Anschluss an Jürgen Habermas' (1967) Rehabilitation interpretativer Ansätze. Einflussreich war insbesondere Habermas' Diskussion von Aaron Cicourels (1970/1964) Methodenkritik und dessen Rezeption der Sozialphänomenologie von Alfred Schütz (Witzel/Mey 2004; Ploder 2018). Die *Entwicklung des Verfahrens* des PZI nahm ihren Ursprung in Forschungsprojekten zur beruflichen Sozialisation Jugendlicher, die Ende der 1970er Jahre an der Universität Bremen durchgeführt wurden. Angesichts der Unzulänglichkeiten von Fragebögen zur Einstellungsmessung entwickelte Andreas Witzel (1982) das problemzentrierte Interview im Rahmen seiner Dissertation mit dem Anspruch, damit „Realitätsdeutungen […] so authentisch wie möglich, d.h. ohne theoretische Vorgriffe und ohne Ausklammerung ambivalenter sozialer Orientierungen, zu explorieren" (ebd., S. 10). Sein

Vorschlag basierte auf Erfahrungen in laufenden Forschungsprojekten und entstand in kritischer Auseinandersetzung mit grundlegenden Debatten interpretativer Sozialforschung (z. B. Garfinkel 1967; Blumer 1969; Wilson 1973/1970) und damals verfügbaren innovativen Vorschlägen zur *Interviewpraxis* (z. B. Cicourel 1974; Laslett/Rapoport 1975; Schütze 1977; vgl. Witzel 1982, S. 40 ff.). Das vorliegende Einführungsbuch widmet sich nur dem problemzentrierten Interview im engeren Sinn, das in der ursprünglichen Konzeption des Verfahrens Bestandteil eines multimethodischen Ansatzes war (Witzel 1982).

Die Entwicklung des PZI markierte in Deutschland den Beginn einer Diskussion zur expliziten *Vorwissensorientierung* in der qualitativen Sozialforschung, die richtungsweisend war für den DFG-Sonderforschungsbereich 186 (1989–2001) zu „Statuspassagen und Risikolagen im Lebensverlauf" an der Universität Bremen. Die daraus resultierende innovative Debatte und praktizierte Integration qualitativer und quantitativer Verfahren und Ergebnisse (Erzberger 1998; Kelle 1994; Kelle/Erzberger 2001; Schaeper/Kühn/Witzel 2000; Schaeper/Witzel 2001) wird in aktuellen Beiträgen zu Mixed Methods Ansätzen (Baur/Kelle/Kuckartz 2017) fortgeführt. Die Berücksichtigung von Vorwissensbestandteilen erfolgt im PZI dadurch, dass zunächst vorhandenes (Forschungs-)Wissen hinsichtlich einer sozialwissenschaftlichen Problemstellung systematisch aufgearbeitet und reflektiert wird. Dieses Wissen wird zur Vorbereitung des Interviews genutzt und dann dazu eingesetzt, die Äußerung der subjektiven Problemsicht von Interviewten in der Perspektive ihres Alltagswissens zu fördern, besser zu verstehen und einordnen zu können. Entscheidend ist dabei, dass das Vorwissen die Sichtweise der Interviewten nicht überdeckt und ihre Entfaltung auch nicht behindert. Dadurch wird schließlich die Chance zur Entdeckung neuartiger Aspekte der Problemstellung und zur Erweiterung des Forschungswissens sowohl direkt im Gespräch als auch in der nachgelagerten Phase der Datenanalyse gesteigert.

Der Anspruch der Revision vorhandenen Forschungsvorwissens durch die Konfrontation mit Alltagswissen korrespondiert mit den Hauptschritten der Umsetzung problemzentrierter Forschung; diese sind:

I. die inhaltliche Vorbereitung (*Welches Vorwissen wird wie berücksichtigt und organisiert?*);
II. die Datenerhebung (*Wie wird Vorwissen im Interview zur Sammlung individueller Perspektiven eingesetzt?*); und
III. die Interpretation und Analyse im Laufe des Interviews und danach (*Wie wird neues Wissen produziert?*).

Durch seine Kombination von Wissensanteilen und durch die systematische Berücksichtigung und Explikation von Vorwissen hat sich das PZI als Verfahren im Rahmen von Studien bewährt, die qualitative und quantitative

Forschungsergebnisse integrieren. Genutzt wurde es vor allem im Rahmen der Lebenslauf- und Biografieforschung an der Schnittstelle zwischen Sozialstruktur und individueller Lebenserfahrung (Kluge/Kelle 2001). Das Verfahren ist besonders geeignet für Forschungsprojekte, in denen eine für die Sozialforschung typische Überlappung von Erfahrungen der Forschenden und der Beforschten angenommen werden muss. Schließlich sind beide – wenn auch unterschiedlich – von gesellschaftlichen Rahmenbedingungen betroffen. Das kann dazu führen, dass Alltagswissensbestandteile der Forschenden – also die Selbstverständlichkeiten ihres eigenen Lebens – nicht hinterfragt und offengelegt werden. Dadurch können diese Selbstverständlichkeiten als unreflektierte Deutungsheuristiken implizit wirksam bleiben und drohen, ihre Perspektive als Forschende im Sinne einer „Schattenmethodologie" zu kontaminieren (Kelle 2007a: S. 103–106).

Der problemzentrierte Ansatz hat den Anspruch, dieses Problem zu bearbeiten und berücksichtigt die verschiedenen Wissensperspektiven der Beteiligten daher schon in der Interviewvorbereitung systematisch. Aufgrund der für das Verfahren zentralen Bedeutung des Austauschs von Wissensperspektiven ist die Forschungsbegegnung konzipiert als ein interaktiver Prozess der diskursiv-dialogischen Bedeutungskonstitution auf der Basis veränderlicher wechselseitiger Interpretationen (vgl. Mey 2000).

Aufbau, Anspruch und Grenzen des Buchs

In unseren Kursen und Workshops haben wir die Erfahrung gemacht, dass es wirkungsvoller ist, die Ziele des PZI anhand von Interviewausschnitten zu vermitteln als anhand von abstrakten Vorgaben und normativen Richtlinien. Die lebendige Diskussion von ungeschönten Beispielen sorgt für viele Aha-Erlebnisse und erleichtert den Aneignungsprozess durch erfahrungsorientierte Einblicke in die Realität von Interviewbegegnungen. Das Format des Lehrbuchs erlaubt es leider nicht, diese Form der direkten interaktiven Auseinandersetzung mit anderen nachzubilden. Doch zumindest den Bezug zur Forschungsrealität wollen wir erhalten, indem alle unsere Interviewbeispiele einem universitären Forschungsprojekt entnommen sind, auf das wir das gesamte Buch hinweg als ‚*die Beispielstudie*' verweisen (Box 1.1).

Box 1.1 – Beispielstudie: Übergänge Jugendlicher in die Arbeitswelt

Die Interviewausschnitte und Textbeispiele in diesem Buch stammen aus Interviews, die im Rahmen einer qualitativen Längsschnittstudie erhoben wurden (Witzel 2020). Es handelt sich um die Teilstudie (A1) des Sonderforschungsbereichs (SFB) 186 „Statuspassagen und Risikolagen im Lebensverlauf" zur Biografiegestaltung junger Fachkräfte in den ersten Berufsjahren. Die Studie wurde von 1988 bis 2001 an der Universität Bremen durchgeführt. Interviewdatensatz (Heinz et al. 2022a) und Studienreport (Heinz et al. 2022b) wurden vom Forschungsdatenzentrum *Qualiservice* (https://www.qualiservice.org) an der Universität Bremen zur Verfügung gestellt.

Im Zentrum der Studie, die mit quantitativen und qualitativen Verfahren über vier bzw. drei Erhebungswellen hinweg durchgeführt wurde, standen Aspekte der Biografiegestaltung sowie typische geschlechts- und regionalspezifische Verlaufsformen des Übergangs Jugendlicher in die duale Berufsausbildung und Erwerbstätigkeit. Der Fokus lag im *qualitativen Teil* der Studie auf den individuellen Biografien der Jugendlichen und auf Orientierungen und Handlungen beim Eintritt in das Berufsleben und in den ersten Jahren im Erwerbssystem. In einem Abstand von jeweils drei Jahren wurden über 90 Jugendliche und junge Erwachsene dreimal mithilfe von PZIs interviewt. Die im Buch verwendeten Interviewausschnitte stammen aus Transkripten der ersten Welle. Weitere Details zur Studie ergänzen wir – falls für das Verständnis des methodischen Vorgehens notwendig – laufend an den entsprechenden Stellen in diesem Buch.

In *Kapitel II* unternehmen wir eine schrittweise Hinführung an das Grundanliegen des problemzentrierten Ansatzes und diskutieren ausgewählte methodische Aspekte anhand von zwei kurzen Interviewabschnitten aus der Beispielstudie. Wir illustrieren zunächst, wie die verfahrene Gesprächsdynamik des sog. Frage-Antwort-Schemas ausführliche Antworten verhindern kann, und stellen dann beispielhaft eine alternative Vorgehensweise vor. Danach widmen wir uns dem für PZIs besonders wichtigen Vorgespräch mit den Interviewten zu Zweck und Ablauf des Interviews sowie ihrer zentralen Rolle bei der aktiven inhaltlichen Ausgestaltung des Gesprächs. Wir reflektieren den Intervieweinstieg, die Wechselwirkung von Eingangsfrage und Eingangserzählung und schließlich die Herausforderung der Interviewenden, Widersprüche zwischen ihrer eigenen Wissenswelt der Forschung und der Alltagswelt von Interviewten produktiv zu überwinden und zur systematischen Entwicklung neuartiger Erkenntnisse zu nutzen. Vor allem auch Studierenden mit keiner oder wenig Erfahrung mit qualitativen Interviews wollen wir mit dieser Hinführung einen niedrigschwelligen Einstieg in die Thematik ermöglichen.

Im Anschluss daran skizzieren wir in *Kapitel III* die programmatischen Aspekte des PZI als Methode der Datenerhebung. Der Anspruch des problemzentrierten Ansatzes der qualitativen Interviewführung ist es, Forschungsgespräche so zu gestalten, dass in Kommunikationsprozessen weitverbreitete Verständnisprobleme gemeinsam mit den Interviewten gelöst und Missverständnisse vermieden werden können. Dieser Abschnitt beginnt daher mit einer Diskussion und Illustration der grundlegenden Problematik des Sinnverstehens und überträgt sie auf das Beispiel des qualitativen Interviews. Um den spezifisch problemzentrierten Ansatz der Interviewgestaltung und -steuerung aus der Sicht der Interviewenden entfalten zu können, führen wir danach wichtige Begriffe und Konzepte ein, die eine Abstrahierung des Anliegens der problemzentrierten Vorgehensweise erlauben. Dieser Abschnitt hat zwar keinen grundlagentheoretischen Charakter, er ist aber dennoch begrifflich dicht. Neben den Empfehlungen zu den Rollen der Beteiligten und der Gestaltung der Interviewbeziehung diskutieren wir hier etwa die Konzepte der sensibilisierenden Grundhaltung und der Kommunikationsstrategien. Zentrale Begrifflichkeiten werden außerdem in einem *Glossar* ‚auf den Punkt gebracht'. Damit wollen wir den Lesenden die Orientierung im PZI-Begriffsuniversum erleichtern.

In *Kapitel IV* zeigen wir, wie programmatische Aspekte in der praktischen Umsetzung von PZIs zur Geltung gebracht werden. Auch hier befassen wir uns mit jenen Facetten, die für dieses Verfahren typisch und besonders sind. Anhand der Beispielstudie illustrieren wir zuerst die Bildung einer Forschungsperspektive und die nötigen Überschneidungen der Perspektiven von Interviewenden und Interviewten in Bezug auf das untersuchte Problem. Danach veranschaulichen wir die Organisation und Verwendung von Vorwissensbestandteilen anhand eines Gesprächsfadens sowie eines heuristischen Schemas zur inhaltlichen Strukturierung des Erkenntnisprozesses im Interviewgespräch. Auf die Vorbereitung des Interviews und die thematische Einführung folgt der zentrale Schritt der Etablierung eines Arbeitsbündnisses, in dem die Interviewten in die kommunikativen Besonderheiten des PZI eingeführt und mit ihren Gestaltungsmöglichkeiten vertraut gemacht werden. Die Funktionsweise der erzählungsgenerierenden und verständnisgenerierenden Kommunikationsstrategien der Interviewführung erläutern und kommentieren wir ausführlich anhand von sechs Interviewsequenzen der Beispielstudie. Dabei wird auch die Wechselwirkung von aktivem Zuhören und aktivem Verstehen deutlich. Im Anschluss daran unterscheiden wir anhand von vier Interviewsituationen typische Varianten des interaktiven Austauschs im PZI. Der Gesprächseinstieg bzw. der Abschluss des Interviews verlaufen idealerweise immer ähnlich. Hingegen können sich die beiden Situationen der Annäherung an eine produktive und thematisch fokussierte Interaktion bzw. des inhaltlich ergebnisorientierten Austauschs in einzelnen Gesprächen im Laufe eines Interviews mehrmals wiederholen. Dieses Buch legt sein Hauptaugenmerk auf die Darstellung der Datenerhebung und Interviewführung. Die Auswertung von PZIs ist nicht auf ein bestimmtes Verfahren festgelegt. Deshalb beschränkt sich der abschließende Abschnitt auf die entsprechend der Programmatik des PZI naheliegenden ersten Auswertungsschritte sowie auf allgemeine Anmerkungen und eine Illustration der Ergebnisproduktion im Rahmen der Beispielstudie.

Dieses Buch ist den *Besonderheiten des PZI* gewidmet und setzt entsprechende Schwerpunkte. Einen Überblick über allgemeine Aspekte qualitativer Interviewpraxis nehmen wir nicht vor (vgl. z. B. Helfferich 2011; Kruse 2014; Brinkmann/Kvale 2015, 2018; Reinders 2016; Misoch 2019; Flick 2021). Da es ein *einführendes Buch* ist, beinhaltet es auch keinen Vergleich des PZI mit anderen ausgearbeiteten Interviewverfahren oder eine Übersicht der Entwicklung der Landschaft qualitativer Interviewverfahren in den letzten Jahrzehnten (vgl. aktuell Mey/

Mruck 2020). Zugunsten unseres Anliegens verzichten wir außerdem weitgehend auf grundlagentheoretische Debatten, die anhand der ursprünglichen Fassung nachvollzogen werden können (Witzel 1982). Auch in unserem englischen Lehrbuch (Witzel/Reiter 2012) sind zusätzliche Forschungsbeispiele und weiterführende Diskussionen enthalten. Darin findet sich außerdem die Diskussion eines Beispiels für die Verwendung des PZI als Experteninterview (Haase et al. 2003; Ackermann/Medjedović/Witzel 2004). Für eine hier nicht enthaltene Gesamtdarstellung einer Studie, die methodisch mithilfe von PZIs umgesetzt wurde, siehe Reiter (2013). Inhaltlich fokussierte Darstellungen von Forschungsergebnissen, die in dieser Studie anhand des problemzentrierten Ansatzes erarbeitet wurden, finden sich in Reiter (2010, 2012, 2019).

Viele Inhalte dieser Einführung sind nicht neu; schließlich existiert das PZI seit vier Jahrzehnten und ist als qualitatives Verfahren der Datenerhebung etabliert. Ohne an jeder Stelle explizit darauf hinzuweisen, speisen sich unsere Argumente vor allem aus diesen Quellen: Witzel (1982, 1985, 1996), Witzel/Reiter (2012, 2021), Reiter/Witzel (2019). In diesem Buch *neu* ist aber die Art, wie programmatische Aspekte des PZI verknüpft sind und in ihrer Bedeutung für die Interviewpraxis immer wieder systematisch aufeinander bezogen werden. Einzelaspekte werden aus unterschiedlichen Perspektiven betrachtet und so wiederholend ausdifferenziert und an Praxisbeispielen exemplifiziert. Wir hoffen, damit ein Einführungsbuch anbieten zu können, das den problemzentrierten Ansatz der Interviewführung für alle Interessierten zugänglich macht und auch zur Verwendung im Selbststudium geeignet ist.

Das Buchmanuskript wurde von vier Händen geschrieben, aber von sechs Augen aufmerksam gelesen. Wir bedanken uns bei Christina Buschle für ihre Unterstützung, Geduld und viele Diskussionen und Anregungen zur Gestaltung und Verbesserung des Manuskripts.

Bremen und Karlsfeld, Juni 2022
Andreas Witzel & Herwig Reiter

II Hinführung: das Grundanliegen problemzentrierter Interviewführung

Für Studierende sowie Forschende mit wenigen oder keinen Erfahrungen mit qualitativen Interviews kann der Einstieg in die Thematik schwierig sein. Es gibt viele Vorstellungen davon, was ein ‚Interview' ist und wie es (vermeintlich) abläuft. Aber was ist ein *problemzentriertes* Interview? Und welches Anliegen verfolgt dieses Verfahren? In diesem Kapitel wollen wir den ersten Schritt der Einführung in die Methode so gestalten, dass wir den Lesenden bei Bedarf die Möglichkeit geben, Schritt für Schritt an der *Ausdifferenzierung von Besonderheiten* des PZI teilzuhaben. Es soll ein leicht zugänglicher und vor allem praxisbasierter Einstieg in einige der *Grundbegriffe und Konzepte* des Verfahrens sein. Mit Grundfragen der qualitativen Interviewführung vertraute Leserinnen und Leser können direkt in das konzeptuell dichtere Kapitel III einsteigen.

Die Bedeutung von Interviewstrategien und deren Einfluss auf eine gelungene und ertragreiche Interaktion zwischen Interviewenden und Interviewten diskutieren wir anhand einer Analyse konkreter Interviewsituationen. Die problemzentrierte Interviewdurchführung ist flexibel und muss ohne das Abarbeiten fixer, klar aufeinander aufbauender Handlungsschritte auskommen. Das liegt vor allem an der Verwobenheit von Methode und Thematik in einem Interaktionsprozess, den Interviewende und Interviewte gemeinsam herstellen, also *koproduzieren*. Um das nachvollziehen zu können, ist das Querlesen der nachfolgenden Diskussion der Interviewausschnitte wenig gewinnbringend. Sich geduldig auf die in diesem Kapitel vorgestellte subjektive Sicht der Interviewten und die Authentizität der Interaktionsbeteiligten einzulassen, verspricht hingegen ähnlich spannend und aufschlussreich zu sein, wie das Führen eines eigenen Interviews. Durch das Eintauchen in die *sorgfältige Diskussion der Textpassagen* ist es möglich, die Dynamik des Interviews zu verstehen und den für das PZI typischen, aktiv sinnverstehenden Zugang zu subjektiv relevanten Thematiken nachzuverfolgen.

Wir veranschaulichen *ausgewählte methodische Aspekte* anhand von kurzen Sequenzen aus zwei Interviews unserer Beispielstudie zum Übergang Jugendlicher in die Arbeitswelt (vgl. Box 1.1). Es handelt sich um zwei junge Erwachsene – die Bürokauffrau Heide B. (Pseudonym) in Beispiel A und den Maschinenschlosser Patrick M. (Pseudonym) in Beispiel B. Bei der Auswahl der Interviewausschnitte haben wir für diese Hinführung bewusst *keine mustergültigen oder irgendwie perfekten Interviews* ausgesucht; das gilt insbesondere für das erste Beispiel A. Es ging uns vielmehr um eine *realitätsnahe Abbildung der Alltagspraxis* des Interviewens, die aufgrund der komplexen Interaktion ohne Fehlerhaftigkeiten nicht zu haben ist. Das hat den Vorteil, die methodischen Grundlagen der problemzentrierten

Interviewführung von zwei Seiten betrachten zu können. Anhand gelungener Interaktionsbeispiele lassen sich vor allem vorbildhafte methodische Abläufe verdeutlichen. Weniger gelungene Passagen bieten hingegen genauso gute Möglichkeiten des *Nachvollzugs der Methodik*, indem auf methodische Lösungen und Alternativen hingewiesen und erläutert wird, wie Interviewende aus vertrackten Interviewsituationen herausfinden können. Das Führen von Interviews bedeutet außerdem, sich auf milieu- und regionalspezifische *Sprechkulturen* von Interviewten einzulassen. Auch darauf sollen diese beiden Beispiele vorbereiten.

Zum Einstieg illustrieren wir im nächsten *Abschnitt 1* anhand von Beispiel A (Heide B.), wie und warum isolierte Einzelfragen im Sinne des sog. *Frage-Antwort-Schemas* den qualitativ-interpretativen Erkenntnisprozess untergraben und dem *Prinzip der Offenheit* widersprechen können. Offenheit bedeutet in diesem Zusammenhang, dass Interviewende gegenüber der Thematik unvoreingenommen sind. Im Rahmen des Interviews bleiben sie also offen für alle Beiträge der Interviewten und geben ihnen die Chance, sich hinsichtlich des Themas ihren Prioritäten entsprechend zu äußern. Anhand dieses Beispiels machen wir Vorschläge, wie ein inhaltlich dürftiges und daher meist auch schwierig zu interpretierendes Ergebnis verhindert werden könnte. *Abschnitt 2* widmet sich zunächst dem für PZIs besonders wichtigen *Vorgespräch*, in dem die Interviewten auf den Zweck und Ablauf des Interviews eingestimmt und über ihre zentrale Rolle bei der aktiven inhaltlichen Ausgestaltung aufgeklärt werden. Danach diskutieren wir anhand eines Ausschnitts des Interviews mit Patrick M. ein zweites Beispiel B für einen Interviewеinstieg. In *Abschnitt 3* dient uns Beispiel B auch zur Illustration der besonderen Herausforderung für die Interviewenden, das Gespräch so zu führen, dass sie bereits vorhandenes *(Vor-)Wissen* zur Thematik des Interviews mithilfe der Problemsicht von Interviewten ergänzen und erweitern. Im Zentrum stehen Vorschläge zur produktiven Überwindung von Widersprüchen zwischen den Wissenswelten der Interviewenden und derjenigen von Interviewten.

1. Zum Einstieg: wie Fragen ausführliche Antworten verhindern können, oder: das Problem des Frage-Antwort-Schemas – Beispiel A

Das erste Textbeispiel A ist Teil eines eher nicht gelungenen Interviews mit Heide B. Wir stellen es im Sinne einer negativen Vergleichsfolie an den Anfang, weil es einen typischen und verbreiteten Interviewfehler illustriert. Genauer gesagt, ist es ein lehrreiches Beispiel für die auch in qualitativen Interviews gängige Reproduktion eines Kommunikationsmusters, das in herkömmlichen Befragungen vorherrscht. Dabei arbeiten die Interviewenden eine Frage nach der anderen ab und fordern die Interviewten auf, möglichst kurz und pointiert zu antworten. Gerade dieses häufig verwendete, sog. *Frage-Antwort-Schema* (vgl. auch Box 4.9

in Kapitel IV) wollen wir mithilfe der programmatischen und praktischen Empfehlungen des PZI überwinden.

Konkret gehen wir anhand von Beispiel A der Frage nach, inwieweit der hier praktizierte Interviewstil dazu beiträgt oder verhindert, ein Gespräch in Gang zu setzen, das erste gewinnbringende Auskünfte über den Verlauf und die Gestaltung einer Etappe der Berufsbiografie sowie einen Einblick in die damit verknüpften Überlegungen liefern kann. Schauen wir uns zur Diskussion dieser Frage die Anfangspassage des Interviews mit Heide B. (Pseudonym), einer Auszubildenden zur Bürokauffrau, an.

Beispiel A – Heide B.	
A1	***I (Interviewer):*** *Sie haben Bürokauffrau gelernt. Vielleicht erzählen Sie einfach mal, wie es dazu gekommen ist!*
A2	***Heide B.:*** *Ich habe vorher Elektrotechnik studiert und wollte ganz was anderes machen, also weil mir des kein' Spaß mehr gemacht hat. Und nun wollte ich eigentlich Industriekauffrau lernen, hab' da aber keine Ausbildungsstelle bekommen und bin auf Bürokauffrau umgestiegen.*
A3	***I:*** *Ja. Welchen Schulabschluss haben Sie?*
A4	***Heide B.:*** *Fachhochschulreife.*
A5	***I:*** *Fachhochschulreife. Und war' n Sie direkt nach der Fachhochschulreife mit dem Studium angefangen, oder ...*
A6	***Heide B.:*** *Ja.*
A7	***I:*** *Ja. Und wieso sind Sie gerade auf Elektrotechnik gekommen? Das is' ja was ganz anderes [lacht].*
A8	***Heide B.:*** *Ja, ich hab' vorher Nachrichtengerätemechanikerin gelernt, [**I.:** Hm.] die technische Fachhochschulreife dann gemacht und bin dann [**I.:** Ja.] auf Elektrotechnik gekommen.*
A9	***I:*** *Ja. Ja. Und was hat Ihnen an diesen ... Wie lange ham Sie studiert? Wie lange war das ungefähr?*
A10	***Heide B.:*** *Zweieinhalb Jahre.*

1.1. Erste Einschätzung

Mit überwiegend knappen Fragen und ebenso knappen Antworten hat der Interviewer in diesem kurzen Abschnitt zusammengefasst Folgendes erfahren: Heide B. hat zunächst Nachrichtengerätemechanikerin gelernt, dann die technische Fachhochschulreife erworben und direkt danach zweieinhalb Jahre Elektrotechnik studiert. Dann wollte sie Industriekauffrau werden, hatte aber keinen Ausbildungsplatz bekommen und ist jetzt Bürokauffrau.

Wie ist dieser Abschnitt methodisch zu bewerten? Warum ist er problematisch?
Obwohl dieser Interviewabschnitt ein paar nützliche Informationen zum Werdegang von Heide B. beinhaltet, hinterlässt der erste Eindruck doch eine gewisse Enttäuschung über den mageren Gehalt. Zumindest wurde die Erwartung

enttäuscht, mit dem zunächst offenen Intervieweinstieg – *„Vielleicht erzählen Sie einfach mal, wie es dazu gekommen ist!" (A1)* – etwas breitere und detailreichere Aussagen zur Berufsbiografie von Heide B. zu erlangen. Die Ursache für die inhaltliche Dürftigkeit des Textausschnitts besteht im Vorherrschen einer Frageform, die derjenigen eines standardisierten Fragebogens, ob postalisch oder mit einem Interviewer vor Ort, entspricht: Im Wechselspiel mit der Interviewpartnerin arbeitet der Interviewer verschiedene Themen ab und formuliert schlichte Fragen. Heide B. kann darauf ebenso einfache und kurze Antworten geben, bevor sie wieder wartet, wie es weitergeht. Der Interviewer gibt sich damit zufrieden und macht sofort mit der nächsten Frage weiter, usw., usw.

Man könnte sich nun fragen, ob denn diese Art der Kommunikation in Form eines *Frage-Antwort-Schemas* für Heide B. möglicherweise angemessen ist und ihren Erwartungen gerecht wird. Entspricht dies nicht immerhin einem üblichen, d. h. gesellschaftlich durchgesetzten Vorgehen im Rahmen einer Begegnung, die als ‚Interview' bezeichnet wird? Könnte Heide B. mit dieser Vorgehensweise vielleicht sogar vertraut sein? Ist sie es möglicherweise gewohnt – wie teilweise im Alltag auch –, thematisch organisierte und klare Fragen gestellt zu bekommen, darauf zu reagieren und jeweils inhaltlich angemessen und korrekt zu antworten?

Aus diesen ambivalenten Überlegungen zu Ergiebigkeit und Ablauf des Austauschs resultieren zwei naheliegende Alternativen zur Gestaltung von Interviews. Entweder können wir es bei einem solchen gesellschaftlich durchgesetzten Interview- und Fragestil belassen und versuchen, ihn zu optimieren. In diesem Fall würden wir etwa an präzisen und standardisierten Frageformulierungen feilen, um möglicherweise verbesserte Ergebnisse zu erlangen. Oder wir brechen radikal mit dieser Interviewtradition, die dazu neigt, zwar informative, aber sinnarme und undifferenzierte Antworten zu provozieren. Letzteres hatte sich das PZI als alternative Erhebungsmethode Anfang der 1980er Jahre zum Ziel gesetzt. Der restliche Teil des Einführungsbuchs ist der Ausdifferenzierung und Umsetzung dieses Anspruchs gewidmet.

Was ist die alternative methodische Vorgehensweise im PZI?

Die Reproduktion des Frage-Antwort-Schemas ist nicht dazu geeignet, thematisch zusammenhängende und gehaltvolle Aussagen zu erlangen, da es den Interviewten lediglich eine passiv-reagierende Rolle zuweist. Das PZI setzt bei der Gestaltung der Interaktion hingegen auf eine *aktivere Rolle* der Interviewten – die eines Subjekts, das seine Handlungen und Erfahrungen nicht nur berichtet, sondern auch kommentiert und reflektiert. Die Aufgabe der Interviewenden besteht also zuerst darin, die Interviewten zu Erzählungen und längeren selbstläufigen Ausführungen anzuregen, die im weiteren Verlauf des Interviews als Grundlage und Anlässe für Detaillierungen und gezielte Nachfragen genutzt werden können.

Beispiel A illustriert die Dynamik einer herkömmlichen Befragung in der Logik des Frage-Antwort-Schemas. Interviewte müssen dabei zunächst die

Absichten hinter jeder gestellten Frage interpretieren, sich auf die Beantwortung einzelner, isolierter Frageinhalte beschränken und sich an eine vorgegebene Abfolge von Fragen und Antworten halten. Im PZI sollen sie hingegen unbelastet sein von solchen Formalzwängen und ihre eigene Sichtweise – etwa auf ihre Berufsfindungsgeschichte – möglichst frei entfalten können. Zum Beispiel könnten sie auf eine offene Frage nach berufsbiografischen Erfahrungen („Was") in ihren Ausführungen dem „Ob" oder „Wann" einer Erfahrung von selbst ein „Wie" (Ablauf) und „Warum" (Vorlieben, Entscheidungen etc.) hinzufügen und nach eigenen Vorstellungen ausführen. Bei dem für die qualitative Forschung besonders interessanten „Wie" geht es etwa um *Handlungen* (z. B. Bewerbungen um einen Ausbildungsplatz) im gesellschaftlichen *Kontext* (z. B. Ausbildungsstellenmarkt) sowie um konkrete *Erfahrungen* (z. B. im Studium der Elektrotechnik).

Tatsächlich weist der Anfang von Beispiel A darauf hin, dass der Interviewer ursprünglich durchaus dieses Anliegen verfolgen und eine Erzählung in Gang bringen wollte. An der Formulierung der ersten beiden Sätze ist erkennbar, dass es ihm eigentlich gar nicht um das bloße Abfragen von Fakten im Sinne des Frage-Antwort-Schemas ging: *„Sie haben Bürokauffrau gelernt. Vielleicht erzählen Sie einfach mal, wie es dazu gekommen ist!" (A1).* Diese Aussage beinhaltet implizit eine offene Frage und fungiert als Aufforderung oder Bitte an Heide B., den Berufsfindungsweg aus ihrer Sicht und möglichst in eigener Regie zu schildern. Ein solcher Einstieg soll die Interviewpartnerin als Subjekt ihrer Erlebnisse ansprechen und sie als zentrale Figur des Interviews etablieren. Hinter dieser Erzählanregung steckt also im Grunde die methodische Absicht, zu verhindern, dass die Interviewpartnerin im Sinne eines Frage-Antwort-Schemas mit einem bloßen „Ja" oder „Nein" oder mit einem einzigen Wort oder kurzen Satz antworten kann. Allerdings wird dieser methodische Ansatz vom Interviewenden in Beispiel A nicht weiterverfolgt. Möglicherweise hat er sich durch die kargen Aussagen von Heide B. stattdessen zu einer Art Faktenermittlung entlang des Frage-Antwort-Schemas verleiten lassen.

Im nächsten Schritt betrachten wir den Interviewausschnitt noch einmal genauer, um herauszufinden, wie der Mangel an ertragreichen Aussagen zustande gekommen ist und wie eine Alternative Art der Interviewführung aussehen könnte.

1.2. Weiterführende Diskussion

Was folgt auf die Einstiegsfrage des Interviewenden?

Da es sich um ein *qualitatives* Interview handelt, können wir unterstellen, dass der Interviewer von dem Gespräch eigentlich mehr erwartet hat als einen Faktencheck. Seine erzählungsgenerierende Einstiegsfrage (A1), die das Frage-Antwort-Schema zunächst erfolgreich außer Kraft setzt, unterstreicht dies. Heide B.

unterscheidet daraufhin drei Etappen ihres biografischen Wegs, angefangen mit dem Studium der Elektrotechnik über die Absicht, Industriekauffrau zu lernen bis zur letzten Option der Bürokauffrau (A2). Die durch den Interviewenden angeregte Zeitstruktur („*wie es dazu gekommen ist*“, *A1*) ist für Heide B. offensichtlich plausibel, denn sie nutzt sie in ihrer Skizzierung der Abfolge beruflicher Stationen: „*Ich habe vorher …*“, „*und nun wollte ich …*“ und „*bin auf … umgestiegen …*“ *(A2)*. Auch wenn diese Antwortsequenz knapp ist, lässt sie sich als erstes Angebot und Reaktion auf die Erzählanregung verstehen. Im Rahmen des Wechselspiels, das ein Interview darstellt, muss der Interviewer damit im nächsten Schritt angemessen umgehen.

Was wäre ein adäquates Eingehen auf diese erste Antwort von Heide B. gewesen?
Der Interviewer hätte dieses inhaltliche Angebot der Interviewten eigentlich aufgreifen und Heide B. zu weiteren detaillierten Explikationen anregen sollen. Zum Beispiel hätte er folgende Fragen anschließen können: *Wie kam es zum Studium der Elektrotechnik? Was waren die guten und schlechten Seiten der Ausbildung zur Bürokauffrau bzw. allgemein dieses Berufes? Was hat Heide B. denn dazu bewogen, Elektrotechnik aufzugeben?* Über die reine Faktenschilderung hinaus sind in der Eingangssequenz Detailinformationen enthalten, an die der Interviewende hätte anknüpfen können: Wie kam es zum Abbruch des Studiums („*wollte ganz was anderes machen, also weil mir des kein' Spaß mehr gemacht hat*“, *A1*)? Was waren die Beweggründe für die folgenden Berufsoptionen („*wollte ich eigentlich Industriekauffrau lernen, … bin auf Bürokauffrau umgestiegen*“, *A1*)? Außerdem wäre im Einzelnen zu klären: welche Erfahrungen, Überlegungen, Erwartungen zu den weiteren Etappen der Laufbahn führten; welche praktischen Probleme auftraten und wie sie diesen begegnet ist; wer oder was sie ggf. in ihren Handlungen und Erwartungen unterstützt oder behindert hat; oder wie sie diese bisherige berufsbiografische Phase im Nachhinein insgesamt selbst beurteilt.

Wie knüpft der Interviewende an diese erste Antwort von Heide B. an?
Der Interviewer in Beispiel A tut nichts von dem. Seine auf die Eingangserzählung folgende Frage „*Ja. Welchen Schulabschluss haben Sie? (A3)*“ enthält zwei gravierende Mängel: Zum einen fällt er genau auf den oben problematisierten, für eine ertragreiche Sondierung der Thematik unproduktiven Interviewstil des Frage-Antwort-Schemas zurück. In Folge kann er auch nicht mehr herausfinden als das, wonach er ganz konkret fragt. Zum zweiten geht der Interviewer auf den Inhalt der kurzen Erzählsequenz von Heide B. überhaupt nicht ein. Mit seinem „*Ja*“*(A3)* registriert er das Gesagte zwar, knüpft aber nicht produktiv an ihre Aussagen an. Er erweckt den Eindruck, eine erschöpfende Antwort bekommen zu haben und beschneidet möglicherweise die Bereitschaft und Absicht von Heide B., weitere Ausführungen zu der Thematik anzubieten.

Mit der Frage nach der Art des Schulabschlusses führt er, quasi von außen, ein neues Thema in das Interview ein. Diese Detailfrage bezieht sich auf ein Faktum, das völlig losgelöst ist von der geschilderten berufsbiografischen Entwicklung. Der Interviewer vollzieht also einen thematischen Bruch und ignoriert die Art und Weise, wie Heide B. gerade begonnen hat, das Gespräch auf seine Aufforderung hin zu strukturieren. Daraus ergibt sich ein folgenschwerer *Widerspruch*: Zwar bringt er Heide B. mit seiner Erzählaufforderung – wenngleich mit bescheidenem Erfolg – dazu, ihre Biografie zu reflektieren, und *aktiviert* dadurch, wie wir sehen werden, „programmgemäß" ihre *Subjektrolle* als Gestalterin des Interviews. Bereits bei nächster Gelegenheit stellt er dies allerdings mit seinem gezielten Fakteninteresse in Frage und versetzt Heide B. zurück in die *Objektrolle* einer *passiven* Interviewten.

Möglicherweise ist dem Interviewer dieser Widerspruch sogar bewusst geworden, weil er in weiterer Folge doch wieder versucht, eine Erzählung von Heide B. in Gang zu setzen. Indem er allerdings seine Frage (*„Und wieso sind Sie gerade auf Elektrotechnik gekommen?", A7*) unmittelbar mit einer Bewertung verbindet (*„Das is' ja was ganz anderes [lacht].", A7*), relativiert er die im ersten Satz erkennbare Anregung zu einer Erzählung aber schon wieder. Außerdem bringt er Heide B. mit seiner lachend vorgetragenen und grundsätzlich *ungünstigen Bewertung* in eine Situation, in der von ihr eine Verteidigung erwartet wird. Heide B. rechtfertigt sich, indem sie auf ihren ursprünglich ausgeübten Beruf der Nachrichtengerätemechanikerin hinweist und gibt dem Interviewer zu verstehen, dass dieser Beruf doch eine fachliche Brücke zum anschließenden Studium der Elektrotechnik darstellt. Sie nutzt ihre Erwiderung also dazu, beim Interviewer ein Verständnis für ihr Ergreifen des Studiums der Elektrotechnik zu schaffen. In seiner Reaktion und der dann jedoch abgebrochenen Frage (*„Ja. Ja. Und was hat Ihnen an diesen …", A9*) ist zumindest ein angedeuteter Versuch des Interviewers erkennbar, mit einer Detaillierung auf die Bemerkung von Heide B. über das Studium der Elektrotechnik einzugehen. Doch auch an dieser Stelle verliert er sich sofort wieder in einer Faktenfrage (*„Wie lang ham Sie studiert? Wie lang war das ungefähr?", A9*), die keiner ausführlichen und eigenständigen Antwort bedarf.

1.3. Methodische Bilanz

Beispiel A verdeutlicht, dass isolierte Einzelfragen, die dem Frage-Antwort-Schema folgen, das Erzählpotenzial von Ausführungen im Keim ersticken und zu kargen, d. h. sinnarmen Aussagen führen können. Faktenfragen verlagern den *Schwerpunkt der Gesprächsführung* auf die Interviewenden statt – wie beim PZI vorgesehen – auf die Interviewten. In ihrer einseitigen Verantwortung für die Gestaltung des Interviews laufen Interviewende dann Gefahr, Fragen zu stellen, die entweder vorformuliert sind, oder aus einem vorab gegebenen Fragenkatalog stammen (vgl. Box 4.9). Dies geschieht zu Lasten der Erzählaktivität von Interviewten, deren subjektive Sichtweise eigentlich im Mittelpunkt des Interviews stehen sollte. Um material- und sinnreiche Daten zu Handlungen, Erfahrungen und Orientierungen zu gewinnen, sollten sie ihre Sichtweise im Rahmen ihres Sprachvermögens möglichst eigenständig und ausführlich darstellen können. In unserem Beispiel wäre es also die Aufgabe des Interviewers gewesen, Heide B. in ihrem ersten Erzählanlauf zu bestärken. Dazu hätte er die angebotene zeitliche Gliederung der Bildungserfahrungen nutzen können, um schrittweise Details zu erfragen und damit zur Fortsetzung der Erzählung anzuregen. So wie die Interaktion tatsächlich abgelaufen ist, wurde diese Chance auf einen möglichen Einstieg in eine daran anschließende „gute Geschichte“ von Heide B. allerdings vergeben.

Es sollte nicht der Eindruck entstehen, dass Fakten in Bezug auf die untersuchte Thematik unwichtig seien. Auch im Rahmen qualitativer Interviews können sozioökonomische Daten zu Individuen wie Schul- oder Studienabschluss, Alter etc. relevant sein. In unserem Beispiel ist die genaue Reihenfolge der Ausbildungserfahrungen der interviewten Jugendlichen sogar von erheblicher Bedeutung. Die entscheidende Frage lautet: *Wie kann man solche Informationen gewinnen, ohne das für qualitative Interviews unproduktive Frage-Antwort-Schema zu bemühen?* Tatsächlich können sich Fakten und Detailinformationen im qualitativen Interview von allein in die Darstellungen einfügen. Sie werden in der Regel genau dann von den Interviewten erwähnt, wenn sie für die Verständlichkeit der Ausführungen nötig sind. Falls Detailinformationen jedoch als Vorinformation für das Führen des Interviews gebraucht werden (z. B. im Rahmen der Stichprobenauswahl), empfiehlt sich eine vorab durchgeführte Erhebung mithilfe eines *Kurzfragebogens*, die aber vom Interview selbst *getrennt* ist. Dadurch können gesammelte Fakten erst einmal für sich stehen und müssen im Gespräch nicht vertieft werden. Sie fungieren vielmehr als Kontextinformation für das Verständnis von Äußerungen und dienen den Interviewenden als Ideengeber.

Im qualitativen Interview selbst ist das Vorziehen von Faktenfragen nicht ratsam. Freilich könnte man auf die Idee kommen, ein Interview mit einem Faktencheck entlang eines Frage-Antwort-Schemas zu beginnen und später mit offenen Fragen entsprechend zu kompensieren. So würde man den Vorrang von Faktenfragen zunächst einfach gelten lassen und den dadurch entstandenen Mangel an sinnreichen Aussagen mithilfe von thematisch differenzierteren Sondierungen zu einem späteren Zeitpunkt ausgleichen. Allerdings würde sich ein solcher Einstieg über das Frage-Antwort-Schema ungünstig auswirken und auf den Ablauf des weiteren Gesprächs ausstrahlen. Dagegen spricht außerdem die besondere methodische Bedeutung, die der *Gestaltung des Interviewbeginns* beigemessen wird. Die Einstiegsfrage repräsentiert in aller Kürze und mit allen daraus resultierenden Konsequenzen das zentrale Anliegen des PZI: sie eröffnet den Interviewten einen Raum, den sie mit ihren eigenen Explikationen füllen können. Die Orientierung an einem starren Frageraster ist in Kombination mit dem zugehörigen Kommunikationsstil dieser Zielsetzung diametral entgegengesetzt und zu Beginn des Interviewgesprächs absolut nicht empfehlenswert.

Der folgende Abschnitt verdeutlicht und vertieft daher die Konzeption der Einstiegsphase in ein problemzentriertes Interview anhand eines weiteren Fallbeispiels.

2. Die Anfangsphase des Interviews: eine Weichenstellung für das PZI – Beispiel B

Unsere Ausgangsthese lautet, kurz gesagt, dass das PZI seine Vorteile im Sinne eines ertragreichen Interviews dann ausspielen kann, wenn es gelingt, die Interviewten von Beginn an möglichst umfassend zu Subjekten der Interviewgestaltung zu machen. Im Folgenden werden wir dieses methodische Ziel und dessen praktische Umsetzung für den Interviewbeginn daher anhand eines weiteren, vergleichsweise gelungenen, wenn auch nicht ganz fehlerlosen Interviewausschnitts genauer darstellen. Beispiel B ist ein Ausschnitt eines Interviews mit Patrick M., einem jungen Erwachsenen, der über einen Hauptschulabschluss verfügt und zum Zeitpunkt des Interviews kurz nach der Beendigung der Ausbildung in seinem Beruf als Maschinenschlosser arbeitet.

Im Unterschied zu Beispiel A steigen wir diesmal etwas ausführlicher in die *Diskussion methodischer Aspekte* ein, indem wir vorab klären, unter welchen Voraussetzungen dieser Interviewausschnitt überhaupt zustande gekommen ist. Die Frage, die nachfolgend anhand von Beispiel B diskutiert wird, lautet: Wie lässt sich die *Situation vor dem eigentlichen Interview* beschreiben, in der eine erste Interaktion zwischen den beiden Beteiligten stattfindet und die dann unmittelbar in der hier dargestellten Einstiegsfrage mündet? Im Rahmen dieser Diskussion nähern wir uns nun Schritt für Schritt den *Begrifflichkeiten des PZI-Ansatzes.*

Welche Inhalte und welche methodische Bedeutung hat das Kontaktgespräch vor Interviewbeginn?

Zum Auftakt des Interviews in Beispiel B (siehe unten) greift der Interviewer auf Angaben zum Ausbildungsabschluss zurück. Es sind Informationen, die im Rahmen einer zuvor durchgeführten Fragebogenuntersuchung von Ausbildungsabsolventinnen und -absolventen gesammelt wurden. Patrick M. gehört zu einer Teilgruppe von Interviewten, die auch einem weiterführenden qualitativen Interview zugestimmt hatten. Das dem Interview unmittelbar vorangehende Gespräch nutzt der Interviewer dazu, sich vorzustellen, das Ziel der Studie zu erläutern, in die methodische Vorgehensweise einzuweisen sowie forschungsethische und datenschutzrechtliche Fragen zu klären. All das gehört zum Standard der

Durchführung qualitativer Interviews. Im Rahmen von PZIs werden im Zuge dieses Schritts noch zwei weitere *Schwerpunkte* gesetzt, die entscheidend sind für den Beginn und den Fortgang des Interviews. Zum einen soll sich die persönliche Vorstellung nicht auf Formalitäten beschränken oder auf das Ziel, bei den Interviewten irgendwie einen guten Eindruck zu hinterlassen. Vielmehr bemühen sich Interviewende bereits zu diesem Zeitpunkt um eine produktive Interviewatmosphäre, damit auf der *Beziehungsebene* ein Vertrauensverhältnis für ein *temporäres Arbeitsbündnis* zwischen den beiden Gesprächsbeteiligten etabliert wird. Zum anderen geht es auf der *Inhaltsebene* um Aspekte der *Problemzentrierung der Studie*. Dabei wird erläutert, worin die wissenschaftlichen Fragestellungen des Forschungsprojektes bestehen, und was diese mit möglichen Erfahrungen der Interviewten zu tun haben könnten.

Der Ansatz des PZI unterstellt, dass die *wissenschaftlich-analytische Relevanz* einer Problemstellung mit einer *lebenspraktischen Relevanz* eben dieser Thematik korrespondiert. In unserem Beispiel nehmen wir an, dass die Studienteilnehmenden in ihren Handlungen und Orientierungen mit dem Thema Berufseinstieg (lebens-)praktisch befasst sind. Mehr noch, sie *müssen* sich damit auseinandersetzen, schließlich geht es nach dem Schulabschluss für die meisten Menschen um die Sicherung ihrer ökonomischen Existenz und ihre materielle Reproduktion. Unter den gegebenen gesellschaftlichen Verhältnissen erfolgen die Entwicklung ihrer beruflichen Interessen sowie der Erwerb entsprechender Qualifikationen unter den Bedingungen eines hochgradig differenzierten (Aus-)Bildungssystems, gesellschaftlicher Ungleichheit und z. T. prekärer Ausbildungs- und Arbeitsmarktbedingungen. Diese Rahmenbedingungen wirken sich unterschiedlich auf die Lebensverhältnisse sozialer Gruppen aus und werden entsprechend uneinheitlich wahrgenommen. Aus methodischer Sicht gehen wir davon aus, dass die *subjektive Betroffenheit* der Interviewten eine entscheidende Bedingung dafür darstellt, einerseits über die eigenen Erfahrungen berichten zu *können*, und dies andererseits auch in einer passenden Gesprächsatmosphäre den ernsthaft an ihrer Sichtweise interessierten Interviewenden gegenüber zu *wollen*.

Entsprechend dieser Vorgaben wurde auch Patrick M., unser Protagonist in Beispiel B, im *Vorgespräch* konkret darüber informiert, dass …

- *seine individuelle Sichtweise*, d.h. seine Vorstellungen, Ansprüche, praktischen Erfahrungen und möglichen Umorientierungen, im Mittelpunkt des Interviews stehen;
- er als eine Art *Experte seiner Erfahrungswelt und Sichtweise* nunmehr die Chance hat, die thematische und sprachliche Gestaltung der Ausführungen zu übernehmen – wodurch er von der Erwartung befreit wird, sich grundsätzlich an den Frageformulierungen des Interviewers zu orientieren und ihnen gerecht zu werden;

- der Interviewer ihn bei der Gestaltung des Interviews *unterstützen* wird, wenn es notwendig erscheint;
- der Interviewer ein *ernsthaftes Interesse* an seinen Ausführungen hat, er also auch detaillierend und vertiefend nachfragen und längere Ausführungen anregen wird.

Durch die Erläuterung dieser kommunikativen Besonderheiten wird Patrick M. als *informiertes Subjekt des Interviews* etabliert, bevor der inhaltliche Teil des Gesprächs schließlich beginnen kann.

Beispiel B – Patrick M.	
B1	**I (Interviewer):** *Du hast ja Maschinenschlosser gelernt. Wie ist es eigentlich dazu gekommen, wenn du noch mal so zurückgehst, Schulzeit und so?*
B2	**Patrick M.:** *Also in der Schulzeit, da hab' ich immer schon gedacht, irgendwie 'nen handwerklichen Beruf zu machen. Dann war ich schon als Tischler, hab' ich's versucht, auf jeden Fall Praktikum gemacht. Das gefiel mir nicht so recht, hab' ich gedacht, mal was mit Stahl oder so was, wollt' ich machen und da hab' ich mich dann erstmal nach der Schule wollt' ich so 'n BGJ* [Berufsgrundbildungsjahr] *machen, Metallbau, hatte auch schon 'ne Stelle da. Sagte mein Vater, bei der F448* [Kennziffer für einen anonymisierten Betrieb] *würden noch welche gesucht, so Metallberufe. Da hab' ich mich beworben, bin auch, hatte drei Bewerbungen bei der F448, haben sie so ausgelost, wo ich hinkam, so was am dichtesten dran war. Dann konnte ich da sofort anfangen. Ich hatte noch im Test eben alles gemacht, ruckzuck rangekommen eigentlich.*
B3	**I:** *Wenn du noch mal so zur Schule zurückgehst. Du hast gesagt, du hast 'nen Praktikum gemacht als Tischler. Das hat dir da nicht so gefallen?*
B4	**Patrick M.:** *Nee.*
B5	**I:** *Warum hat dir das nicht so gefallen?*
B6	**Patrick M.:** *Also ich war so in 'nem kleineren Betrieb und also ich hab' auch nicht viel machen dürfen. So musste ich mehr mit Möbel schleppen und so was. Und wenn ich mal so'n büschen* [norddeutsch für „ein bisschen"] *getischlert hab' oder so, dann gefiel mir das auch nicht richtig. Ich weiß nicht, das war irgendwie nicht so für mich gedacht. Holz, ne.*
B7	**I:** *So vom, das Material Holz gefiel dir nicht so?*
B8	**Patrick M.:** *Ne, das war nicht mein Fall.*
B9	**I:** *Gab's da noch in der Schulzeit, noch andere Überlegungen, was vielleicht in Frage hätte kommen können?*
B10	**Patrick M.:** *Jo, ich hatte mir ja noch überlegt, so Lokführer zu werden. aber ich weiß nicht, hatte mein Vater mir abgeraten. Ich mein', ich hab' erstmal gedacht: Maschinenschlosser, das führt ja auch schon dahin. Dann wollte ich mir das noch mal überlegen bis Ende der Lehre, aber dann wurde das doch nichts mehr.*

2.1. Erste Einschätzung

Die Antworten auf die Einstiegsfrage können *thematisch* wie folgt zusammengefasst werden: Schon in der Schulzeit wollte Patrick M. auf jeden Fall einen handwerklichen Beruf ergreifen. Den versuchten Einstieg mithilfe eines Praktikums als Tischler kann er allerdings nicht positiv bewerten: aufgrund der wenig fachlich bezogenen Arbeiten findet er keinen Gefallen an der Holzbearbeitung. Vom Beruf des Lokführers rät sein Vater ab und Patrick M. schiebt die Entscheidung für diesen Beruf bis zum Ende der Lehre auf. Er orientiert sich nunmehr an Berufen, die mit dem Werkstoff Stahl befasst sind und meldet sich nach der Schulzeit in einer schulischen Übergangsmaßnahme an, dem Berufsgrundbildungsjahr (BGJ) Metall. Aufgrund von Informationen seines Vaters schickt er gleichzeitig Bewerbungen an drei unterschiedliche Abteilungen einer metallverarbeitenden Firma, bei der er nach einem Test sofort eine Lehre als Maschinenschlosser anfangen kann.

Wie ist dieser Abschnitt methodisch zu bewerten?
In *methodischer Hinsicht* fällt auf, dass in diesem Fall – etwas ausführlicher als bei Heide B. in Beispiel A – wiederum eine Erzählphase auf die Einstiegsfrage folgt. Es stellt sich die Frage, wie solche, im Vergleich zu einer herkömmlichen Befragung wesentlich ausführlicheren Aussagen überhaupt zustande kommen. *Warum folgt hier auf eine doch recht schlichte Frage tatsächlich eine Erzählphase?* Schließlich enthält der erste Satzteil der Frage doch genau genommen bloß einen Hinweis auf den Ausbildungsabschluss *(„Maschinenschlosser", B1)* von Patrick M. Dazu könnte man anmerken, dass auch dieser Hinweis gar nicht unbedingt mitgeteilt werden müsste, weil Patrick M. die Berufsbezeichnung ja ohnehin kennt. Interessant ist auch, dass Patrick M. mit der darauffolgenden, etwas salopp formulierten Erzählaufforderung tatsächlich etwas anfangen kann – ‚etwas' soll *„eigentlich dazu gekommen"* sein, wenn er *„mal so"* zurückgeht *„und so"* *(B1)*. Trotz der einfach gehaltenen Frage kann Patrick M. an die bloße Nennung seines Ausbildungsberufs – und eben ergänzt um eine diffus wirkende Frageformulierung – anknüpfen. Anscheinend reicht ihm das als Erzählaufforderung aus.

Wieso funktioniert eine solche Einstiegsfrage?
Die Schlichtheit der Einstiegsfrage täuscht darüber hinweg, dass die Wurzeln ihrer Effektivität bis ins Vorgespräch zurückreichen. Eine derartige Frage funktioniert *nicht einfach so*, sondern der Grund für ihre Effektivität liegt darin, dass sie nicht voraussetzungslos gestellt wird. Die eigentliche Einstiegsfrage eines PZI, wie auch immer sie ausfällt, ist eine Art Kulminationspunkt des vorangegangenen, ausführlichen Kontaktgespräches. In Beispiel B bietet die Einstiegsfrage Patrick M. Stichworte für seine daran anschließenden Ausführungen. Im Rahmen des Vorgesprächs konnte sich Patrick M. eine erste Orientierung verschaffen – nicht nur über die anstehende Interviewthematik, sondern auch über die praktische Vorgehensweise des PZI. Sein Wissen über seine *Rolle* im Interview ist zu diesem Zeitpunkt allerdings insofern vorläufig, als ihm i. d. R. konkrete Erfahrungen mit der angekündigten Methodik fehlen. Daher legt der Interviewer sehr viel Wert auf die Ausgestaltung einer ersten Frage, die geeignet sein soll, einem Interviewpartner wie Patrick M. gleich zu Beginn die angestrebte Subjektrolle zu übertragen.

Im Folgenden analysieren wir den Einstieg genauer.

2.2. Weiterführende Diskussion

Wozu dient die Formulierung des ersten Satzes der Einstiegsfrage: „Du hast ja Maschinenschlosser gelernt?"
Durch den Verweis auf den Ausbildungsabschluss als Maschinenschlosser wird Patrick M. an die zuvor erläuterte Interviewthematik erinnert. Das Gespräch wird durch eine damit implizit ausgesprochene Aufforderung inhaltlich fokussiert, i. S. v: *„Dein Beruf, darum geht's!"* Hinter der Formulierung *‚Maschinenschlosser gelernt'* verbirgt sich eine weitere methodische Überlegung. Der Interviewer verfügt aufgrund vorab gesammelter Fragebogendaten lediglich über die Information zum Abschluss der Ausbildung als Maschinenschlosser; der aktuelle, berufliche Status ist ihm aber nicht bekannt. Zum Zeitpunkt des Interviews – ein halbes Jahr nach dem Abschluss – hat der Interviewer keine Kenntnis über die berufliche Entwicklung der letzten Monate. Er weiß nicht, ob Patrick M. etwa noch im gleichen oder in einem anderen Betrieb arbeitet, ob er eine qualifikationsadäquate Stelle innehat, ob er arbeitslos ist usw. Die Frage nach dem unbekannten gegenwärtigen Status wird durch diese Formulierung vom Interviewer also bewusst vermieden, denn Patrick M. müsste dann möglicherweise mit dem Bericht über einen persönlichen Misserfolg ins Gespräch einsteigen. Vor allem zu Beginn des Interviews könnte sich das als ungünstig erweisen, weil das Vertrauen in den Interviewer und die Bereitschaft, heikle Sachverhalte offenzulegen, sich meist erst im Laufe der Interaktion entwickelt. In Beispiel B wählt der Interviewer für die Diskussion der gesamten Berufsthematik daher einen Startpunkt, der ihm nicht nur als Faktum, sondern auch als *gelungener* Schritt des Qualifizierungsprozesses von Patrick M. *bekannt* ist.

Was bezweckt der zweite Teil der Einstiegsfrage: „Wie ist es eigentlich dazu gekommen, wenn du noch mal so zurückgehst, Schulzeit und so?"
Die knappe *Erzählaufforderung „Wie ist es eigentlich dazu gekommen" (B1)* folgt unmittelbar auf den Verweis auf den sich über Jahre erstreckenden berufsbiografischen Prozess, der hinter der schlichten Nennung des Ausbildungsabschlusses als Maschinenschlosser steckt. Auch diese Formulierung ist einfach gehalten, indem sie außer einer impliziten, zeitlichen Strukturierung inhaltlich nichts vorwegnimmt und auch keine weiteren thematischen Fokussierungen oder Unterstellungen vornimmt: keine Subjekte, Handlungszwänge oder -resultate, Bedingungen, Abläufe, Zeitpunkte; Entscheidungen, Erwartungen, Enttäuschungen, usw. Das alles bleibt offen und kann vom Interviewpartner nach eigenen Prioritäten dargestellt werden. Ihre inhaltliche Offenheit macht deutlich, dass die Frage eben auf keinen Katalog vorgefertigter Themen verweist.

Der zweite Teil der Frage – *„... wenn du noch mal so zurückgehst, Schulzeit und so?" (B1)* – stellt eine wichtige Ergänzung der eigentlichen Erzählaufforderung dar. Der Interviewer hatte offenbar die Vermutung, dass sein Hinweis auf die letzte bekannte Etappe der Berufsbiografie (Ausbildung als Maschinenschlosser) Patrick M. zu einer Einengung des Zeitraums seiner Darstellung veranlassen könnte. Zwar würde er dann prinzipiell auf die Anregung einer zeitlichen Strukturierung seiner Ausführungen eingehen, diese aber möglicherweise auf den Zeitraum um den vorläufigen Endpunkt seiner Berufskarriere beschränken. Mit der Anregung zur zeitlichen Erweiterung auf die Schulzeit erhofft sich der Interviewer, auch erste berufsbiografische Überlegungen von Patrick M. einfangen zu können, die er in einer vorgelagerten Phase mit noch gering ausgeprägter subjektiver Relevanz der Thematik angestellt haben könnte.

Wie ist die komplette Einstiegsfrage methodisch zu bewerten?
Beide Teile zusammengenommen ergeben eine Einstiegsfrage, die sich – und dies ist absichtlich so – nicht mit einem „Ja" oder „Nein" beantworten lassen. Aufgrund ihrer Formulierung, und weil sie sich retrospektiv auf einen Zeitraum von mehreren Jahren bezieht, erlaubt die Frage eigentlich auch keine knappe Antwort in Form eines einzelnen Satzes. Stattdessen signalisiert sie Patrick M. *der Form nach*, dass er nun die Möglichkeit zu einer ausführlichen Schilderung anhand einer *Erzählung* hat. Doch auch wenn für eine angemessene Reaktion auf eine derartige Frage mehrere Sätze notwendig wären, hängt es nicht nur von der Formulierung der Frage ab, ob und in welchem Umfang Patrick M. in diesem Sinne antworten wird. Die Frage enthält keinen methodischen ‚Trick' oder Mechanismus, der Patrick M. automatisch oder gar zwingend zum Erzählen bringen würde. Entscheidend ist vielmehr, dass Patrick M. vom Interviewer im Vorgespräch entsprechend aufgeklärt wurde. Er hat einen guten *Grund* (bekommen), sich erzählerisch zu äußern: Das Interview gibt ihm die Chance, seine eigene Meinung zu präsentieren und sich frei mit einer für ihn persönlich wichtigen Thematik auseinanderzusetzen.

Bezogen auf den Inhalt signalisiert die Einstiegsfrage in Beispiel B das Angebot eines zwar thematisch gerahmten, aber doch unstrukturierten und *offenen Raums* für Explikationen. Das entspricht dem Prinzip der Offenheit qualitativer (Interview-)Forschung. Weil seitens des Interviewers keine konkreten inhaltlichen Vorgaben gemacht werden, steht Patrick M. für die Gestaltung seiner Antwort also ein *empirisch leerer Möglichkeitsraum* zur Verfügung. Das bedeutet, er kann sich in diesem, bezogen auf relevante Erfahrungen unbestimmten Raum als Subjekt gedanklich frei bewegen und ihn in Inhalt und Form nach seinen Prioritäten gestalten. Bezogen auf das übergeordnete Thema kann er also *seine* Erfahrungen rekonstruieren („*was*"), diese in der Sprache *seines* sozialen Milieus formulieren und auf *seine* Art gedanklich und mithilfe von Sätzen strukturieren („*wie*").

Patrick M. bleibt zwar in der Perspektive des Forschungsziels *Objekt* des Interviews. Allerdings löst bereits die Art der Einstiegsfrage das im Kontaktgespräch gemachte Versprechen des Interviewers ein, ihm die *Subjektrolle* der Ausgestaltung des Interviews zuzuweisen, d. h. ihn als eine Art *Experten seiner individuellen Erfahrungswelt* zu betrachten und zu behandeln. Ohne von inhaltlich spezifizierten Fragen eingeengt zu werden, kann Patrick M. sich also in der Beantwortung der Frage ganz auf sich selbst, auf seinen subjektiven Erlebnis- und Erfahrungshorizont konzentrieren.

Ist die darauffolgende Erzählung von Patrick M. nicht enttäuschend kurz?
Die anschließende Eingangserzählung (B2) zeigt, dass Patrick M. die Erzählanregung des Interviewers angenommen hat. In seiner gewohnten Alltagssprache schildert er den Übergangsprozess in den Beruf bis zum Zeitpunkt der Realisierung einer Ausbildungsstelle als Maschinenschlosser. Auch die Erläuterung der Erzählungsanregung durch den Interviewer mithilfe einer Ergänzung (*„wenn du noch mal so zurückgehst, Schulzeit und so?", B1*) hat er angenommen. Patrick M. beginnt seine Berufsfindungsgeschichte tatsächlich mit Erinnerungen an seine Schulzeit und rundet sie mit einer Art Erfolgsmeldung ab: *„ruckzuck rangekommen eigentlich" (B2).*

Angesichts aller Vorarbeiten erweckt auch diese Eingangserzählung auf den ersten Blick vielleicht den Eindruck, im Ergebnis doch recht bescheiden zu sein. *Hat sich der ganze Aufwand eines ‚richtigen' Intervieweinstiegs für diese zehn Zeilen wirklich gelohnt?* Tatsächlich ist das eine Frage, die wir in Interviewschulungen von den Teilnehmenden immer wieder zu hören bekommen, wenn wir Beispiele zum Intervieweinstieg diskutieren. Im Fall von Beispiel B würden wir entgegnen, dass es sich um einen Jugendlichen handelt und wir seine Eingangserzählung zunächst unvoreingenommen, ohne überzogene Erwartungen und in ernsthaftem Bemühen um ein Nachvollziehen seiner Perspektive – d. h. um *Fremdverstehen* – betrachten sollten. Die überblicksartige und knappe Erzählung hinsichtlich eines größeren Abschnitts seiner beruflichen Entwicklung wirkt in sich geschlossen. Möglicherweise dient sie ihm als *erste Annäherung an die Thematik* und als Auftakt dafür, sich in die Komplexität der Berufsfindungsgeschichte hineinzudenken. Patrick M. muss sich sammeln, seine Gedanken thematisch fokussieren und Vergangenes überhaupt erst erinnern und rekonstruieren. Aus der Sicht der Interviewführung ist die Antwortsequenz jedenfalls ausreichend lang und gehaltvoll, um als Ansatzpunkt für die Vertiefung der darin enthaltenen Aspekte dienen zu können.

Aufschlussreich für die Beurteilung der Länge und Qualität des ersten Erzählangebots ist außerdem die Berücksichtigung der potenziellen Bedeutung der aktuellen *Interviewsituation* für Patrick M. Interviews sind keine Alltagsbegegnungen und die erste Antwort als Reaktion auf die erste Frage hat auch die Funktion, die Erwartungen an die eigene Rolle als gestaltendes Subjekt in dieser ungewöhnlichen Situation auszuloten. Patrick M. könnte sich bezüglich des erwarteten Umfangs seiner Ausführungen noch unsicher fühlen und erst eine bestätigende Reaktion auf seine Art der Gestaltung der Antwort benötigen. Es ist also am Anfang des Interviews noch gar nicht erkennbar, in welchem Ausmaß und wie unbefangen sich Patrick M. wirklich an dem in der Einstiegsfrage ausgesprochenen

Angebot zur Nutzung des offenen Raums zur eigenen Gestaltung des Interviews orientiert. Seine Bereitschaft und sein Potenzial zur Übernahme der Subjektrolle im Interview ist zu diesem Zeitpunkt noch nicht vollständig ausgebildet. Es liegt nun am Interviewer, diesen Schritt mit sorgfältigen Interventionen zu fördern. Wie geht es also weiter?

Wie ist die Anschlussfrage des Interviewers methodisch zu beurteilen?
Die Art und Weise, wie der Interviewer den ersten Satz seiner Frage im Anschluss an die Eingangserzählung von Patrick M. formuliert, ist der seiner Einleitungsfrage sehr ähnlich. Der Satz *„Wenn du noch mal so zur Schule zurückgehst …" (B3)* beinhaltet wiederum die Aufforderung, die Erzählung mit der Schulzeit zu beginnen; allein diese Wiederholung impliziert eine Ermunterung zur *Detaillierung* der Anfangsphase beruflicher Überlegungen. Auch der erneute Hinweis auf ein berufsbiografisches Faktum, (*„… du hast gesagt, du hast 'nen Praktikum gemacht als Tischler", B3*) hat diesen Effekt – diesmal in Form eines *Rückgriffs* auf eine in der Eingangserzählung erwähnte Erfahrung. Durch die Wiederholung der negativen Bewertung des vollzogenen Betriebspraktikums (*„Das hat dir da nicht so gefallen?", B3)* in Form einer *Zurückspiegelung* wird das Praktikum als Tischler, das Patrick M. als erste Berufserfahrung erwähnt, vom Interviewer aufgegriffen und als Anschlussthema vorgeschlagen.

Leider bleibt das Interesse des Interviewers an einer weiteren Vertiefung dieser Erfahrung hier implizit. Er hätte sie etwa mit einem einfachen, zusätzlichen Satz einleiten können (z. B. *„Kannst Du nochmal genauer erzählen, wie es dazu kam?"*). Eine solche explizite Erzählaufforderung hätte auch mögliche letzte Zweifel von Patrick M. an dem richtigen Maß hinsichtlich der Ausführlichkeit seiner Erzählweise beseitigen können.

Wie wirkt der ergänzende Satz des Interviewenden: „Das hat dir da nicht so gefallen?"
Der Interviewer erinnert sich im Zuge der Erwähnung des Berufspraktikums als Tischler an die negative Bewertung dieser Erfahrung durch Patrick M. Etwas unbeholfen und unbedacht greift er sie auf – vielleicht in Gedanken bei sich selbst und ohne auf die mögliche Wirkung auf Patrick M. zu achten. Eventuell denkt der Interviewer, dass diese Einladung zur Bestätigung der Bewertung eine unproblematische Ergänzung seines primären Interesses an einer Vertiefung dieser berufsbiografischen Station darstellt. Die intendierte erzählanregende Wirkung der gesamten Frage geht allerdings durch die Art der Formulierung dieses Teils und vor allem durch das fokussierte Konstatieren des *„Das"* in dem Satz *„Das hat dir da nicht so gefallen?" (B3)* verloren.

Patrick M. kann die erzählungsgenerierende Absicht der Intervention des Interviewers an dieser Stelle nicht erkennen. Es fehlt ihm in dieser Anfangsphase des qualitativen Interviews noch die Erfahrung, dass eigentlich bei allen Fragen und Kommunikationsformen, auch wenn sie sich auf spezielle Aspekte beziehen, immer die Chance auf freie und ausführliche Explikationen besteht. Daher betrachtet er die punktuell formulierte Frage *„Das hat dir da nicht so gefallen?" (B3)* als getrennt von dem übergeordneten Anliegen der Erzählanregung. Für ihn ist sie eine zielgerichtete und isoliert zu klärende Frage, die er mit einem *„Nee" (B4)* treffsicher beantworten und damit sofort wieder auf eine neue Frage warten kann.

Wie gestaltet sich der Fortgang des Interviews?
Nach der knappen Antwort von Patrick M. ist erneut der Interviewer am Zug. Er merkt wohl, dass er sich diese Rollenverschiebung selbst eingebrockt hat und ändert seine methodische Vorgehensweise, indem er nun eine *verständnisorientierte Frage* nach dem „Warum" der Bewertung stellt (B5). Damit führt er Patrick M. zunächst erfolgreich in seine Rolle der aktiven inhaltlichen Gestaltung zurück (B6). Gleich im Anschluss daran macht er allerdings erneut denselben Fehler wie zuvor und demonstriert damit, dass auch sein Lernprozess in diesem Interview noch nicht abgeschlossen ist. Wieder stellt er eine einfach mit „Ja" oder „Nein" zu beantwortende Bewertungsfrage: *„So vom, das Material Holz gefiel dir nicht so?" (B7)*. Und wieder ist die Antwort erwartungsgemäß kurz: *„Ne, das war nicht mein Fall" (B8)*.

An dieser Stelle besteht die Gefahr, dass das Interview kippt und, wie in Beispiel A, in der Logik des *Frage-Antwort-Schemas* fortgesetzt wird. Im Fall von Beispiel B hat sich der Interviewer aber wohl doch an die Grundlagen seiner methodischen Schulung erinnert. Nach zwei ungeschickten Interventionen (B3 und B7) stellt er nunmehr *ad hoc* eine *erzählungsgenerierende Frage* nach möglichen beruflichen Alternativvorstellungen: *„Gab's da noch in der Schulzeit, noch andere Überlegungen, was vielleicht in Frage hätte kommen können?" (B9)* Auch bei dieser Frage könnte es Patrick M. streng genommen bei einem schlichten „Ja" belassen, und tatsächlich leitet er seine Antwort damit ein (B10). Aber auch er scheint aufgrund des methodischen Stilwechsels und des beharrlichen Nachfragens inzwischen gelernt zu haben, dass der Interviewer sich trotz seiner offensichtlichen Neigung zu Ja/Nein-Fragen nicht mit einer kargen Antwort zufriedengeben wird. Schließlich hat er das auch bereits im Rahmen des *Vorgesprächs* angekündigt. Dieser Interviewausschnitt kann demnach u. a. auch als ein Beispiel für das *wechselseitige kommunikative Einpendeln* der beiden Beteiligten zu Beginn des Gesprächs gelesen werden.

2.3. Methodische Bilanz

Die Analyse des Interaktionsprozesses zu Beginn des Interviews mit Patrick M. verdeutlicht, wie methodische Vorüberlegungen etwa zum Interviewеinstieg und zur Vorbereitung der Interviewten dazu beitragen können, ein Interview zu verbessern und inhaltlich ertragreicher zu machen. Selbst dieser kurze Textausschnitt zeigt, wie komplex die praktisch-methodischen Probleme der Interviewführung sein können, wenn es darum geht, einen Interviewstil zu entwickeln und durchzuhalten, der *auf die subjektive Problemsicht der Interviewten zentriert* ist. Die ausgewählten Textausschnitte veranschaulichen aber auch, wie leicht Bemühungen um beiderseitiges Verständnis zu Fehlern führen können. Außerdem wird die Wirkmächtigkeit von Vorinformationen zu Thema und Ziel des Interviews und zur Art der angestrebten Interaktion deutlich, die den Interviewpartner schließlich doch dazu veranlassen können, seine eigene Sichtweise aktiv zu entfalten – und dies, obwohl ungeschickt formulierte Fragen sich eigentlich auch mit sehr kurzen Erwiderungen beantworten ließen.

Methodische Sorgfalt in der Phase des Intervieweinstiegs ist deshalb so bedeutsam, weil bereits von Beginn an eine *doppelte Weichenstellung* für den weiteren Verlauf und das Gelingen des Interviews stattfindet. Zum einen versuchen Interviewende mit der erzählungsgenerierenden Einstiegsfrage die im Vorgespräch erläuterte, *methodische Seite der Problemzentrierung – d. h. die Subjektorientierung* – in der Interviewführung einzulösen. Danach sondieren die Interviewenden die erste Antwort der Interviewten mit einer erneuten erzählungsgenerierenden Frage, um eine entweder bereits erkennbare Erzählabsicht zu bestärken oder sie in einem zweiten Versuch (erneut) anzuregen. Zum anderen lösen Interviewende den im Vorgespräch zum Interview schon erläuterten *thematischen Aspekt der Problemzentrierung* ein, indem sie die wissenschaftlich in Frage stehende Problematik inhaltlich auf die entsprechende Alltagsproblematik und Erfahrungswelt der Interviewten hin fokussieren. In Beispiel B wird die Einstiegsfrage zum Auftakt dafür, die praktische Auseinandersetzung mit dem Beruf retrospektiv zu rekonstruieren – vom Beginn einer beruflichen Orientierung bis hin zum konkreten Berufseinstieg.

Interviewende nehmen dabei die *Haltung des aktiven Zuhörens* ein. D. h. sie lehnen sich nicht einfach nur zuhörend zurück, sondern wenden sich den Interviewten interessiert zu und folgen ihren Ausführungen aufmerksam. Das scheinbar untätige Zuhören wird durch einen aktiven Aspekt ergänzt: Die Interviewenden lassen das, was sie im Nachvollzug dieser ersten Explikation verstanden haben, in die Gestaltung des Fortgangs des Interviews einfließen – d. h. ihr vorläufiges Verständnis bildet die Grundlage für die Formulierung von Nachfragen, die geeignet sind, das entstandene Vorwissen zu erweitern.

3. Die Interviewenden – Wanderer zwischen zwei (Wissens-)Welten

Stichworte: Wissen – Interpretation – Sinnwelten

In den vorangegangenen Abschnitten sind einige Annahmen bezüglich der Rolle des Interviewers offengeblieben: Wie kommt es dazu, dass er die Ausführungen von Patrick M. thematisch nachvollzieht? Auf welcher Grundlage entscheidet er sich eigentlich dafür, bei Nachfragen auf eine *bestimmte* Aussage von Patrick M. zurückzugreifen? Wie kommt der Interviewer dazu, eine verständnisorientierte Frage nach dem „Warum" einer bewertenden Aussage von Patrick M. zu stellen? Hat das möglicherweise mit selektiver Wahrnehmung des Interviewenden zu tun und stellt vielleicht sogar eine Form von unkontrollierter Einflussnahme dar? Falls ja, steht das nicht im Widerspruch dazu, die Interviewten prinzipiell als Subjekte zu betrachten?

Die Beantwortung dieser Fragen würde leichtfallen, wenn einfach angenommen werden könnte, dass …

- Interviewende als eine Art Tabula rasa betrachtet werden können, die durch das Gehörte einfach mit Inhalt beschrieben wird;
- sich neutralen Interviewenden die Inhalte von Aussagen im Interview ganz von selbst erschließen; und somit
- „Zuhören" mit „Zur Kenntnis nehmen" gleichgesetzt werden kann.

Diese Vereinfachungen könnten tatsächlich Antworten bezüglich der möglichen Rolle von Interviewenden liefern. Sie würden allerdings einem naiven Verständnis qualitativer Forschung entsprechen.

Das PZI folgt dieser einfachen Logik nicht. Die Annahme ist vielmehr, dass voraussetzungs- und begriffsloses *Zu*hören gar nicht möglich ist, weil sowohl Fragen, das Nachvollziehen von Antworten sowie Nachfragen durch die Interviewenden *immer* auf der Basis von *Wissen und Interpretation* vorgenommen werden. Die Kunst des problemzentrierten Interviewens besteht darin, den vielfach als unauflöslich betrachteten Widerspruch zwischen den Wissens- und Sinnwelten von Interviewenden und Interviewten produktiv zu wenden und für eine kontrollierte Wissenserweiterung zu nutzen. Dieser Schritt gelingt durch eine methodische Vorgehensweise, mit der Interviewende die beiden *Sinnwelten überbrücken*, indem sie ihr bereits vorhandenes problembezogenes Wissen dazu verwenden, mithilfe der Problemsicht von Interviewten ein revidiertes und erweitertes Verständnis zu erlangen und vorgefasste Ansichten zu korrigieren. Die Interviewenden setzen also ihr eigenes Wissen im Rahmen des Forschungsgesprächs problemzentriert so ein, dass es das Wissen der Interviewten nicht überdeckt.

Erste wichtige Hinweise darauf, wie dieses Anliegen praktisch umgesetzt werden kann, sind bereits in den Ausführungen zur Gestaltung des Interviewbeginns enthalten. Im Folgenden gehen wir noch einen Schritt weiter und diskutieren den Umgang mit Vorwissensbestandteilen. Auch dies dient an dieser Stelle einer ersten Hinführung an Programmatik und Begrifflichkeiten des PZIs, die dann in Kapitel III ausführlich diskutiert und konzeptuell verdichtet werden.

3.1. Vorwissen in Interviewbeispiel B

Stichworte: Prozesshaftigkeit – soziale Erwünschtheit
Selbst die, hinsichtlich einer unerwünschten Einflussnahme des Interviewenden unverdächtig klingende Einstiegsfrage „*… wenn du noch mal so zurückgehst, Schulzeit und so? (B3)*" setzt Vorwissen über die *Prozesshaftigkeit* des Übergangs junger Erwachsener in den Beruf voraus. Dieses Wissen hat sich der Interviewer im Rahmen des Forschungsprojekts vorab erarbeitet – z. B. anhand einschlägiger wissenschaftlicher Veröffentlichungen zum Thema Berufseinstieg, allgemein öffentlich zugänglicher Statistiken und spezifischer Informationen basierend auf Gesprächen mit Fachleuten. Er kennt damit die wissenschaftlich nachvollziehbaren Gründe dafür, einen Berufsweg wie den von Patrick M. bis hin zum Ausbildungsabschluss als Maschinenschlosser als einen *Prozess* zu bezeichnen, der nicht trivial ist. Aufgrund seines Vorwissens weiß er, dass dieser Weg vielmehr als biografischer *Entwicklungs*prozess zu begreifen ist, in dem die eher schwierigen Verhältnisse auf dem Ausbildungsstellenmarkt für Patrick M. zu mehr oder minder langen Phasen der Suche nach einem Ausbildungsplatz führen können. Dem Interviewer ist bekannt, dass deswegen auch biografische Brüche entstehen oder Umwege, wie der Besuch des damals bestehenden Berufsgrundbildungsjahres (BGJ), mögliche Alternativen darstellen können. Schließlich weiß er u. a. auch, dass auf vorberufliche Erfolgs- und Misserfolgserfahrungen Prozesse der individuellen Auseinandersetzung folgen, die mit Handlungskonsequenzen verbunden sind und damit neue berufliche Etappen initiieren können.

Dieses erworbene Wissen zum Prozessverlauf hat der Interviewer im Hinterkopf, wenn er seine erste *Frage* stellt. An der Formulierung der Frage wird ersichtlich, dass er Patrick M. dieses Vorwissen nicht aufdrängt, sondern ihm alle Freiheiten zur Beantwortung im Rahmen des gesetzten Themenbereichs lässt. Die Stimmigkeit und Anschlussfähigkeit dieses Vorwissens des Interviewers bestätigt sich dann auch in der Struktur der darauffolgenden Erzählsequenz durch die prozesshafte Art, in der Patrick M. den ihm angebotenen Erzählraum mit der Darstellung seiner beruflichen Entwicklung ausfüllt. Denn dabei spannt er einen zeitlich strukturierten Bogen: von ersten berufsbezogenen Überlegungen – über die Erprobung der Berufsoption Tischler in einem Praktikum – bis hin zur neuen beruflichen Option des Berufsfelds Stahl – dann zum Ergreifen einer schulischen Übergangsmaßnahme im Bereich Metallbau – und zuletzt bis zur Realisation einer dualen Ausbildungsstelle im Bereich der Metallberufe.

Welches Wissen wendet der Interviewer in den folgenden Fragen an, und wie?
Das bereits vorhandene Wissen des Interviewers, das er im vorliegenden Beispiel anhand von Befunden aus Voruntersuchungen über Prozesse der Berufseinmündung junger Erwachsener generiert hat, bildet unausgesprochen den Hintergrund seiner ersten *Interpretation* der Antworten von Patrick M. im Laufe des Interviews;

es ist die Grundlage für alle nachfolgenden Fragen. Die unterschiedlichen Berufe bzw. Berufsfelder und -stationen (Tischler, „Stahl", BGJ und Lokführer), die Patrick M. hier ins Spiel bringt, werden vom Interviewer im Hinterkopf als Berufs*optionen* betrachtet. Optionen deshalb, weil – wie Studien zeigen – vorberufliche Überlegungen i. d. R. nicht in einem einmalig und konsequent verfolgten ursprünglichen Berufswunsch enden. Tatsächlich können unterschiedliche Qualifikationsvoraussetzungen, Ausbildungs- und Arbeitsmarktbedingungen sowie veränderliche Interessen zu einem oder mehreren Perspektivenwechseln führen.

Das Vorwissen des Interviewers begründet das Detailinteresse in seinen *Fragen* zum Wechsel der Berufsperspektiven von Patrick M., der in seinen Bewertungen von der möglichen Berufsbereiche *„Metall" (B2)* und *„Holz" (B6)* erkennbar ist. Sein Wissen über die Bedeutsamkeit eines solchen Perspektivenwechsels setzt der Interviewer in seinen Fragen jedoch nicht so ein, dass er den Begriff (*„Wechsel"*) explizit ins Gespräch einführen und nach einer Begründung dafür fragen würde. Patrick M. könnte das als implizite Kritik seitens des Interviewers auffassen. Angesichts dieses, für seinen weiteren Lebensweg sehr bedeutsamen Themas könnte er sich also der *Erwartung* ausgesetzt sehen, möglichst bald klar begründete Berufsentscheidungen vorweisen zu können und sich daher zu Rechtfertigungen gedrängt fühlen. Der Interviewer löst dieses Problem indirekt mit Detailfragen – auch wenn sie im Sinne von Bewertungsfragen (*„gefallen"* versus *„nicht gefallen"; z. B. B3*) an dieser Stelle im Interview weniger geschickt umgesetzt werden. Mit Fragen wie diesen nimmt er der Thematik des Wechsels zwischen Berufsoptionen ihre Selbstverständlichkeit und erhofft sich zudem, etwas über das „Wie" und „Warum" ihres Zustandekommens zu erfahren. In der offen formulierten Frage, ob es *„noch andere Überlegungen (B9)"* gab, an die sich Patrick M. vielleicht erst erinnern muss, kommt wiederum das Wissen des Interviewers über die berufliche Orientierung im Sinne von *Optionen* zur Geltung.

Eine *ungünstige* Beeinflussung hätte der Interviewer zum Beispiel dann vorgenommen, wenn sein vorhandenes Forschungswissen über die Bedeutung des Schulabschlusses für die Hierarchie der Berufe direkt in eine konkrete *Frage* eingeflossen wäre. Das ist nicht passiert; aber eine problematische, *fiktive* Anschlussfrage könnte etwa sein: *„Wenn du noch mal so zur Schule zurückgehst, warum hast Du nicht erst einmal einen höheren Schulabschluss angestrebt?"* Durch eine solche Frage wäre sein frühzeitiger Schulabschluss als Misserfolg konnotiert gewesen und Patrick M. unter Rechtfertigungszwang geraten. Möglicherweise hätte er daraufhin seinen vollzogen beruflichen Weg als für ihn sinnvolle und vielleicht sogar erwünschte Alternative plausibilisiert. Zudem hätte er aus einer solchen Frage wahrscheinlich geschlossen, dass ihn der Interviewer grundsätzlich anhand seiner Leistungen beurteilt. Das wäre wiederum nachteilig für den weiteren Interviewverlauf, etwa wenn Patrick M. das Gefühl hätte, seine Aussagen in vergleichbaren Fällen im Sinne *sozialer Erwünschtheit* mit einer grundsätzlichen Erfolgsorientierung verknüpfen zu müssen.

Ähnlich problematisch wäre die Verwendung von Forschungsbegriffen in Interviewfragen. Zum Beispiel könnte eine alternative fiktive Anschlussfrage lauten: *„Erzähl mir doch bitte von deinem berufsbiografischen Werdegang. Wie hat es bei dir angefangen und wie hat es sich entwickelt?“* Die beiden Begriffe *„berufsbiografisch“* und *„Werdegang“* sind als Vorwissensbestandteile von akademisch-disziplinären Fragestellungen in der Alltagskommunikation nicht anschlussfähig. Im Interviewgespräch könnte ihr Gebrauch zu Verwirrung oder sogar Verunsicherung führen. Von der Verwendung von Forschungsbegriffen in qualitativen Interviews raten wir daher grundsätzlich ab.

3.2. Fiktive Variante eines gelungenen Rückgriffs auf den Höhepunkt der Erzählung

Stichworte: Subjektive Relevanz – Vorwissen
In diesem Abschnitt treiben wir das Gedankenexperiment weiter und verhandeln eine *fiktive Variante* des Interviewablaufs, die stärker an der vom Interviewten entwickelten Dramaturgie orientiert ist. Wir erinnern uns: Patrick M. spannt einen zeitlich strukturierten thematischen Bogen: von ersten berufsbezogenen Überlegungen über die Erprobung der Berufsoption Tischler in einem Praktikum zur neuen beruflichen Option des Berufsfelds Stahl, dann zum Ergreifen einer schulischen Übergangsmaßnahme (BGJ) im Bereich Metallbau und zuletzt, mithilfe seines Vaters, zur Realisation einer dualen Ausbildungsstelle im Bereich Metallberufe.

Nun betrachten wir die Äußerungen am Ende seiner Eingangserzählung nochmal genauer: *„Dann konnte ich da sofort anfangen ... ruckzuck rangekommen eigentlich (A1)“*. Als Interviewer könnte man diese Aussage als eher bedeutungslose Nebeninformation abhaken und sich denken: *„Nun gut, Patrick M. stellt fest, dass die Zeit zwischen der Bewerbung und dem Antritt der Lehrstelle ja recht flott verlaufen ist.“* Alternativ könnte man in diesen Äußerungen aber auch die *Dringlichkeit der Realisierung seines Interesses* erkennen, eine duale Ausbildung in einem Betrieb anstelle des Berufsbildungsjahrs (BGJ) beginnen zu wollen. Diese zweite Interpretation verweist wiederum auf die Bedeutung des *Vorwissens des Interviewers*, konkret über den damals politisch motivierten Grund für die Einrichtung eines BGJ im Bereich Metallbau. Im Sinne einer Notlösung war die Einrichtung des BGJ eine Reaktion auf den prekären Ausbildungsstellenmarkt. Da es zu wenige betriebliche Angebote gab, konnte den Ausbildungsplatzsuchenden in diesem Bereich eine schulische Alternative angeboten werden. Patrick M.s Aussagen unterstreichen, dass er diese Alternative zur Lehrstelle als Umweg und Unterbrechung des Wegs in das Berufsleben wertet und eher nur im Notfall ergreifen würde. Sobald die Möglichkeit einer dualen Ausbildung in einem Betrieb von seinem Vater ins Spiel gebracht wird, hat die Entscheidung dafür eindeutig

Vorrang. Nichts deutet in seiner Schilderung auf einen schwierigen Prozess des Abwägens zwischen dem Ergreifen der gesicherten Optionen des BGJ und der dualen Ausbildungsstelle hin. Trotz berufsinhaltlicher Übereinstimmungen sagt er also den Besuch des BGJ zugunsten der angebotenen Lehrstelle ab.

Besonders aussagekräftig sind diese Aussagen von Patrick M. auch durch ihre Art der Präsentation. Sie schließen eine kurze Erzählung ab und markieren den *Höhepunkt einer Kurzgeschichte*: sie bilden den *Endpunkt eines Spannungsbogens* der beruflichen Entwicklung, mit dem Patrick M. seinen *letztlich erfolgreichen* Weg in die duale Ausbildung als Maschinenschlosser bilanziert.

Welche methodische Konsequenz hätte diese Ad hoc-Interpretation haben können? Der erfolgreiche Übergang in eine duale betriebliche Ausbildung als Schlusspunkt der Eingangserzählung hat für Patrick M. eine besondere *subjektive Relevanz.* Falls der Interviewer das erkannt hätte, wäre es ein idealer alternativer Ausgangspunkt für eine spezielle Problemzentrierung auf die Erfolgsthematik gewesen. Im Folgenden gehen wir den möglichen Konsequenzen einer solchen Ad hoc-Interpretation nach und skizzieren, welche alternative Richtung die Problemzentrierung hätte nehmen können.

Das Eingehen auf einen vom Interviewpartner selbst gesetzten Höhepunkt und offensichtlich herausragenden Aspekt seiner bisherigen Berufsbiografie könnte eine Fundgrube zur Offenlegung weiterer Details eröffnen und zudem seine Erzählbereitschaft befeuern. Vielleicht hätte Patrick M. sogar gerne die Gelegenheit ergriffen, das für ihn so bedeutsame Erfolgserlebnis erzählerisch auszugestalten. Eine entsprechende (fiktive) offene Anschlussfrage zur Anregung dieser Erzählbereitschaft könnte an dieser Stelle lauten: *„Könntest Du noch einmal genauer erzählen, wie es zu dieser Bewerbung gekommen ist?“*

Aufgrund der dringenden subjektiven Relevanz der angesprochenen Thematik würde diese Anschlussfrage die Grundlage für weitere Sondierungen schaffen, die erzählerisch und/oder dialogisch Antworten auf folgende offene Fragen liefern könnten:

1. Hatte sich Patrick M. eigentlich schon mit dem Besuch des BGJ arrangiert, als diese unverhoffte Wende eintrat?
2. Hat er die Anmeldung zum BGJ nur zur Sicherheit vorgenommen, sich dann aber weiterhin nach einer Ausbildungsstelle im dualen Bereich umgesehen?
3. Hatte er Kontakt zur Agentur für Arbeit (damals: Arbeitsamt)?
4. Wollte sich der Vater im Gegensatz zu Patrick M. mit der Notlösung BGJ nicht zufriedengeben?
5. Was hat es mit der auffälligen Sammelkategorie *„so Metallberufe“(B2)* im Unterschied zu einer konkreten Berufsbezeichnung auf sich?
6. Um welche drei Bewerbungen handelte es sich genau?

7. Bedeutete dies, dass Patrick M. sich mit irgendeinem Beruf im Metallbereich zufrieden geben würde, i. S. v.: „Hauptsache, es handelt sich um eine Ausbildung im dualen Bereich"?
8. Was wurde eigentlich ausgelost, ein spezieller Metallberuf oder der Firmenort? Wenn es sich um einen Ort handelte, wieso gab es eine Auslosung, die dann doch im Widerspruch zum Kriterium der Nähe (*„am dichtesten dran"*, *B2*) stand?

In dieser fiktiven Variante der Fortsetzung des Interviews könnte der Interviewer seine Vorinterpretation schließlich mithilfe von Sondierungen all dieser Detailfragen vorantreiben, genauer begründen und absichern, um herauszufinden, wie die von Patrick M. präsentierte Erfolgsbilanz letztendlich zu interpretieren ist. Er würde u. a. Antworten auf folgende Fragen finden:

- Verbirgt sich hinter dem *„sofort"…„ruckzuck" (B2)…*
  - … bloß seine Überraschung über ein eher nicht mehr erwartetes gutes Ende einer biografischen Entwicklung, die er selbst nicht mehr in der Hand zu haben glaubte?
  - … eher eine Erleichterung über die letztlich einfache Lösung für den gelungenen ersten Schritt in den Beruf?
  - … eher eine Notlösung zugunsten eines direkten Eintritts in den Ausbildungsstellenmarkt?
- Soll diese Aussage in erster Linie auf eine Eigenleistung von Patrick M. hinweisen und auf seinen Stolz, es geschafft zu haben, den Beruf des Maschinenschlossers in einer traditionellen dualen Ausbildung in einem Betrieb lernen zu können?

Diese Version des Gesprächs hat nicht stattgefunden, weil der Interviewer andere Schwerpunkte setzte, anderen Interpretationen folgte und andere Fragen stellte. Dennoch stellt sie eine plausible Alternative dar und kann für das vielfältige Potenzial von Gesprächen und die Bedeutsamkeit von inhaltlichen Weichenstellungen und Richtungsentscheidungen sensibilisieren.

3.3. Methodische Bilanz – Vorwissen, Vorinterpretation, Gegenstandsorientierung

Stichworte: Vorwissen und Gegenstandsorientierung
In den vorangegangenen Abschnitten zur realisierten (3.1.) bzw. fiktiven (3.2.) Variante des Aufgreifens der thematischen Inhalte der Eingangserzählung in Beispiel B diskutierten wir einige methodische Grundlagen der Gestaltung der

Anfangsphase eines Interviews. In beiden Abschnitten wurde auf die *Rolle des Vorwissens* als Voraussetzung und Mittel für den fortlaufenden Erkenntnisprozess verwiesen. Vorwissen ermöglicht das zielgerichtete Nachverfolgen der Strukturen des Erzählprozesses und erleichtert es, den dramaturgischen Höhepunkt der Erzählsequenz als individuelle thematische Relevanzsetzung zu erkennen und bei Bedarf aufzugreifen. Als besondere Formen des Sondierens von subjektivem Wissen und Deuten weisen beide Aspekte – thematisch begründetes Fragen und Beachten der subjektiven Relevanzsetzungen – über die Gestaltung der Eingangssequenz hinaus und beeinflussen den weiteren Interviewverlauf.

Die Tatsache, dass überhaupt unterschiedliche Möglichkeiten des Anschließens an die Eingangserzählung sinnvoll sein können, liegt an der methodischen Anpassung des Verfahrens an die Erfordernisse der Lebenslaufforschung (Witzel 2001). Diese sind unvereinbar mit einer starren Methodenorientierung, sondern erfordern eine flexible, gegenstandsorientierte Vorgehensweise. Die *Orientierung des PZI am Gegenstand* äußert sich darin, dass der Fortgang des Interviews in erster Linie der Logik des Erkenntnisfortschritts bezüglich der zu erforschenden Thematik folgt. Im Rahmen dieser Logik verfügen die Interviewenden über eine gewisse Entscheidungsfreiheit, das Vorwissen – vorab und im Interview selbst – so einzusetzen, dass es durch neue Erkenntnisse schrittweise erweitert oder korrigiert wird.

Grundsätzliches zu Vorwissen und Vorinterpretationen

Der Nachvollzug oder das Verstehen von Interviewaussagen bleibt in qualitativen Interviews nicht auf der Ebene einer unvoreingenommenen Betrachtung stehen, sondern ist immer mit einem Rückgriff auf bereits bestehendes Wissen verbunden. Andernfalls wäre ja, bildlich gesprochen, das Gehirn eines Interviewenden mit der leeren Festplatte eines Computers vergleichbar, auf die erfasste Inhalte von Interviewaussagen ganz unvermittelt abgespeichert werden könnten. Der Interviewer aus Beispiel B lässt hingegen sein Wissen auch in die Formulierung von Fragen einfließen und in seine Entscheidungen über sinnvolle Nachfragen – d.h. er beteiligt sich mit seinem bereits vorhandenen Wissen an der Produktion von Inhalten. Dieses Wissen sensibilisiert ihn für mögliche Probleme, die sich für Patrick M. im Berufsfindungsprozess ergeben könnten, und es lenkt seine Aufmerksamkeit auf das für ihn Spannende und Neue der subjektiven Erfahrungen und Umgangsweisen mit diesen Problemen. Er ist also ein *gut informierter Interviewer*, der beim Zuhören immer auch *interpretiert* und diese Interpretation als Basis dafür nutzt, Anschlussfragen zu stellen. Die methodischen Vorgaben des PZI, die wir noch genauer vorstellen, sollen dafür sorgen, dass aus diesem interpretativen und immer wieder mit Fehlern behafteten Vorgang des Verstehens in qualitativen Interviews ein transparenter, wissenschaftlich kontrollierter Erkenntnisprozess werden kann.

Die *Lösung des Grundproblems des Interviewens*, nämlich das wissenschaftliche Wissen des Interviewenden und das Alltagswissen der Interviewten methodisch-pragmatisch zu überbrücken, bildet das Herzstück des PZI. Das Konzept des PZI wendet die grundlegende Problematik des Fremdverstehens konstruktiv und integriert sie in eine Art Vorwärtsstrategie: Der gesamte Verlauf des Interviews ist angelegt als ein iterativer Prozess der Anwendung, Entwicklung, Überwindung und Überprüfung *vorläufigen Wissens*, den wir *Vorinterpretation* nennen. Der strukturelle Kern des PZI-Ansatzes besteht in der Kombination von Erzählungen und Dialogen, die eine Brücke schlagen sollen zwischen dem Alltagswissen bzw. Expertenwissen der Interviewten und dem schrittweise erfolgenden Erkenntnisgewinn der Interviewenden. Die dabei angewandte Methodik und der Einsatz sog. *Kommunikationsstrategien* sorgen dafür, dass das vorab verfügbare Wissen und die Ad-hoc-Erkenntnisse der Interviewenden die originäre Sichtweise der Interviewten nicht überlagern. Außerdem verschaffen die Interviewenden ihnen damit nicht nur die Gelegenheit, sondern auch gezielt den Raum dafür, Sachverhalte ergänzen, korrigieren und fehlerhaften Sinnunterstellungen entgegentreten zu können. Genau das werden wir in den Kapiteln III und IV ausführlich diskutieren.

4. Fazit

An dieser Stelle beenden wir die Hinführung an das Grundanliegen des problemzentrierten Ansatzes qualitativer Interviewführung. Abgeschlossene qualitative Interviews, die wir als Transkriptionen vor uns haben, sind immer nur Abbild *einer* möglichen Ausgestaltung des Gesprächs, das vielfältige Formen annehmen kann. Tatsächlich haben Interviewbegegnungen, wie alle sozialen Interaktionen, das Potenzial, im Prozess ihrer Entfaltung an jeder Stelle unterschiedlich verlaufen zu können. Anhand der Beispiele in diesem Kapitel haben wir illustriert, dass beide Beteiligten darauf Einfluss nehmen können. Wir haben auch angedeutet, welche Aspekte uns dabei als besonders wichtig erscheinen, und das mit einem ersten Einblick in die Begriffswelt des PZI verknüpft.

In den übrigen Abschnitten dieses einführenden Lehrbuchs stellen wir den spezifisch problemzentrierten Ansatz dieser ‚Einflussnahme' und Interviewsteuerung aus der Sicht der Interviewenden dar und differenzieren ihn konzeptuell aus. Die folgenden Kapitel sind der Programmatik (Kapitel III) und Praxis (Kapitel IV) des PZI gewidmet. Manche Aspekte, wie etwa die PZI-Kommunikationsstrategien, liegen quer und werden mit unterschiedlicher Schwerpunktsetzung in beiden Kapiteln diskutiert. Vor allem in Kapitel IV knüpfen wir im Rahmen der Illustration dieser Strategien und weiterer interviewpraktischer Aspekte an die Darstellungsweise in diesem hinführenden Kapitel an sowie, anhand von Beispielen, an die Thematik des biografischen Übergangs in die Berufswelt.

III Programmatik des PZI – methodische Aspekte, Begrifflichkeiten und Konzepte

Im vorangegangenen Kapitel II dienten transkribierte Gesprächsausschnitte aus einer empirischen Studie zum Übergang junger Erwachsener in das Erwerbsleben dazu, auf vielfältige methodische Probleme beim Führen problemzentrierter Interviews aufmerksam zu machen. Sie sollten verdeutlichen, dass es naiv wäre zu glauben, eine akademische Ausbildung, Common Sense und Alltagserfahrungen würden ausreichen, um ein Interview professionell führen zu können. Wir wollten zeigen, dass es nicht einfach ist, sein wissenschaftliches Interesse in angemessene Fragen umzumünzen. Vielmehr bedarf es einer reflektierten und selbstreflexiven Sicht auf die Interaktion der Interviewbeteiligten, um die Interviewten nicht auf die Funktion der Lieferung mehr oder weniger brauchbarer Daten zu reduzieren und damit der Logik eines schlichten *Frage-Antwort-Schemas* zu folgen. Zwar enthält die Darstellung auch theoretisch-argumentative Aspekte und Hinweise auf praktische Lösungen zur Gestaltung erkenntnisreicher Interviewsituationen. Sie beschränkt sich aber auf einen methodischen Problemaufriss, der sich eher auf der phänomenalen Ebene der Interviewkommunikation bewegt.

Mit Kapitel III verfolgen wir nunmehr das Ziel, grundlegend in die *Methodologie* des qualitativen Interviews einzuführen und daran Schlussfolgerungen für die Programmatik und Methode des PZI zu knüpfen. Wir wollen ein gelungenes PZI nicht als Ergebnis des vorschriftsmäßigen Befolgens distinkter Anwendungsregeln darstellen, sondern ein Verständnis schaffen für den Zusammenhang programmatischer Ansprüche und praktisch methodischer Lösungen der Umsetzung von PZIs. Daher geht es auch im anschließenden Kapitel IV nicht einfach um die Vermittlung von Regeln, deren Beachtung die Anwendung des PZI professionalisieren sollen, sondern um ein Nachvollziehen der Konsequenzen dieser Programmatik für die Interviewführung.

Abbildung 3.1 illustriert die zentralen Aspekte der Programmatik des PZI, die in diesem Kapitel diskutiert werden.

Abbildung 3.1 – Programmatik des problemzentrierten Interviews

PZI – PROGRAMMATIK

Verstehen im Interview (DMI)
Problemzentrierung
Vorwissen
Sensibilisierende Grundhaltung
Doppelrollen und Interaktion
Kommunikation

1. Verstehensprozesse im qualitativen Interview

Die in Kapitel II dargestellten Interaktionsprozesse deuten an, welche Bemühungen für die Gewinnung erkenntnisreicher Aussagen in einem komplexen Verständnisprozess notwendig sind. Im Folgenden beleuchten wir den Hintergrund dieser Verständnisarbeit insbesondere aufseiten der Interviewenden. Der Sinn dessen, was Interviewte aussagen (wollen), erschließt sich offensichtlich nicht einfach von selbst und durch passives Zuhören. Vielmehr erfordert Verständnis einen längeren Austausch, in dem um das Verstehen und Verarbeiten von Aussagen gerungen wird. Dabei werden Anknüpfungspunkte für thematisch relevante Nachfragen gesucht, eigene Ideen für neue Einsichten genutzt, Interpretationen gemeinsam ausgehandelt sowie Missverständnisse und Widersprüche geklärt.

Der Grund für diesen aufwendigen kommunikativen Klärungsprozess im Interview besteht in dem Problem des wechselseitigen *Verstehens* von Gesprächsbeteiligten, die sich in *unterschiedlichen Sinnwelten* bewegen: Forschende und Interviewende im Kontext des wissenschaftlichen Wissens, Interviewte im Kontext des Alltagswissens (vgl. Abbildung 3.2). Im Prinzip sind Perspektivenunterschiede und die Zugehörigkeit zu unterschiedlichen Wissenswelten für die Kommunikation im Alltag genauso bedeutsam wie im Interview. Für den Bereich der qualitativen Forschung ist aber zu klären, wie sich Sinnwelten überbrücken lassen, damit *wissenschaftlich fundiertes Fremdverstehen* möglich wird. Denn die Folgen der Nichtbeachtung von Differenzen in den Sinnwelten von Interviewenden und Interviewten können für den Erkenntnisprozess gravierend sein. Wenn nämlich Interviewende unterstellen, dass es gar keinen Unterschied gibt, kollidieren die in den eigenen Frageformulierungen enthaltenen Sinnzusammenhänge ihrer Welt der Wissenschaft unvermittelt mit alltagsbasierten Sinninterpretationen von Interviewten. Es drohen dann nicht einfach nur Missverständnisse zwischen den Gesprächsbeteiligten. Vielmehr besteht die Gefahr, dass die Wahrnehmung genuiner Antworten eingeschränkt ist. Denn durch die mit Theorien und Konzepten gesättigte Brille, mit der die Interviewenden die Aussagen von Interviewten verfolgen, werden vor allem jene Antworten registriert, die kompatibel sind mit ihrer eigenen wissenschaftlichen Sinnwelt. Diese Wissenschaftswelt bildet wiederum den Hintergrund für die implizit enthaltenen theoretischen Annahmen ihrer Fragen. Dadurch kann eine systematisch verzerrte Sicht entstehen, die zu einer Zirkularität von Fragen und Antworten führt und blind macht für neue Einsichten. Unter diesen Vorzeichen besteht die Gefahr, dass die Befunde einer empirischen Studie eher die theoretischen Überlegungen der Forschenden widerspiegeln als die originäre Sicht der Studienteilnehmenden. Der Ansatz des PZI soll dazu beitragen, diese verzerrte Sichtweise zu überwinden.

Bevor wir uns in diesem Kapitel mit den speziellen Aspekten der Programmatik des PZI befassen, diskutieren wir daher zunächst das Kernproblem der Sinnproblematik, die für den Prozess des Fremdverstehens in der qualitativen Interviewforschung grundlegend ist. Das machen wir in zwei Schritten.

- Aufgrund der Ähnlichkeiten der Problematik in Alltag und Forschung wenden wir uns im *ersten Schritt* dem Prozess des alltäglichen Sinnverstehens zu. Wir veranschaulichen ihn anhand unterschiedlicher Interpretationen einer beobachteten Geste in einem fiktiven Beispiel. Dabei ergänzen wir den Verstehensprozess sukzessive um zusätzliche Wissensbestandteile und Interaktionen. Im Anschluss daran reflektieren wir den alltäglichen Erkenntnisprozess vor dem Hintergrund eines Konzepts der dokumentarischen Interpretation als einen iterativen Verständnisprozess.
- Im *zweiten Schritt* diskutieren wir die Konsequenzen der Schlüsselaspekte der Verständnisklärung im Alltag für das qualitative Interview. Dabei geht es um die Überbrückung der unterschiedlichen Perspektiven der Interviewten als Angehörige der Alltagswelt und der Interviewenden als Angehörige der Welt der Wissenschaft. Aus den entscheidenden Gesichtspunkten der Verständnisproblematik im Interview wird schließlich eine Basisstrategie des PZI abgeleitet, die in der Kombination von Erzählungen und anderen selbstläufigen Äußerungen einerseits und konkreten Fragen und Nachfragen andererseits besteht.

1.1. Sinnverstehen als Alltagsmethode

In seinen ethnomethodologischen Untersuchungen hat Harold Garfinkel (1967, 1980) in Anlehnung an die Arbeiten von Karl Mannheim (1952) gezeigt, dass *Fremdverstehen in spontaner menschlicher Kommunikation* gewöhnlich auf der Grundlage vager Andeutungen, Aussagen und Bedeutungsunterstellungen der Beteiligten erfolgt. Äußerungen sind potenziell mehrdeutig, weil der Kontext, in dem sie stehen, häufig lediglich unterstellt aber nicht expliziert wird. Aufgrund ihrer Mehrdeutigkeit müssen Äußerungen also *interpretiert* werden. Die Ethnomethodologie beschreibt, wie dies ganz grundsätzlich geschieht und verwendet dafür den Begriff der *dokumentarischen Methode der Interpretation* (DMI).[1] Kurz gesagt, beschreibt die DMI in Interaktionen den Vorgang, wie eine Person (im Alltag) den Sinn einer Äußerung einer anderen Person entschlüsselt. Dabei kann es sich etwa um ein Wort, einen Satz oder eine Geste handeln. Äußerungen fungieren als ein *Dokument* – fachbegrifflich als *Index* bezeichnet – für ihren (Entstehungs-)Kontext bzw. als Hinweis auf einen Bedeutungsgehalt oder ein Muster, mit dem sie zusammenhängen. Das bedeutet, Dokumente sind *indexikal*. Der ethnomethodologische Fachbegriff der *Indexikalität*, bezeichnet genau diese Qualität der Vieldeutigkeit und Kontextgebundenheit von Äußerungen und den zugehörigen Verweisungszusammenhang.

Alltägliche verbale und nonverbale Ausdrücke sind ihrem Wesen nach von einer „unaufhebbaren Vagheit“ (Garfinkel 1980, S. 204) gekennzeichnet. Da sie mehrere situativ abhängige Bedeutungen haben können und somit *Sinnüberschuss* produzieren, sind Interpretationen, die sich auf diese Ausdrücke beziehen, mit Unsicherheiten verbunden. Die Frage ist immer: Was ist mit einer (non/verbalen) Äußerung *wirklich* gemeint? In den meisten Fällen sind wir aufgrund unseres Alltagswissens und der Kenntnis der lokalen Kultur in der Lage, Äußerungen rasch einzuordnen und auch subtile Bedeutungsaspekte zu entschlüsseln. Auch sprachliche Andeutungen können so etwa als Humor, Ironie oder Spott erkannt werden. Die Bedeutung von Äußerungen erscheint uns im Alltag dadurch als selbstverständlich und wir können angemessen darauf reagieren. Im Gegensatz zu dieser Alltagsdynamik der spontanen Herstellung – oder zumindest Annahme – von Verständlichkeit ist qualitativ-interpretative Sozialforschung gerade an der Exploration dieser meist unhinterfragten Alltagsselbstverständlichkeiten interessiert.

Diesen abstrakten Zusammenhang wollen wir im Folgenden verdeutlichen, indem wir die Bedeutung und den Prozess des *alltäglichen Sinnverstehens* anhand des Beispiels einer beobachteten *Gestik* illustrieren. Nonverbale Aspekte spielen auch im Rahmen der Verständnisproduktion qualitativer Interviews eine Rolle. Selbst in diesem scheinbar einfachen Beispiel wird die Komplexität der Problematik deutlich. Außerdem wird der Nutzen der Befassung mit der Sinnproblematik für die Diskussion von Verständigungsprozessen sowie letztlich für die Anwendung von Erzählung und Dialog als grundlegende methodische Konsequenz im Interview nachvollziehbar.

1 Wir folgen hier dem ursprünglich von Harold Garfinkel (1967, 1980) vorgeschlagenen Begriff der ‚Dokumentarischen Methode‘. Unsere Verwendung deckt sich also *nicht* mit dem erst später (d.h. nach Erscheinen von Witzel 1982) vorgeschlagenen Verständnis der Dokumentarischen Methode im Kontext der Praxeologischen Wissenssoziologie von Ralf Bohnsack. Dieser bezieht sich dabei umfassender als Garfinkel auf die Arbeiten von Karl Mannheim. Für eine Klärung der Unterschiede siehe Bohnsack (2017, Kapitel 2).

1.1.1. Sinnverstehen nonverbaler Kommunikation – Beispiel Gestik

Stellen wir uns die folgende Geste vor:

> Ein Angestellter im Büro einer Arbeitsagentur beugt sich nach vorne und legt seine Stirn in den Handteller des aufgestellten linken Arms, der mit dem Ellenbogen auf einem Schreibtisch aufgestützt ist.

Wir können uns nun fragen: *Worauf weist diese Geste hin? Was drückt sie aus?* Die mögliche Bedeutung dieser Geste – als Dokument und Index für ein dahinterstehendes Entstehungs- und Erklärungsmuster – im Kontext ihrer jeweiligen Bürosituation erläutern wir anhand von zwei fiktiven Alltagsbeispielen. Im ersten Beispiel (Fall 1) findet die Klärung zwischen zwei Personen in gleichermaßen vertrauter Umgebung statt. Im zweiten Beispiel (Fall 2) ist der Kontext für eine der beiden beteiligten Personen weitgehend fremd, wodurch sie in ihren Interpretationsmöglichkeiten stärker eingeschränkt ist. Zug um Zug ergänzen wir den Verstehensprozess um zusätzliche Wissensbestandteile und Interaktionsschritte und differenzieren den Erkenntnisprozess aus.

Fall 1: Interpretation der Geste in einem vertrauten Kontext
Eine Angestellte beobachtet die oben beschriebene Geste ihres Kollegen im Büro und hat aufgrund ihrer Uneindeutigkeit vielfältige Möglichkeiten für deren (Be-)Deutung. Ist die Geste Ausdruck von Ärger, Verdruss, Frustration, momentaner Müdigkeit oder Kopfschmerz? Ist sie ein Zeichen des Nachdenkens oder einfach nur eine nichtssagende Angewohnheit? Selbst eine solch einfache Geste kann viele Bedeutungen haben – d. h. sie produziert *Sinnüberschuss* und erfordert Interpretationsarbeit, um bestimmte Deutungsmöglichkeiten ausschließen und andere näher in Betracht ziehen zu können. Aber wie lässt sich dieser Sinnüberschuss so reduzieren, dass die beobachtende Kollegin nicht nur eine *Vermutung* über die Bedeutung der Geste anstellen, sondern letztlich auch eine wahrscheinliche *Erklärung* für sie finden kann? Und wie geht sie vor? Wir veranschaulichen unterschiedliche Herangehensweisen beispielhaft an drei Varianten.

- *Variante 1 – stereotypische Deutung:* Die Kollegin entscheidet sich *spontan* und ohne weiter nachzudenken dafür, dass es sich bei der Geste um Kopfschmerzen handeln muss, weil der Kollege, wie sie denkt, wieder einmal eine lange Nacht hinter sich gebracht hat. Falls sie es dabei bewenden lässt, erschöpft sich die Beantwortung der Frage nach dem Kontext der Geste ohne Prüfung anderer Sinnvarianten also in einem oberflächlichen *Vorurteil*. Und möglicherweise bestätigt sich für sie damit eine längst bestehende Antipathie dem Kollegen gegenüber. Für den Vorgang der Sinninterpretation lässt sich daraus bereits ein erster wichtiger Schluss ziehen: Ob Forschende sich auf die Vieldeutigkeit und

Vagheit von Äußerungen einlassen oder nicht, hängt von ihrem *Interesse* an einer Entschlüsselung ihrer Bedeutung und von ihrer Bereitschaft zur Überwindung von Vorurteilen ab. Falls sie an einem tieferen Verständnis interessiert sind, durchlaufen ihre Bemühungen um Klärung einen Prozess, der idealtypisch mit der o. g. DMI beschrieben werden kann. Dann werden, wie in den folgenden Varianten illustriert, *Interpretationsmuster* konstruiert, schrittweise aus verschiedenen Facetten zusammengebaut und überprüft.

- *Variante 2 – situative Deutung:* Die Kollegin gibt sich nicht mit einem Vorurteil zufrieden und hat Interesse an der weiteren Erklärung der Geste. Sie nimmt an, dass die Geste *situativ*, d. h. im Kontext des Arbeitsplatzes zu interpretieren ist. Sie interpretiert die Körperhaltung des Kollegen zunächst als Ausdruck einer Art Niedergeschlagenheit, die mit seiner Arbeit zusammenhängt. Dieses noch recht abstrakte *Erklärungsmuster* konkretisiert sie nunmehr mit *weiterem Kontextwissen*, z. B. mit dem Wissen über die allgemeine Personalknappheit in ihrer Einrichtung. Sie erinnert sich, dass die Belegschaft die Folgen von Mehrarbeit und Arbeitsdruck schon über längere Zeit hinweg kritisch diskutiert hatte. Weil sie weiß, dass der beobachtete Kollege sich dieser verbreiteten Ansicht angeschlossen hat, hegt sie auf der Basis dieses Erklärungsmusters *die Erwartung*, dass auch dieser Kollege von den besonderen Arbeitsbelastungen betroffen ist.
- *Variante 3 – kontextualisierte Deutung:* Ihre besondere *persönliche Nähe* zur *konkreten Situation* am Arbeitsplatz ist ein weiterer Aspekt, der die Bedeutung des *vorhandenen Wissens* für eine Sinnexplikation einer Geste wie dieser unterstreicht. Zum einen kennt sie die spezifischen Details der Arbeit des Kollegen. Zum anderen ist auch sie selbst häufig von Mehrarbeit betroffen und fühlt sich manchmal überlastet. Das ist ein letzter *Mosaikstein für eine Art Gesamtbild* und Muster für das Verständnis der Geste, die sie damit geradezu als Widerspiegelung ihrer eigenen belastenden Situation begreifen kann. Nunmehr kann sie die Geste des Kollegen mit hoher Treffsicherheit als *Dokument* für eine Mischung von Ärger, Verdruss und Frustration deuten, die auf eine dahinter liegende berufliche Überlastung in einem Kontext chronischer Überforderung verweist. Müdigkeit oder gar Kopfschmerzen schließt sie als Erklärung nicht vollständig aus, denn das könnte damit in Verbindung stehen.

Fazit – unsichere Deutungen und deren Überwindung durch aktives Nachfragen
Entscheidend für die Entschlüsselung des Sinngehalts der Geste sind also die Rolle des *Wissens* über die lokalen Arbeitsbedingungen im Betrieb sowie ihre *Vertrautheit mit der speziellen Situation* am Arbeitsplatz des Kollegen. Trotz ihrer Kenntnis der Rahmenbedingungen hat die Kollegin keine Gewissheit, dass ihre Interpretation auch zutreffend ist und andere Deutungen ausgeschlossen werden können. Die Vieldeutigkeit und Vagheit der Geste, d. h. ihre Indexikalität, bleiben grundsätzlich bestehen. Vielleicht hat die Kollegin ja ihre eigenen Erfahrungen

mit den belastenden Bedingungen am Arbeitsplatz auf den Kollegen projiziert und ist also auch damit trotz allem einem *Vorurteil* erlegen.

Würde sie den Kollegen auf der Grundlage ihrer Überbelastungsinterpretation ansprechen und sich nach seinem Befinden erkundigen, könnte sich ihre bisherige Interpretation als falsch erweisen und ein völlig neues Erklärungsmuster notwendig machen. Etwa wenn der Kollege auf ihr *besonderes Interesse* an seinem Wohlbefinden positiv reagiert, ganz persönlich wird und bestehende familiäre Probleme thematisiert. Eine solche Auflösung der Sinnproblematik ist allerdings nur auf der Basis eines *Vertrauensverhältnisses* zwischen den beiden Personen möglich. Dieses *praktische* Eingehen auf die Geste des Kollegen durch direktes Ansprechen hätte die Widerlegung des zuvor vermuteten Erklärungsmusters zur Folge. Das ist insofern bedeutsam, weil sich hier ein zentrales Mittel der Sinnerfassung sowie der Fehlerkorrektur andeutet, das auch in qualitativen Interviews genutzt werden kann. Die *explizite* Bezugnahme auf die in Frage stehende Geste in Form einer *Nachfrage* ist eine *Aktivität* (hier: eine Interaktion), die eine *Chance zur Prüfung und der Korrektur eines früheren Interpretationsmusters* eröffnet.

Fall 2: Interpretation der Geste in einem fremden Kontext
In diesem zweiten Fall wird die Aufgabe der Entschlüsselung der Bedeutung der Geste einer *fremden* Beobachterin übertragen, einer Kundin der Arbeitsagentur. Mit ihrem Betreten des Büros des Angestellten lassen sich ergänzend etwa folgende Sinnvarianten der oben beschriebenen Geste konstruieren.

- *Variante 1 – stereotypische & situative Deutungen:* In einer ersten Variante könnte auch die Kundin vorhandenes *Wissen* über die allgemeine Personalknappheit nutzen und alle oben beschriebenen Erklärungsvarianten für die Geste in Betracht ziehen. Mehrere Alternativen sind denkbar. So könnte sie zum Beispiel eigenen *Vorurteilen* erliegen und an einer Überlastung am Arbeitsplatz zweifeln („*typischer Büroschlaf in Behörden*“). Ein *Ausschluss* der ersten Erklärungsvariante der Nachwirkungen einer langen Nacht würde ihr leicht fallen, weil ihr die persönliche Nähe zur spezifischen Situation am Arbeitsplatz des Angestellten fehlt. Möglicherweise deutet sie die Geste aber auch ganz einfach als *konzentrierte Haltung* eines Sachbearbeiters, der gedanklich noch mit dem Fall des vorherigen Kunden befasst ist, der vor ihrem Eintreten gerade erst den Raum verlassen hat.
- *Variante 2 – Deutungen in der Schwebe:* Es liegt nahe, dass die Kundin die beobachtete Geste in einen Zusammenhang mit einem eigenen Anliegen bringt und darin die Ursache für die Körperhaltung des Angestellten vermutet. Diese *neue Deutung* beruht auf ihrer *Involviertheit* in die in Kürze erwartete *spezifische Interaktionssituation.* Sie muss sich mit dem Angestellten austauschen, um ihr praktisches Anliegen – z. B. einen Antrag auf Genehmigung

einer Umschulungsmaßnahme – durchzusetzen. Sie deutet die beobachtete Geste daher als konzentrierte Haltung, die der Angestellte einnimmt, weil er sich gerade mit *ihrem* Antrag befasst. Außerdem hegt sie die *Erwartung*, dass er bei ihrem Eintreten freundlich aufblicken und ihr einen Platz anbieten wird. Weil dies aber zunächst nicht geschieht, zweifelt sie an ihrer Einschätzung, bewertet die Situation neu und entwickelt eine andere Interpretation. Zwar hält sie daran fest, die Geste mit ihrem eigenen Anliegen in Verbindung zu bringen, kehrt ihre Deutung aber um und meint nun, eine *ablehnende* Haltung zu erkennen.

Diese Erwartung wird so lange bestehen bleiben, bis der Angestellte sich ihr wirklich zuwendet und die bürokratische Situation damit *aktiv* definiert. Die Kundin muss also die *zukünftige Entwicklung* abwarten, um herauszufinden, ob sich diese neue Deutung bestätigt, oder ob die *Reinterpretation* früherer Deutungen notwendig ist. Zum Beispiel kann nun die frühere Interpretation der Geste als konzentrierte Haltung wieder ins Spiel kommen, wenn der Angestellte sie begrüßt, ihr freundlich einen Stuhl anbietet und erklärt, dass die Umschulung genehmigt ist, oder dass er sich noch rasch einen Überblick verschaffen musste, weil ein Kollege zwischendurch die Bearbeitung des Falls fortgesetzt hatte. Wenn er sogar auf ihr Qualifikationsinteresse positiv eingeht, wird die Kundin vielleicht auch ihre Vorurteile korrigieren.

Fazit -Merkmale der Sinninterpretation unter der Bedingung von Fremdheit
Anhand dieser Situation fortbestehender Unsicherheit darüber, welche Interpretationen einer vieldeutigen Geste zutreffend sein und welche Deutungen ausgeschlossen werden können, können wir *drei Merkmal der Sinninterpretation* unterscheiden:

1. Im Gegensatz zur Arbeitskollegin in Fall 1 fehlt der Kundin in Fall 2 die persönliche Vertrautheit mit der *konkreten Situation* am Arbeitsplatz als Kontext. Als in diesem Kontext *Fremde* verfügt sie nur über ein eher *rudimentäres Wissen* zur Deutung der Geste. Stattdessen wird ihre Interpretation von *Voreingenommenheit* und dem *Eigeninteresse* ihrer Wahrnehmung überlagert.
2. Die Kundin hat in der *gegenwärtigen Situation* ihres Eintretens in das Büro keine *Chance zur Prüfung und Korrektur* der für sie ungünstigen Interpretationsvariante. Im Gegensatz zur Arbeitskollegin leitet sie keine Interaktion ein, die zu einer neuen Deutung der Geste führen könnte. Sie muss vielmehr die darauf *folgende Entwicklung* bis zur möglichen Klärung der Deutung *abwarten*.
3. Schließlich entsteht hier eine *neue Situation*, die der Angestellte einleitet, weil er qua Amtsbefugnis das Subjekt bürokratischen Handelns ist. Erst wenn er selbst *aktiv* wird und damit Hinweise zur Auflösung der Deutungsambiguität liefert, lässt sich die Geste für die Kundin angemessen reinterpretieren.

Diese Aspekte der Deutungsunsicherheit unter der Bedingung von Fremdheit sind auch für die Diskussion von Prozessen des Sinnverstehens im qualitativen Interview relevant.

1.1.2. Dokumentarische Methode der Interpretation (DMI) als Prozess

Anhand dieser fiktiven Beispiele lässt sich eine ganze Reihe von Aspekten herausarbeiten, die im Rahmen der Sinndeutung unterschiedliche Funktionen haben, und die uns als zentrale Begriffe in der nun folgenden Auseinandersetzung mit der Interviewmethode begleiten werden:

- *Wissen* (negativ: *Vorurteil/Voreingenommenheit*),
- *situative Vertrautheit/Involviertheit* versus *Fremdheit*,
- *(besonderes) Interesse* an der Aufklärung von Sinnzusammenhängen,
- *Aktivitäten* als Mittel zur Bedeutungsklärung,
- *Nachfragen* als Chance für Korrekturen von Interpretationen, und
- *Abwarten* der Entwicklung von Sinnkontexten.

Insbesondere der letzte Aspekt des Abwartens ist hervorzuheben, weil er die zeitliche Dimension von *Prozessen* der Sinnentschlüsselung unterstreicht und Erklärungsmustern als (vorläufige) Deutungsvarianten Plastizität verleiht. Diese Deutungsvarianten werden entwickelt, sie können ein weiteres oder mehrere damit zusammenhängende Muster begründen, sie können plausibel oder unsicher sein, sie werden verworfen und neu formuliert usw. Anders gesagt, Bedeutungen verändern sich gerade *im Rückblick* auf Erfahrungen.

All diese Aspekte sind charakteristisch für die praktische Umsetzung der *dokumentarischen Methode der Interpretation*: Interpretationsmuster sind Teil eines *Prozesses* des Verstehens und erlangen ihre jeweilige Gültigkeit aufgrund der besonderen *Zeitlichkeit* ihres Blickwinkels. In der ethnomethodologischen Fassung der dokumentarischen Methode der Interpretation von Thomas Wilson (1973), mit der wir uns in den nächsten Abschnitten näher befassen, wird programmatisch beschrieben, *wie* sich Interpretationen und Erklärungsmuster von Äußerungen und Gesten, im Folgenden *Erscheinungen* genannt, prozesshaft entwickeln. Verstehensprozesse sind dynamisch und vom gegenwärtigen Standpunkt aus offen in beide Richtungen von Vergangenheit und Zukunft, indem gewisse Entwicklungen (vorausschauend) erwartet bzw. Interpretationen (rückblickend) revidiert werden können. Zu den zentralen Begriffen gehören neben der Wahrnehmung von Äußerungen und Gesten (sog. Erscheinungen): vorläufige Interpretationen, Erwartungen, Warten, Rückblick, Reinterpretation und Revision.

Wilson schreibt dazu:

> „Ein wesentliches Merkmal dokumentarischer Interpretation besteht darin, dass zeitlich spätere Erscheinungen zu einer Revision des ermittelten zugrunde liegenden Musters zwingen können, wodurch wiederum eine Reinterpretation dessen erforderlich werden kann, was über den „w i r k l i c h e n“ Charakter früherer Erscheinungen ermittelt wurde. Darüber hinaus ist zu bedenken, dass jeweils gegenwärtige Erscheinungen zumindest in Teilen auf der Grundlage dessen gedeutet werden, was aus dem identifizierten zugrunde liegenden Muster als Erwartung künftiger Entwicklungen ableitbar ist, und es mag sein, dass man künftige Entwicklungen zunächst abzuwarten hat, bevor man die Bedeutung jeweils gegenwärtiger Erscheinungen voll verstehen kann“ (Wilson 1973, S. 60, Hervorhebung im Original).

Anhand dieses längeren Zitats lassen sich die beiden Fallbeispiele systematisch und Schritt für Schritt mit der Programmatik der DMI verknüpfen und allgemeine Aspekte von Verstehensprozessen herausarbeiten, wie sie auch und gerade in qualitativen Interviews ablaufen. Zum besseren Verständnis zerlegen wir das Zitat in drei Teile und illustrieren die praktische Relevanz der abstrakten und komplexen Formulierung anhand unserer fiktiven Fälle.

> ***Teil 1:*** *„Ein wesentliches Merkmal dokumentarischer Interpretation besteht darin, dass zeitlich spätere Erscheinungen zu einer Revision des ermittelten zugrunde liegenden Musters zwingen können, wodurch wiederum eine Reinterpretation dessen erforderlich werden kann, was über den ‚wirklichen‘ Charakter früherer Erscheinungen ermittelt wurde …“*

Das Interpretationsmuster, das die **Kundin** in Fall 2 im Rahmen des *Prozesses fortschreitender Deutungen* revidiert, bringt die Geste des Angestellten zunächst in Verbindung mit dem Fall eines vorherigen Kunden, der gerade erst den Raum verlassen hat. Die Situationsspezifik ändert sich dadurch, dass im Voranschreiten der Interaktion nur noch sie selbst als neue Kundin anwesend ist und als einzige die Aufmerksamkeit des Angestellten beanspruchen kann. Dennoch – und das ist im Zitat gemeint mit *„zeitlich spätere Erscheinung“* – verharrt der Angestellte in der beschriebenen Haltung, begrüßt die Kundin nicht und bietet ihr auch nicht gleich einen Stuhl an. Die Kundin entwickelt daraufhin ein neues Interpretationsmuster, bezieht die fortbestehende Geste nun auf sich selbst und verwirft die vorangegangene Erklärung (*„Revision des Musters“*). Das erste Interpretationsmuster – etwa: *„der Angestellte denkt noch über die Unterredung mit dem Vorgänger nach“* – wird modifiziert bzw. ersetzt – etwa: *„wahrscheinlich ist der vorherige Fall abgeschlossen und der Angestellte gestaltet den Übergang zu meinem Problem“*. Dabei handelt es sich um eine *„Reinterpretation des ‚wirklichen‘ Charakters früherer Erscheinungen“*. Im Zusammenhang ihrer *Erwartungen* hinsichtlich ihres besonderen Interesses an der Genehmigung einer Umschulungsmaßnahme verwirft sie implizit das erste Erklärungsmuster, das die Geste mit dem vorherigen Fall in Zusammenhang bringt.

In **beiden Fallbeispielen** findet sowohl die Revision eines Erklärungsmusters im *fortschreitenden Prozess* der Interpretation statt als auch die besondere Form der überraschenden Revision eines Musters *am Ende* des Interpretationsprozesses. Das Erklärungsmuster der **Arbeitskollegin** in Fall 1 („Überlastung") weicht ganz zuletzt einem *völlig neuen Muster*, der Offenlegung „familiärer Probleme". Im Fall der **Kundin** (Fall 2) resultiert die Widerlegung des Interpretationsmusters „Probleme mit dem Antrag auf Umschulung" im Sinne einer *„späteren Erscheinung"* darin, dass *im Nachhinein* die *„frühere Version"* („Konzentration auf ihren Antrag") erneut Gültigkeit erlangt.

> ***Teil 2:*** *„... Darüber hinaus ist zu bedenken, dass jeweils gegenwärtige Erscheinungen zumindest in Teilen auf der Grundlage dessen gedeutet werden, was aus dem identifizierten zugrunde liegenden Muster als Erwartung künftiger Entwicklungen ableitbar ist, ..."*

Die Geste des Angestellten im Büro (*„gegenwärtige Erscheinung"*) wird von der **Kollegin** (Fall 1) auf der Grundlage der Erwartung gedeutet, die sich aus dem Muster „Überlastung als Moment früherer kritischer Diskussionen im Betrieb" (*„zugrundeliegendes Muster"*) ableiten ließ: sie erwartet, dass sich dieses Urteil auch beim beobachteten Kollegen geltend machen müsste (*„Erwartung künftiger Entwicklung"*).

> ***Teil 3:*** *„... und es mag sein, dass man künftige Entwicklungen zunächst abzuwarten hat, bevor man die Bedeutung jeweils gegenwärtiger Erscheinungen voll verstehen kann."*

Für die **Kundin** (Fall 2) ist die Interpretation der Geste als Ausdruck einer ablehnenden Haltung des Angestellten ihr gegenüber zweifelhaft; sie besteht in Form einer bloßen Befürchtung. Die Kundin hat die *„künftige Entwicklung zunächst abzuwarten"*, die vom Angestellten dann auch aktiv eingeleitet wird. Daraus ergibt sich eine neue Situation, in der er sich der Kundin freundlich zuwendet, sie begrüßt, ihr einen Stuhl anbietet (*„gegenwärtig Erscheinung"*) und die vermeintlich unangenehmen Aspekte der Geste damit neutralisiert. Sein Handeln ermöglicht es ihr, die frühere Interpretation der Geste zu verifizieren und sie als ernsthafte Befassung mit ihrem Anliegen *„voll zu verstehen"*.

1.1.3. Sinnverstehen im Alltag mit der DMI – Fazit

Anhand der Beispiele der Deutung nonverbaler Kommunikation lassen sich einige *bedeutsame Elemente der DMI* festhalten, die auch, wie wir noch zeigen werden, in der Gestaltung der komplexeren Kommunikation im *verbalen* Zusammenhang des PZI eine Rolle spielen. Einzelne Interpretationsmuster für eine beobachtete Geste oder Äußerung können nicht von vornherein und wie selbstverständlich als gültig angenommen werden. Die *Vagheit und Vieldeutigkeit* von

Äußerungen macht es erforderlich, von unterschiedlichen und flexiblen Interpretationsmustern auszugehen, die sich aus *verschiedenen Facetten* zusammensetzen und im Zeitverlauf *überprüft* und *korrigiert* werden. Das zentrale Moment der Entschlüsselung des Sinns ist die, mit dem Zitat von Wilson erläuterte *Prozesshaftigkeit* der Konstruktion von Erklärungsmustern, die sich auf die jeweils aktuelle *Situation* beziehen, in der die Äußerung entsteht. Das für die angemessene Interpretation der Situation notwendige *Wissen* besteht bei *fremden Beobachtenden* häufig gar nicht oder ist nur in Ansätzen vorhanden. Das eigene Wissen kann aber auch mit *Vorurteilen* behaftet sein – z. B. weil jemand aus Eigeninteresse persönlich involviert ist. Mit der Situation *vertraute Beobachtende* verfügen zwar über lokales Wissen, trotzdem kann auch besondere situative Vertrautheit zu Fehldeutungen führen. Schließlich ist jede Sinninterpretation mit einer verbleibenden *Restunsicherheit* verbunden.

1.2. Sinnverstehen im qualitativen Interview

Übergänge von der *rein beobachtenden Interpretation* durch eine Person zu einem ansatzweisen Austausch unterschiedlicher Perspektiven werden jeweils *einseitig*, also von einer der beteiligten Personen, initiiert. Das wurde auch in den oben beschriebenen Beispielen deutlich: Die Annäherung an zutreffende Sinninterpretationen entsteht erst durch die direkte Anteilnahme der Arbeitskollegin bzw. die aktive Hinwendung des Mitarbeiters der Arbeitsagentur zur Kundin.

Im *Alltagsgespräch* findet hingegen unmittelbar ein *zweiseitiger* Austausch statt, der sich zudem des für Verstehensprozesse effektiven Mittels der *Sprache* bedient. Der als DMI beschriebene Modus der alltäglichen Bewältigung kommunikativer Vagheit ist *universell*. Er läuft im Prinzip im forschenden Kommunikationsprozess und im qualitativen Interview genauso ab wie in Alltagsbegegnungen. In der dyadischen Beziehung eines Interviews haben die Interviewenden zudem die Aufgabe, einen *Brückenschlag* zwischen zwei Deutungswelten (Schütz 1971) vorzunehmen: Der einen Seite der *Alltagswelt* von Interviewten mit den ihr eigenen Erfahrungen sowie milieuspezifischen Handlungen und Orientierungen steht die andere Seite der *Wissenschaftswelt* gegenüber. Letztere ist ebenso milieuspezifisch geprägt, von akademisch gebildeten Interviewenden bevölkert und verfügt im Gegensatz zur Alltagswelt zusätzlich über Wissensbestände, die auf fachspezifischer Forschung beruhen.

Qualitative Interviews stellen eine außergewöhnliche Begegnung dar, denn beide Beteiligten tauschen ihre unterschiedlichen Perspektiven *nicht einfach so* aus wie etwa in einem spontanen Alltagsgespräch in einer Warteschlange oder im Rahmen einer Diskussion zu einem wissenschaftlichen Thema an einer Hochschule. Im Rahmen einer wissenschaftlichen *Diskussion* sorgt der diskursive Austausch ausdrücklich für die *Überbrückung* unterschiedlicher Perspektiven der

Beteiligten auf der Ebene wissenschaftlicher Sachverhalte. Gemeinsam ist den Beteiligten dabei das *gleichberechtigte* Bemühen um Deutungen auf der Basis fachlicher Interessen. Die dyadische Beziehung des *Interviews* ist dagegen *asymmetrisch*, denn das wissenschaftlich-systematische Interesse der Forschenden an der Alltagswelt der Interviewten ist *einseitig*. Das Ziel eines qualitativen Interviews besteht folglich nicht darin, die Interviewten mit der Welt der Wissenschaft vertraut zu machen. Als Angehörige der Alltagswelt sind Interviewte vielmehr Forschungs*objekte* im Rahmen einer Studie zu wissenschaftlichen Fragestellungen, die sich mit Teilaspekten der subjektiven Sichtweise ihrer Alltagswelt befassen. Dennoch ist ein Grundverständnis des Vorgangs bei beiden Beteiligten für den Abstimmungsprozess ihrer Perspektiven Voraussetzung dafür, dass ein Interview überhaupt funktionieren kann. Entsprechend beschreibt Anne Honer (2006, S. 95 f., Hervorhebungen im Original) das qualitative Interview als …

> „… zwar grundsätzlich *asymmetrische* Kommunikationsform, die aber gleichwohl immer von *beiden* Beteiligten gemeinsam hergestellt und unterhalten wird, weil z. B. *beide* nicht umhin können, während der Interviewsituation herauszufinden, was der jeweils andere ‚eigentlich will' (was seine tatsächlichen Interessen sind, wie er die Situation sieht, wie er sein Gegenüber einschätzt, usw.) […] In dieser Hinsicht ähnelt das Interview also durchaus dem Alltagsgespräch."

Qualitative Interviews sind wie Alltagsgespräche vom wechselseitigen Interesse der Beteiligten abhängig und von ihrer Bereitschaft, sich vorübergehend auf die jeweils andere Perspektive einzulassen.

1.2.1. Überbrückung fremder Sinnwelten im Interview

Aus der Sicht der Interviewten …
… als Forschungs*objekte* ist es nicht ihre Aufgabe, den Brückenschlag in die Welt der Wissenschaft zu forcieren, sich etwa in wissenschaftliche Fragestellungen oder die Begründung einer empirischen Untersuchung einzuarbeiten. Allerdings hat ihr Status als Objekte der Forschung seine Grenzen: sie unterstellen nicht einfach die Sinnhaftigkeit des Forschungsvorhabens, an dem sie teilnehmen sollen, und unterwerfen sich auch nicht fraglos dem Interviewanliegen. Wenn sie sich also überhaupt für ein Interview zur Verfügung stellen, verknüpfen sie die Beantwortung von Fragen mit einem *Interesse* daran, was, wie Honer schreibt, der/die *„andere (Interviewende) ‚eigentlich will'"*.

Das Ausmaß der Aufklärung von Interviewten über die konkreten Eigeninteressen der Forschenden ist umstritten und findet in herkömmlichen und *standardisierten Interviews* im Rahmen der *Vorstellung der Forschungsthematik* meist nur rudimentär statt. Interviewende sollten sich, so die Empfehlung, „so neutral wie möglich verhalten" (Porst 2014, S. 149). Zugunsten der damit verfolgten

Wahrung von ‚Neutralität' bleibt den Interviewten die fremde Welt der Wissenschaft weitgehend verborgen. Dies hat weitreichende Folgen für den inhaltlichen Ertrag eines solchen Interviews, denn dürftige Erläuterungen verhindern Einsichten über die Zielsetzungen und den thematischen Gesamtzusammenhang der Forschung. Dementsprechend beschäftigt die Interviewten während der gesamten Forschungsbegegnung die Frage, was die Interviewenden *eigentlich wirklich von ihnen wollen*. Ohne aufschlussreiche Kontextinformationen sind sie mit einer undurchsichtigen Logik und Abfolge von Fragen konfrontiert und antworten eher knapp und präzise. In einem Interview, das dem Frage-Antwort-Schema folgt, ringen die Interviewten um das Verständnis einzelner Standardfragen und mit Begrifflichkeiten, die womöglich auch noch alltagsfern formuliert sind. Daher werden sie häufig unsicher und wortkarg, wenn sie vorformulierte Einzelfragen in einem ihnen fremden Sinnzusammenhang interpretieren müssen, um überhaupt adäquat antworten zu können. Es ist unvermeidlich, dass sie Vermutungen über den ‚dahinter' liegenden, d. h. eigentlichen, Sinn der Fragen und der gesamten Interaktion anstellen. Sie tun dies im Stillen, weil ihnen meist auch keine kommunikativen Mittel zur Klärung angeboten wurden, wie z. B. Rückfragen oder die Möglichkeit zur Präzisierung von Fragen. Wenn sie dann darüber spekulieren, was der/die *„andere (Interviewende) ‚eigentlich will'"*, neigen sie dazu, sich an dem zu orientieren, was ihrer Vermutung nach die Interviewenden wohl von ihnen als ‚ordentliche Bürger und Bürgerinnen' hören wollen. Diese Tendenz, sich entsprechend vermeintlich sozial anerkannter Erwartungen und Wertmaßstäbe zu äußern wird als „soziale Erwünschtheit" bezeichnet (vgl. Edwards 1957; Diekmann 2008, S. 447 ff.). Auch an dieser Stelle wird deutlich, welche bedeutsame Rolle *Wissen* – tatsächliches und eingebildetes, beides gleichermaßen relevant – und seine unterschiedlichen Ausprägungen für das Sinnverstehen spielen.

Im Gegensatz dazu hat im *PZI* die Klärung dessen, was der/die *„andere (Interviewende) ‚eigentlich will'"* eine zentrale Bedeutung für den Aufbau eines Arbeitsbündnisses zwischen den Gesprächsbeteiligten; sie findet daher bereits im Rahmen der Vorstellung des Forschungsvorhabens besondere Beachtung. Die Interviewten sollen durch die Übersetzung der Forschungsthematik in die Erfahrungswelt ihres Alltags die Möglichkeit bekommen, die Relevanz der Thematik für ihre Lebenspraxis zu erkennen und darauf basierend ein *Interesse* an einer Offenlegung ihrer Erfahrungswelt entwickeln. Dieser Zusammenhang wurde bereits in Kapitel II betont und wird auch in Kapitel IV wieder aufgegriffen.

Die *Zentrierung* der Forschungsproblematik durch die Interviewenden liefert den Interviewten die entscheidenden Kontextinformationen für die *Sinnhaftigkeit der gesamten Forschungsbegegnung*. Kontextinformationen sind für die Interviewten notwendig, um grundsätzlich verstehen zu können, worum es den Forschenden überhaupt geht; und um dann auf der Basis dieses *Wissens* ein *Interesse* zu entwickeln, sich mit den Fragestellungen des Interviews auseinanderzusetzen. Darauf basiert wiederum die für die Interviewten angestrebte *Subjektrolle* (siehe unten), zu der es auch gehört, sich bewusst und eigenständig auf die Forschungsthematik beziehen zu können. Erst wenn sie das Forschungsproblem nach *verständlicher Erläuterung* als relevant für ihre eigene Lebenswelt anerkennen, kann es den Interviewten einleuchten, dass (und warum) überhaupt ein Interesse an ihren individuellen Erfahrungen und zugehörigen Bewertungen besteht. Die lebensweltliche Ausrichtung der Aufklärung über die Forschungszwecke geht einher mit der Orientierung an einer im Untersuchungsfeld verständlichen und *alltagsnahen Sprache.* Beides gehört zu den grundlegenden Voraussetzungen für die Chance auf wechselseitiges Verstehen im qualitativen Interview.

Den Respekt vor ihrer Individualität erkennen die Interviewten außerdem daran, dass sie mit der Einladung zur Entfaltung ihrer ganz persönlichen Problemsicht an der Bearbeitung der in Frage stehenden Thematik *teilhaben* können. Das ist auch im Interesse der Interviewenden und betrifft einen Aspekt, der grundlegend ist für das PZI als *Methode partizipativen Fremdverstehens.* Im Interviewgespräch selbst werden sie in diesem Eindruck bestätigt. Sie erleben etwa die *verständnisvolle Haltung* der Interviewenden hinsichtlich Erfolgs- und Misserfolgserlebnissen bei der Bewältigung von Herausforderungen in ihrer Lebenswelt sowie die *Akzeptanz* möglicher Unsicherheiten oder subjektiv empfundener Unzulänglichkeiten. Auf diese Weise wird ein *Vertrauensverhältnis* zwischen den Gesprächsbeteiligten aufgebaut. Die Klärung dessen, was der/die *„andere (Interviewende) ‚eigentlich will'"* wird also auch zur Klärung der Frage, wie dabei der/die *„andere (Interviewende) ‚eigentlich'"* zum Interviewten selbst steht. D. h. der Aufbau des Vertrauensverhältnisses erfolgt gleichzeitig sowohl auf der Inhalts- als auch auf der Beziehungsebene. Es ist diese offengelegte *Haltung* der Interviewenden, die eine so elementare Bedeutung für den Ertrag eines Interviews hat, weil sie die Voraussetzung ist für die vertrauensvolle Offenheit der Interviewten und für die gemeinsam verfolgten Erläuterungen und Verständnisklärungen im weiteren Interviewverlauf.

Aus der Sicht der Forschenden …

… geht das Interesse an dem, was der/die *„andere ‚eigentlich will' (was seine tatsächlichen Interessen sind, wie er die Situation sieht, wie er sein Gegenüber einschätzt, usw.)"* (Honer (2006, S. 95 f.) – d. h. das Interesse am Verstehen der individuellen Lebenswelt der Interviewten aus ihrer subjektiven Perspektive – weit über den üblichen Verständigungsprozess im Alltag hinaus. Problemzentriert Forschende wollen aufgrund ihres Ansatzes *besonders genau* wissen, was z. B. Jugendliche im Übergang in die Arbeitswelt erlebt haben und was sie bewegt hat. Sie betrachten die Interviewten also nicht nur als Forschungsobjekte, sondern nehmen sie auch als Forschungs*subjekte* ernst, die als sozial Handelnde über *eine Art Expertise ihrer Lebenswelt* verfügen. Diese Expertise kann den Forschenden und Interviewenden dann als *genuine Quelle subjektiven Alltagswissens* dienen, wenn die Interviewten an dem schrittweisen Erkenntnisprozess teilhaben (können). In einer möglichst weitreichenden Realisierung ihrer Subjektrolle rekonstruieren die Interviewten ihre originären Erlebnisse, Erfahrungen, Realitätsdeutungen und Selbsteinschätzungen entsprechend ihres individuellen und milieuspezifischen Darstellungs- und Sprachvermögens. Mit ihren Selbstaussagen geben sie den Interviewenden ein entscheidendes Mittel für die Entschlüsselung der für sie fremden Sinnwelt an die Hand. Letztendlich bleibt es den Interviewenden überlassen, wie sie diese Selbstaussagen interpretieren und ‚was sie daraus machen'. In der Auseinandersetzung mit ihren eigenen Erfahrungen und entsprechenden thematischen Schwerpunktsetzungen im Gespräch entsteht die Materialgrundlage für einen Zugang der Interviewenden zum Kern dessen, *worum es im Einzelfall überhaupt geht.*

Die Befassung der Interviewten mit der eigenen Sichtweise auf die Thematik ist auch deswegen ein entscheidendes Mittel für Erkenntnisse der Interviewenden, weil es sich beim Forschungsgegenstand von PZIs in der Regel um sehr *komplexe* Handlungs-, Orientierungs-, Entscheidungs- und Erfahrungszusammenhänge handelt, die in unterschiedliche alltagsweltliche Kontexte eingebunden sind. Zum Beispiel geht es bei den Jugendlichen in Kapitel II um mäandernde biografische Etappen, zeitlich wechselnde Perspektiven (vor, in und nach einer beruflichen Station), unterschiedliche Rahmenbedingungen (etwa Arbeitsmarkts- und Ausbildungsstellenmarkt, Bewerbungssituationen) mit unterschiedlichen Handlungsergebnissen, Situationsverarbeitungen, Bewertungen und Handlungskonsequenzen. Die Herstellung des Zugangs zu diesen Erfahrungszusammenhängen und alltagsweltlichen Kontexten im Interviewdialog erfordert von den Interviewenden daher eine strategische Kombination unterschiedlicher kommunikativer Mittel.

1.2.2. Erzählungen, (Nach-)Fragen und ihre Kombination

In diesem Abschnitt präsentieren wir erste Überlegungen zur methodischen Realisierung von Lösungen für den Umgang mit den oben beschriebenen Problemstellungen, die sich aus der Annäherung von Interviewenden an die fremde Sinnwelt ergeben. Wir diskutieren ein Grundelement problemzentrierter Interviewführung, bei dem wir im Folgenden vereinfachend zwischen zwei Kommunikationswerkzeugen – Erzählungen und Nachfragen – unterscheiden.

Erzählungen

Methodisch wird das Grundanliegen, die Interviewten als Forschungssubjekte an der Rekonstruktion ihrer, für die Interviewenden fremden Sinnwelt teilhaben zu lassen, umgesetzt, indem ihnen ein *freier Gestaltungsraum* zur Verfügung gestellt wird, in dem sie das Forschungsthema im Rahmen einer ihnen vertrauten alltäglichen Kommunikationsform, d. h. einem Gespräch, zu *ihrem* Thema machen können. Das dafür geeignete Mittel ist die Anregung von *Erzählungen* (vgl. Witzel 1982, S. 47 ff.; Schütze 1977). Erzählungen – im Folgenden fassen wir den Begriff weiter und zählen dazu alle *selbstläufigen Äußerungen* – enthalten mehr oder weniger kurze oder lange Schilderungen von Ereignis- und

Handlungsverläufen und Erfahrungen, konkretisiert mit Erläuterungen, Beispielen oder einzelnen Erlebniseinheiten (z. B. Tages- oder Arbeitsabläufen) etc. In Erzählungen und selbstläufigen Äußerungen, die nicht unterbrochen werden, haben die Interviewten die Möglichkeit, die Konturen des Forschungsgegenstands selbst zu strukturieren. Dadurch entfalten sie eigenständig eine inhaltliche Logik, die von den Interviewenden aufgegriffen und zur weiteren Interviewgestaltung und thematischen Ausdifferenzierung genutzt werden kann. In der Terminologie der DMI handelt es sich dabei um kontextualisierte und indexikale *Dokumente* komplexer Sinnzusammenhänge – d. h. der Sinn der Aussagen erschließt sich vor allem aus ihrem Entstehungskontext. Im Zuge des Prozesses der Suche nach dem *„wirklichen Charakter"* dieser Dokumente, also nach fundierten Interpretationen ihrer Sinnkontexte, verfolgen die Interviewenden die Ausführungen der Interviewten durch aufmerksames Zuhören und verwenden sie als Materialgrundlage für die Entwicklung von Interpretationen und die Rekonstruktion *„zugrundeliegender Muster"* (Wilson 1973, S. 60).

Der Vorteil von Erzählungen besteht darin, dass sich in ihrem Verlauf *einzelne Interpretationsvarianten* in weiteren Erzählsequenzen ergänzen, detaillieren und plausibilisieren lassen oder durch neuartige Sinnexplikationen ersetzt werden. Außerdem liefern Erzählungen Ansatzpunkte für die Entwicklung thematisch *verschiedener* Erklärungsmuster und Interpretationsvarianten, weil sie typischerweise *Redundanzen* in den Ausführungen enthalten. Anders gesagt, indem sie Erfahrungen wiederholt und dabei immer auch anders schildern, betrachten Interviewte in Erzählungen gleiche oder ähnliche Sachverhalte aus verschiedenen Blickwinkeln. Sie versorgen Interviewende dadurch mit reichhaltigem (Kontext-)Material und – dies ist ein wichtiger Vorteil – auch mit widersprüchlichen bzw. ambivalenten Aussagen, die fundierte und differenzierte Interpretationen ermöglichen.

Im Zusammenhang von Untersuchungen individueller Lebenswelten erleichtern Erzählungen den Nachvollzug thematischer Einzelaspekte, weil Interviewte sie selbst in ihren unmittelbaren *Handlungszusammenhang* stellen – z. B.: in den Zusammenhang von aktuellen, retrospektiven und prospektiven Sichtweisen sowie (Um-)Orientierungen. Isolierte Detailfragen können sich dadurch erübrigen, weil die Interviewten die verschiedenen Sinnbezüge ihrer Handlungen und Orientierungen mit den ihnen zur Verfügung stehenden sprachlichen Mittel (z. B. *„was"*, *„wie"*, *„weil"*, *„wann"*, *„wer"*, *„warum"*) selbst herstellen.

Bei genauerer Betrachtung haben lebensweltliche Erzählungen eine Vielschichtigkeit, die über die Komplexität bloßer Darstellungen schlichter Begebenheiten hinaus geht. Das liegt daran, dass sie für die Interviewten *lebenspraktisch* relevante Problembereiche adressieren – in unserer Beispielstudie etwa eine zentrale Phase der berufsbiografischen Entwicklung. Durch ihre subjektive Bedeutung und die individuelle Betroffenheit der Interviewten werden die Erzählungen zum Ausdruck einer mehr oder minder intensiven und grundlegenden *Auseinandersetzung* mit der eigenen Alltags- und Lebenspraxis, d. h. den glücklichen und weniger glücklichen Wendungen von Erfahrungen. Erzählungen und selbstläufige Ausführungen von Interviewten enthalten daher immer auch *selbstreflexive Bezüge*, die sich in *Argumentationen, Begründungen und Bewertungen* widerspiegeln. Diese erfolgen somit nicht getrennt vom jeweiligen Gegenstand, sondern stellen immer einen – für die Interpretation wertvollen – engen Bezug zu ihm her. In ihren Schilderungen machen sie (auch sich) selbst auf besondere Einzelheiten und Zusammenhänge aufmerksam und kennzeichnen diese als Inhalte, die es zu erörtern gilt.

Den Interviewten erleichtert die Erzählform die alltagssprachliche Darstellung der verschiedenen Aspekte ihrer Lebenswelt. Sie selbst geben das Tempo vor und können alle Ereignisse und Handlungen Zug um Zug erinnern und auch Einzelaspekte genauer erörtern und reflektieren. Aufgrund der Komplexität von Rekonstruktionen sinnhaften Erlebens und Handelns kann aber nicht die *eine*, allumfassende Erzählung ‚aus eigener Kraft' erwartet werden. Vielmehr ist es notwendig, die Interviewenden bei der Entfaltung von Erzähl*sequenzen* mehr oder weniger stark kommunikativ zu unterstützen.

Nachfragen

Die größte Herausforderung für Forschende besteht darin, als Fremde Sinnzusammenhänge nachzuverfolgen und zu interpretieren, die in der gewohnten Alltagskommunikation der Interviewten meist lediglich *andeutet* werden. Alltagsgespräche über Erfahrungen, Handlungen und Orientierungen, enthalten die oben beschriebenen Sinnunterstellungen, die im Rahmen von Alltags*routinen* aufgrund kultureller oder persönlicher Vertrautheit i. d. R. keiner genaueren Ausführungen bedürfen. Im Alltag scheint es also möglich zu sein, sich trotz vager und vieldeutiger Aussagen gegenseitig zu *verstehen*. Natürlich können daraus auch Missverständnisse resultieren. Gesprächsbeteiligte, die an der jeweiligen Person und Sache (besonders) interessiert sind, werden auch in Alltagszusammenhängen danach trachten, sie zu vermeiden oder – wie in obigem Beispiel die Arbeitskollegin in Fall 1 – aktiv aufzuklären.

Die wissenschaftlichen Ansprüche der qualitativen *Forschung* stellen jedoch höhere Anforderungen an diese Klärung der Bedeutung von Äußerungen. Denn vieldeutige Aussagen sind eben indexikale Dokumente, deren Kontexte hinter Alltagsselbstverständlichkeiten verborgen bleiben können. Damit werden für die Forschung die Sinnkontexte von Äußerungen selbst zu Objekten der Erkenntnis. Das Anliegen des PZI besteht nun gerade darin, Andeutungen und stereotypische Aussagen zu Handlungen, Erfahrungen oder Motiven *systematisch* aufzudecken und Klärungen vorzunehmen, um *Erkenntnislücken* zu schließen.

Erzählsequenzen sind, wie oben ausgeführt, zwar grundsätzlich ein Mittel zur impliziten Aufklärung komplexer Sinnzusammenhänge, sie reichen dafür aber häufig nicht aus. Die Rekonstruktion und Strukturierung der vielfältigen eigenen Erlebnisse und Erfahrungen kann in unterschiedlichem Ausmaß die

Unterstützung durch *detaillierende Fragen* erforderlich machen. Es ist unrealistisch, von den Interviewten zu erwarten, dass es ihnen gelingen könnte, alle relevanten Einzelaspekte und Erklärungszusammenhänge logisch und zeitlich stringent miteinander zu verknüpfen und alle thematischen Facetten quasi didaktisch zu entfalten und aufzubereiten. Ein solcher Anspruch würde die Interviewten überfordern. Außerdem sind die Interviewten in der Regel eben auch keine Forschenden und haben dadurch *von sich aus* keinen Anlass dazu, Zusammenhänge akribisch abzuhandeln und zugleich Alltagsselbstverständlichkeiten hinter den von ihnen verwendeten Begriffen und Formulierungen systematisch zu explizieren. Den iterativ organisierten Erkenntnisprozess im Interview, der seinen Anfang in Erzählungen und selbstläufigen Ausführungen hat, müssen Interviewende daher durch *vertiefende Nachfragen* begleiten.

Kombination von Erzählungen und Nachfragen
Aufgrund ihrer Vielschichtigkeit liefern Erzählungen im PZI zwar grundsätzlich Hinweise zur Entschlüsselung nicht ausgesprochener Sinngehalte von Dokumenten. Die *erweiterte Aufklärung* der in Erzählabschnitten impliziten Auseinandersetzung der Interviewten mit Problemstellungen ihrer Lebenswelt erfolgt aber in Form von detaillierenden *Fragen* und vertiefenden *Nachfragen.* Analytisch unterscheiden wir im Rahmen der Interviewführung daher zwischen Aktivitäten des *aktiven Zuhörens* und des *aktiven Verstehens.* Wie wir in Kapitel II veranschaulichen, bedeutet das, dass Interviewende immer wieder zwischen Zuhören und Nachfragen entscheiden müssen: Sollen sie eine Gesprächspause nutzen, um verständnisklärende Nachfragen zu stellen? Sollen sie sogar in eine Erzählung eingreifen, weil sie so viele Dinge offenlässt und Erkenntnislücken produziert, die so gravierend erscheinen, dass sie das Nachvollziehen der Sinngehalte in der fortschreitenden Erzählung gefährden könnten?

Interviewende können Nachfragen zunächst zurückzustellen, Erzählungen auch über längere Pausen hinweg laufen lassen und darauf setzen, dass sich fehlende Details im weiteren Verlauf wie Puzzleteile in ein Gesamtbild einfügen. Auch Widersprüchlichkeiten können so weiter bestätigt und fundiert oder nur als vermeintlich existierend aufgelöst werden. Mit dieser Strategie würde man Wilsons Vorschlag folgen, „*daß man künftige Entwicklungen zunächst abzuwarten hat, bevor man die Bedeutung jeweils gegenwärtiger Erscheinungen voll verstehen kann*" (Wilson 1973, S. 60). Es gibt aber auch Interpretationsmuster, die im weiteren Verlauf von Erzählungen und insbesondere auch aufgrund der ihnen *folgenden Nachfragen* widerlegt werden, sodass „*... eine Reinterpretation dessen erforderlich werden kann, was über den ‚wirklichen' Charakter früherer Erscheinungen ermittelt wurde*" (ebd.). Schließlich kann die Notwendigkeit bestehen, dass Interviewende ihre vermeintlich erzielten Erkenntnisse im Interviewprozess immer wieder neu sortieren müssen. Das ist dann der Fall, wenn spontane kontextuelle

Äußerungen und Andeutungen, die für Interviewte in ihrer Alltagsperspektive sinnhaft und bedeutungsvoll sind, aufgrund ihrer Indexikalität zu *Missverständnissen* führen.

Noch verstärkt werden diese Missverständnisse, wenn *indexikale Äußerungen* auf unreflektierte und implizite *Bedeutungsunterstellungen* seitens der Interviewenden treffen. Pointiert gesagt, ist das der Fall, wenn einerseits Interviewte sich *unverständlich äußern* und annehmen, verstanden zu werden, und wenn andererseits Interviewende *verständnislos interpretieren* und annehmen, zu verstehen. In einem solchen Fall führen wechselseitige Sinnunterstellungen von Interviewten und Interviewenden zwischen den Wissenswelten des Alltags und der Forschung am Ziel der Verständigung vorbei. Das immanente Risiko von Missverständnissen aufgrund unterschiedlicher *„zugrunde liegender Muster"* und Perspektiven der Gesprächsbeteiligten kann die Qualität des gesamten Interviews gefährden, wenn beide Seiten *Vorurteile* aufrechterhalten gegenüber nachfolgenden Explikationen im Sinne von *„Erwartungen künftiger Entwicklungen"* (Wilson 1973, S. 60).

Diese (naheliegende) Gefahr des Missverstehens aufgrund von ungeklärten Sinnunterstellungen verweist auf den Hintergrund des programmatischen *Kernanliegens des problemzentrierten Ansatzes* qualitativer Interviewforschung – nämlich das Gespräch so zu gestalten, dass sich den Interviewten immer wieder interaktive Möglichkeiten zur Kontrolle und Validierung, also Bestätigung, von Interpretationsvarianten eröffnen. Die *PZI-Kommunikationsstrategien*, die wir in diesem Buch ausführlich diskutieren und illustrieren, haben genau dieses Ziel, Verständnis sowohl durch selbstläufige Ausführungen und Erzählungen als auch durch Nachfragen zu generieren. Die Kombination dieser beiden Strategien ist für den problemzentrierten Ansatz grundlegend. Denn auf Nachfragen zu verzichten und sich einseitig auf Erzählungen und selbstläufige Ausführungen zu verlassen, hätte zur Folge, dass im Gespräch offen gebliebene Aspekte bis in die nachfolgende Phase der Interpretation ungeklärt blieben und auf der Basis von Spekulationen bewertet würden.

Von der Klärung von Missverständnissen und offenen Fragen im Laufe des Gesprächs sollen beide Beteiligten profitieren:

- die Interviewten, indem sie die Vagheit ihrer Äußerungen reduzieren (können) und sich dadurch besser verständlich machen;
- die Interviewenden, indem sie ihren Gesprächsauftrag des verstehenden Nachvollzugs der Problemsicht der Interviewten bewältigen können.

Wenn dies gelingt, wird das PZI quasi zu einem methodischen Mittel gegen verständnisloses Interpretieren und gegen die Produktion von ‚Unsinn' in Forschungsbegegnungen, die eine Brücke schlagen wollen zwischen Wissenschaft und Alltag (vgl. Abbildung 3.2).

Abbildung 3.2 – Überbrückung fremder Sinnwelten im PZI

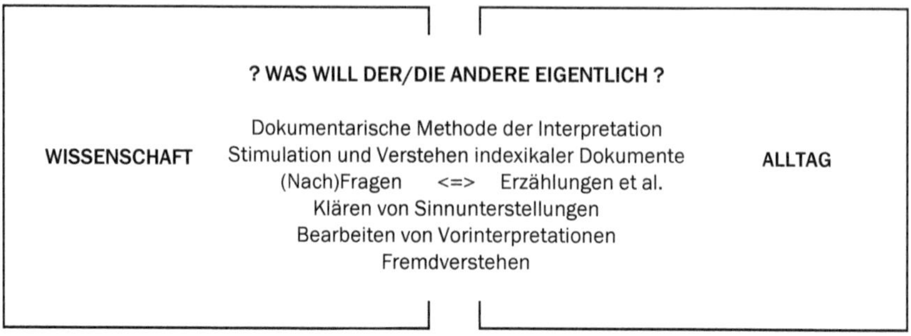

1.2.3. Sinnverstehen im qualitativen Interview anhand der DMI – Fazit

Die Überbrückung der unterschiedlichen Deutungswelten ist eine Leistung des *Fremdverstehens.* Im Kontext qualitativer Interviewforschung bedarf dies besonderer Anstrengungen des interpretativen Verfolgens und Aufklärens von Sinnexplikationen mithilfe von Erzählungen *und* (Nach-)Fragen. Der iterative Erkenntnisprozess im Interview mit der DMI lässt sich entlang der oben vorgestellten Formulierungen von Wilson (1973) beschreiben: gegenwärtige, vergangene und perspektivisch in die Zukunft gerichtete Sichtweisen auf Handlungen und Orientierungen sind dynamisch miteinander verbunden. Insofern sind valide Interpretationen zu einem gewissen Grad immer vorläufig und abhängig von zusätzlichen Informationen, die von Interviewenden im Laufe des Gesprächs gewonnen werden. Der problemzentrierte Ansatz qualitativer Interviewforschung antizipiert die impliziten Bedeutungsunterstellungen von Alltag und Forschung und nimmt sie auf beiden Seiten ernst.

Als qualitatives Interviewverfahren ist das PZI dem Prinzip der *Offenheit* verpflichtet; das wird gerade durch die Anregung von Erzählungen und selbstläufigen Ausführungen im Interview verdeutlicht. Damit integriert das Verfahren „Prozesse des Offenhaltens von Interpretationsspielräumen, retrospektiven Korrekturen und prospektiven Entwürfen“ (Witzel 1982, S. 19) in die Interviewpraxis. Dazu gehören, wie wir in Kapitel IV veranschaulichen werden, auch PZI-typische *kommunikative Interventionen* und Strategien, die Alltagsselbstverständlichkeiten oder Stereotypen hinterfragen. Das Achten auf nonverbale Äußerungen, unklare Sätze oder auf besondere Gestik und Mimik ist für die Interviewenden mit der Notwendigkeit zu einer *selbstkritischen Haltung* gegenüber vorschnellen Interpretationen verbunden.

Die Chance auf gemeinsames Verstehen wird gesteigert, indem vorläufige Interpretationen (*Vorinterpretationen*), die im Laufe des Interviewgesprächs seitens der Interviewenden entstehen, zur Diskussion gestellt, geklärt und im Spiegel des Alltagswissens der Interviewten validiert werden. Anders gesagt, die

Interviewten werden direkt im Gespräch eingeladen zu überprüfen, ob das, was sie gesagt haben, auch wirklich in ihrem Sinn verstanden wurde. Sie bekommen damit die Gelegenheit, mögliche Sinnunterstellungen zurückzuweisen oder zu korrigieren. Diese Form der gemeinsamen Validierung und Bestätigung von Vorinterpretationen kann im Interview aus pragmatischen Gründen nur *selektiv* erfolgen und nicht alle Interpretationen einschließen. Sie ist nicht zu verwechseln mit der kommunikativen Validierung als ein Kriterium qualitativer Forschung, das die systematische Bewertung der Gültigkeit von Forschungsergebnissen durch die Interviewten vorsieht (Steinke 2000, S. 320).

Der kommunikative Austausch im *Dialog* steht nicht im Widerspruch zu freien Erzählweisen. Eine umfassende Sinnaufklärung dessen, was Interviewte *wirklich denken und wollen*, erfordert immer zugleich *Fragen*. Sie dienen dem besseren Verständnis von Erzählsequenzen, die sich im Rahmen der praktischen Perspektive des Alltags bewegen. Die Forschungsorientierung trachtet außerdem danach, dass Erkenntnislücken im aktuellen Vorwissen geschlossen werden. Durch neue, spontane Ideen für Nachfragen wird auf Detaillierungen und Vertiefungen von Sinnkontexten gezielt, wobei Interviewte immer auch Forschungs*objekte* bleiben. Im Sinne des Erkenntnisgewinns sind damit *Fragen das methodisch notwendige Pendant zur Narration*; sie können selbst wiederum Erzählungen und selbstläufige Äußerungen generieren.

Als Datenerhebungsverfahren nimmt das PZI in seiner Programmatik Abstand davon, die Interviewten in ihrer Erkenntnisfähigkeit zu bevormunden und unbedingt mehr sichtbar machen zu wollen, als sie selbst erkennen können. Das „Durchblicken", das Reichertz (2016, S. 15) als Erkenntnisanspruch mit hermeneutischen, transzendenzorientierten Verfahren verknüpft, beschränkt sich im Rahmen des problemzentrierten Interviewgesprächs in erster Linie auf die Perspektive der Interviewten – und zwar auf Basis ihrer Unterstützung und Mitarbeit an der Entwicklung und Verdichtung der Interpretation im Laufe des Interviewgesprächs. Was mit den Aussagen – als von der Situation des Interviews entkoppelte Daten – im Rahmen der nachgelagerten Analyse und Interpretation geschieht, steht auf einem anderen Blatt.

Das PZI gibt sich nicht zufrieden mit der Feststellung – und dem immer wieder bestätigenden Festhalten etwa der Ethnomethodologie an – der „unaufhebbaren Vagheit" und Indexikalität von alltäglichen Aussagen (Garfinkel 1980). Denn das würde Versuche der Verständnisklärung im Ansatz ersticken. Im Rahmen eines praktisch-pragmatisch an Fremdverstehen orientierten Ansatzes muss allerdings das „Problem der den Interaktionssituationen inhärenten Indexikalität und Reflexivität … bei der Entwicklung von Forschungsmethoden *berücksichtigt* werden" (Witzel 1982, S. 29, Hervorhebung der Autoren). Dafür stehen alle sorgfältig entwickelten methodischen Überlegungen des PZI, in deren Zentrum die Idee der Problemzentrierung steht.

2. Problemzentrierung

Das PZI konzipiert das Forschungsinterview als arrangierte Begegnung zweier Personen, die Forschungswissensbestände und Alltagswissensbestände in einen dialogischen Austausch bringen, um gemeinsam die Bedeutung von ‚Problemen' in der Perspektive der interviewten Person zu erarbeiten (Witzel 1982, S. 69 f.; Witzel/Reiter 2012, S. 16–23). Die allgemein gültige Logik der Dokumentarischen Methode der Interpretation bildet das Fundament dieser Forschungsbegegnung, auf dem sich das für die Methode zentrale Kriterium der *Problemzentrierung* entfalten kann. Dem darin enthaltenen Begriffspaar entsprechend hat es eine doppelte Bedeutung. Das Prinzip der Problemzentrierung bezieht sich auf:

(a) eine *relevante gesellschaftliche Problemstellung*, die anhand des verfügbaren sensibilisierenden Vorwissens vorläufig ausgearbeitet ist und um die herum die gesamte Interaktion organisiert ist (*thematische Zentrierung*);
(b) *Kommunikationsstrategien* zur Optimierung der Explikationsmöglichkeiten der Interviewten, damit sie ihre Problemsicht möglichst eigenständig, selbstläufig und auch gegen Interpretationen der Forschenden zur Geltung bringen können (*methodische Zentrierung*).

Diese analytische Unterscheidung dient der Erläuterung des doppeldeutigen Begriffs der Problemzentrierung; in der Praxis des PZI geht es immer darum, ein Problem thematisch *und* methodisch zu zentrieren. Problemzentrierung bezieht sich zunächst auf die *thematische* Frage der Übersetzung von Forschungsfragestellungen in subjektiv erfahr- und berichtbare Problemstellungen des Alltags. Will man dabei die Orientierung an der Sichtweise der Interviewten *methodisch* konsequent umsetzen, geht diese thematische Zentrierung mit einer Gestaltung des PZI einher, die sowohl die Verfolgung des Forschungsziels (d.h. die Berücksichtigung der wissenschaftlichen Problemsicht und des Vorwissens) methodisch gewährleistet als auch die originäre Alltagssicht der Interviewten zur Geltung kommen lässt.

Auf Seiten der Forschenden schafft *Problemzentrierung* vor der Feldphase Übereinstimmung darüber, welche Themenbereiche des untersuchten Phänomens wichtig sind und wie die Exploration durchgeführt werden sollte. Die Forschungsteilnehmenden sind andererseits dazu angehalten, sich mit einem Ausschnitt ihres Lebens auseinanderzusetzen und ihn im sozialen und institutionellen Kontext zu reflektieren. Andreas Witzel (1985, S. 232) beschreibt diese Herausforderung als eine Kombination von Selbstreflexion und Verhältnisreflexion. Auf Seiten der Interviewten „zielt diese Problemzentrierung auf eine Art Selbstverständigung der Subjekte, die häufig zum ersten Mal in ihrem Leben in dieser systematischen Weise über bestimmte Aspekte ihres eigenen Lebensprozesses (*Selbstreflexion*) und dessen Zusammenhang mit anderen, in Bezug auf das Thema zentralen Personen und gesellschaftlichen Institutionen (*Verhältnisreflexion*) nachdenken und diese entsprechend formulieren." Zur *systematischen* Auseinandersetzung kann das Interviewgespräch für die Interviewten vor allem dadurch werden, dass sie die Interviewenden als von persönlichen Beziehungen unbelastete, insofern neutrale, aber verständige und interessierte Dritte wahrnehmen können. Im Gegensatz zu Verwandten und anderen nahestehenden Personen sind die Interviewenden nicht Bestandteil des sozialen Alltags und verleiten nicht zu einer zurückhaltend-pragmatischen oder parteilichen Perspektive. Außerdem werden Alltagsselbstverständlichkeiten in Gesprächen unter Bekannten typischerweise nicht expliziert. Aus diesen Gründen würden wir auch davon abraten, PZIs mit persönlich gut bekannten Personen zu führen, weil soziale Nähe die erwünschte Dynamik dieses Ansatzes untergraben kann.

Die Berücksichtigung dieser beiden Aspekte der Selbst- und Verhältnisreflexion hat weitreichende Konsequenzen für die praktische Gestaltung des Gesprächs. *Zentrierung* als Aspekt der Interviewführung unterstreicht, dass der/die Forschende „die Probleme (der) untersuchten Person tatsächlich *ernst nimmt* und zur Geltung kommen lässt" (Witzel 1982, S. 70, Hervorhebung hinzugefügt). Die Art der Gesprächsführung soll Interviewte insbesondere davon abhalten, unausgesprochene Annahmen über soziale Normen bezüglich des Anliegens der Forschenden zu entwickeln und ihre Ausführungen dann darauf abzustimmen. Sozial erwünschte Antworten sollen vermieden werden. Die weiter unten beschriebenen Kommunikationsstrategien sind so auf das gesellschaftliche Problem und die Explikationsmöglichkeiten der Interviewten zentriert, dass es gelingt, die originäre Problemsicht von Interviewten sowie *implizite Widersprüche* zu entdecken und aufzuklären. Problemzentrierung bedeutet neben der thematischen zugleich eine methodische Zentrierung auf die Subjektrolle der Interviewten, insbesondere mit dem oben diskutierten Mittel der Anregung von *Erzählungen* und selbstläufigen Ausführungen. Die methodische Zentrierung geht einher mit Strategien der Kommunikation und Interaktion im Sinne einer dialogischen Verständnisklärung. Sobald sich die Selbstverständlichkeit und der Charakter des Alltäglichen von Erfahrungen im Laufe des Gesprächs auflösen, wird es möglich, die Details von Problemzusammenhängen zu rekonstruieren. Problemzentrierung erlaubt es den Interviewten schließlich, die relevanten Einzelaspekte von Problemen nicht isoliert zu betrachten, sondern nach eigenem Ermessen in einen für sie sinnvollen Zusammenhang zu bringen.

Den Ausgangspunkt eines PZI bildet ein ‚*Problem*', das soziologisch definiert ist im Sinne einer von Forschenden „wahrgenommenen gesellschaftlichen Problemstellung" (Witzel 1982, S. 67) mit praktischer Relevanz für die Interviewten. In PZIs geht es „weder um Sondierungen von Persönlichkeitsmerkmalen noch um eine klinische Zielsetzung […], sondern um individuelle und kollektive Handlungsstrukturen und Verarbeitungsmuster gesellschaftlicher Realität" (ebd.). Probleme betreffen die Interviewten direkt und sind auf eine Weise subjektiv bedeutsam, dass die Interviewten darüber ausführlich und reflektiert aus eigener Sicht und auf der Basis eigener Erfahrungen Auskunft geben können. Das ist die Voraussetzung dafür, dass auch weiterführende Fragen und Nachfragen seitens der Interviewenden als plausibel empfunden werden. Probleme im Sinne des PZI sind Problemstellungen, die in sozialwissenschaftlicher Hinsicht immer eine *kollektive* Dimension besitzen. Es geht also *nicht* vordergründig um ‚Individuen, die Probleme haben', wie etwa individuelle Schwierigkeiten der Lebensführung, psychische Probleme oder Verhaltensweisen, die sozial als problematisch stigmatisiert sein könnten.

Nehmen wir zum Beispiel das gesellschaftlich und individuell relevante *Problem des Übergangs von der Schule in die Berufsausbildung*, das für unserer Beispielstudie zentral ist. Die Sichtweise von Interviewten auf eine sozialwissenschaftlich relevante Problemstellung wie Berufsausbildung speist sich aus der allgemeinen gesellschaftlichen Bedeutung von Beruf und Arbeit sowie Strategien der Bewältigung damit verbundener, gesellschaftlich vorgegebener Aufgabenstellungen. In einem Land wie Deutschland begünstigt eine Berufsausbildung die Aussichten auf individuelle und soziale Reproduktion. In einem Einzelinterview zum Thema Übergang in die Berufsausbildung hat man es mit einem Individuum zu tun, das in diesen Bewältigungsprozess (durch Erfahrungen, Handlungen und Orientierungen) persönlich involviert ist. Daher kann das Thematisieren einer *allgemeinen* Problemstellung, wie Berufsausbildung, im Interview die mögliche Schilderung damit verbundener *individueller* Probleme gar nicht ausschließen.

Die Themenfelder problemzentrierter Forschung können sehr vielfältig sein. Voraussetzung sind jedenfalls *Überschneidungen im Problembezug* von Forschenden und Interviewten (vgl. Abbildung 4.2 in Kapitel IV). Im Bereich der Sozialforschung können sich die Themen etwa auf sozialen Wandel, gesellschaftliche oder institutionelle Rahmenbedingungen, familiäre Verhältnisse, Organisationsstrukturen oder biografische Erfahrungen und Übergänge beziehen.

Wie oben anhand der DMI verdeutlicht, sind die Problemperspektiven aller Beteiligten an diesem Forschungsprozess *kontextabhängig*. Individuelle Wissensbestandteile sind immer in Erfahrungszusammenhängen verwurzelt, genauso wie Individuen in soziale Strukturen eingebettet sind. Jedoch sind Wissensbestandteile (wie auch Strukturen) veränderbar und Individuen als Handelnde, die über kollektive und individuelle Wissensbestandteile verfügen, dafür genauso wichtig wie gesellschaftliche Wissensvorräte (Moses/Knutsen 2007, S. 178–181). Auch die Aktualisierung von Wissen folgt in Forschung und Alltag einer ähnlichen Logik: in beiden Bereichen greifen wir zunächst auf das zurück, was wir bereits wissen, d. h. auf bekannte und bewährte Wissensbestandteile. Was für den Bereich des Alltags die eigene Erfahrung oder die von Freunden und Familienmitgliedern ist, entspricht in der Sphäre der Wissenschaft dem Stand der Forschung.

3. Vorwissen und sensibilisierende Grundhaltung

Ob sich Forschende für ein Thema interessieren und wie sie letztlich mit neuartigen Eindrücken umgehen, hängt in erster Linie von ihrem Vorwissen darüber ab. Als gut informierte Forschungsreisende gehen sie nicht unvorbereitet ins Feld. Vorwissen gilt, laut Meinefeld (2000, S. 271 f.), als die „Grundlage jeder Forschung", weil es „unsere Wahrnehmung unvermeidlich strukturiert" und weil „jede Wahrnehmung nur unter Rückbezug auf die je eigenen Deutungsschemata Bedeutung gewinnt." Unser spezifisches Forschungsvorwissen hängt davon ab, welcher Disziplin und Forschungstradition wir angehören. Das ist der Grund dafür, dass Forschende zu Themen wie Bildungsübergängen, Arbeitslosigkeit oder der Erfahrung mit einer Pandemie etwa in den Bereichen der Soziologie, Psychologie und Sozialen Arbeit unterschiedliche Fragen stellen und unterschiedliche Daten erheben.

Vorwissen ist auch im Rahmen qualitativer Sozialforschung die Basis von Forschungsfragen, Forschungsprozessen und Forschungsergebnissen und sollte daher nicht ausgeblendet werden. Es steht am Anfang eines Prozesses schrittweiser Erkenntnisgewinnung, der Neues mit Vorhandenem, Besonderes mit Allgemeinem und Einzelbefunde mit bestehenden Wissensvorräten verknüpft und dadurch Bedeutungen entschlüsselt und herstellt. Vorwissen ermöglicht es, empirische Beobachtungen auf der Basis verfügbaren, aber veränderlichen Wissens einzuordnen und Bedeutungszusammenhänge zu erkennen.

Damit sich der wissenschaftliche Verstehensdrang entfalten kann, stehen am Beginn eines jeden Forschungsprojekts zumeist:

- die Sondierung bereits bekannten Wissens (vorhandene Forschung, Alltagserfahrung etc.);
- die Bestimmung zentraler Dimensionen;
- die Diskussion von Konzepten und Theorien; sowie
- eine Vorstellung davon, was wir zusätzlich herausfinden wollen.

Das gilt auch für elaborierte qualitative Vorschläge, die radikal induktive Vorgehensweisen ohne theoretische Vorüberlegungen in Frage stellen und sich dadurch von „naivem Empirismus" (Kelle 2007b, S. 34) unterscheiden.

Innerhalb der Bandbreite qualitativ empirischer Ansätze zeichnet sich das Programm des PZI dadurch aus, dass Vorwissen explizit reflektiert und als sensibilisierendes Wissen auf unterschiedlichen Ebenen des Forschungsprozesses eingesetzt wird. Damit begegnet der Ansatz widersprüchlichen Anforderungen an qualitativ Forschende, nämlich einerseits unvoreingenommen Daten zu erheben und andererseits theoretisch begründet vorzugehen. Der Gegensatz zwischen voraussetzungsloser Datensammlung im Rahmen der Gesprächsführung und konzeptbasierter Vorbereitung und Auswertung der Studie resultiert in einer methodologisch problematischen Haltung gegenüber dem Forschungsgegenstand.

3.1. Verwendung sensibilisierender Konzepte

In der Lösung dieses Dilemmas der doppelten Operationalisierung des Forschungsgegenstands – d. h. induktiv in der Perspektive der Interviewten und deduktiv in theoretischer Perspektive – folgt die Programmatik des PZI dem Vorschlag von Herbert Blumer (1954), qualitativ-empirische Forschung theoretisch mit *sensibilisierenden Konzepten* zu unterstützen und gleichzeitig ihre Offenheit zu erhalten. Im Gegensatz zu elaborierten und gegenstandsbezogenen theoretischen Vorannahmen bleiben sensibilisierende Konzepte so abstrakt, dass sie elastisch eingesetzt und in Konfrontation mit der empirischen Realität überarbeitet und konkretisiert werden können (Witzel/Reiter 2012, S. 44–47).

Für Herbert Blumer (1954, S. 7), einem Vertreter des Symbolischen Interaktionismus, haben sozialwissenschaftliche Konzepte immer eine gewisse Offenheit gegenüber der empirischen Realität und sind daher von „definitiven Konzepten" zu unterscheiden. In der Sozialforschung, so meint er, seien Konzepte immer „sensibilisierende Instrumente", die in erster Linie dazu dienen, die Aufmerksamkeit von Forschenden in eine gewisse Richtung zu lenken, ohne vorzugeben, was beobachtet werden sollte. Beispiele für sensibilisierende Konzepte sind etwa Kultur, Institutionen, Struktur, Sitten.

All diese sozialwissenschaftlichen Konzepte sind *abstrakt* und verweisen auf diffuse Zusammenhänge, ohne konkret zu werden. Naturwissenschaften arbeiten gerne mit Definitionen und sog. definitiven Konzepten, die genaue Angaben machen über den Zusammenhang zwischen Begriff und beobachtbaren Ausprägungen. So sind etwa Gewicht und Größe von Objekten über die Kombination von Maßeinheiten bestimmbar. Sozialwissenschaftliche Konzepte sind dagegen meistens vage und werden erst durch die Konfrontation mit der sozialen Wirklichkeit näher bestimmt. Zum Beispiel kann *Aggression* als abstraktes Konzept viele Formen annehmen, deren konkrete Beobachtung aber nicht vorweggenommen wird. Das ergebnisoffene, abstrakte Forschungsinteresse an Aggression im Sport etwa kann in der empirischen Beobachtung so unterschiedliche Dinge wie Drohgebärden oder Gewalthandlungen zu Tage fördern. Oder: Was *Kultur* ist, oder als solche anerkannt wird, hängt vom Kontext ab. Auch der *Status* von Personen richtet sich danach, in welchem Umfeld sie sich befinden. Trotzdem können Sozialforschende mit diesen unbestimmten Konzepten arbeiten. Mit ihnen könnte etwa der Status US-amerikanischer Popstars in deutschsprachigen Kulturen untersucht werden.

Qualitativ Sozialforschende verwenden die Konzepte auf eine sensibilisierende Art und Weise und bestimmen sie im Laufe der Forschung anhand der gesammelten Beobachtungen (Interviews, Dokumente etc.) immer konkreter. Die Konzepte sensibilisieren lediglich für den Forschungsprozess und dienen als heuristisch-analytische Hilfsmittel (vgl. Kelle/Kluge 2010, S. 28–40). D. h. sie liefern Ideen für die Richtung der Aufmerksamkeit von Forschenden und regen dazu an, die Forschung auf eine bestimmte Art zu organisieren. Erst im Laufe der Studie lässt sich herausfinden, welche Konzepte von Aggression, Kultur oder Status für ein spezielles Forschungsproblem angemessen sind und wie sie sich auf der Basis empirischer Beobachtungen präzisieren lassen.

In Box 3.1 beschreiben wir das für die Beispielstudie zentrale sensibilisierende Konzept der *Selbstsozialisation*, dessen erste Formulierung vor Beginn des Projekts vorlag.

Box 3.1 – Beispiel: Das sensibilisierende Konzept der Selbstsozialisation

Übergänge wurden in dem Beispielprojekt soziologisch als *Statuspassagen* konzeptualisiert (Glaser/Strauss 1971; Heinz/Behrens 1991). Die Lebenslaufübergänge von Jugendlichen an der Schnittstelle von Bildung, Arbeitsmarkt und Sozialstaat wurde mithilfe des Konzepts der *Selbstsozialisation* (Heinz 1988) gerahmt. Im Sinne eines *sensibilisierenden Konzepts* wurde Selbstsozialisation dann im Laufe der Längsschnittstudie sowie im Anschluss daran auf der Grundlage der Studienergebnisse ausgearbeitet, aktualisiert und präzisiert (vgl. Heinz/Witzel 1995; Heinz 2000, 2002).

Die ursprüngliche Formulierung des Konzepts der Selbstsozialisation, das für die Studie grundlegend war, beschreibt Walter Heinz (1988, S. 205 f., Hervorhebung im Original) mit Blick auf den Übergang Jugendlicher in den Arbeitsmarkt folgendermaßen.

> „Diese pragmatische Lebenseinstellung scheint mir ein Ergebnis von Prozessen der *Selbstsozialisation* zu sein. Mit dieser Konzeption ist eine gleichsam vorbildlose subjektive Verarbeitungsform sozialer Anforderungen und Optionen gemeint, in der sich Strategien der materiellen Selbstreproduktion und der Selbstbehauptung kombinieren. Sie führt zu gedanklichen und affektiven Neutralisierungen objektiver Abhängigkeit, schafft ein subjektives Unabhängigkeitsgefühl und erhöht die Handlungsfähigkeit auf dem Arbeitsmarkt und im betrieblichen Arbeitszusammenhang. Durch Selbstsozialisation gelingt es, ein Verhältnis zu Arbeit und Betrieb zu entwickeln, das ich durch folgende fünf Merkmale kennzeichnen möchte:
>
> - Es dominieren Arrangements zwischen subjektiven Wünschen und Interessen einerseits und den Anforderungen von Arbeitsmarkt- und Berufsverläufen andererseits. Dies beruht auf einer realitätsbezogenen Abwägung von Risiken und Chancen arbeitsbezogener Handlungsweisen im Kontext des gesamten Lebenszusammenhangs.
> - An die Stelle langfristig geplanter Qualifizierungs- und Berufsverläufe treten kurz- und mittelfristige Strategien zur Optimierung des individuellen Ertrags bzw. zur Minimierung von Risiken. Im Mittelpunkt steht dabei die Anwendung von Heuristiken, also von Problemlösungsverfahren und weniger die Aufstellung und systematische Verfolgung von Plänen. Dabei werden individuelle Lösungen ausprobiert und keine vorgefertigten Lösungswege beschritten.

- Im Interesse der Selbstbehauptung werden Fähigkeiten zur flexiblen Chancenwahrnehmung entwickelt; dies bedeutet, daß das spezifische Interesse an Arbeitsinhalten nur auf Zeit zugelassen und affektive Distanz gegenüber Arbeitstätigkeit und Betrieb gehalten wird.
- Als zentrales Verarbeitungsmuster der Arbeitsmarkt- und Berufsanforderungen wird durch Selbstsozialisation die Eigenverantwortung, der Anspruch auf Autonomie und Selbstverwirklichung verankert.
- Diese Form der beruflichen Identitätsbildung ist allerdings stets gefährdet, da ihre Kehrseite die Zuschreibung von Selbstverantwortung für Mißerfolge ist."

Für den problemzentrierten Ansatz besonders bedeutsam ist daran, dass der konzeptionelle Entwurf an *empirische Beobachtungsmöglichkeiten* geknüpft und damit vorläufig ist.

Bei komplexen und konzeptuell vielschichtigen Forschungsprojekten kann es von Vorteil sein, die unterschiedlichen Vorwissensebenen in einem *sensibilisierenden Rahmen* oder *Modell* zu organisieren. Der sensibilisierende Rahmen deutet die Konturen des Problems an und dient der Forschungsreise als inhaltliche Landkarte, die schrittweise mit empirischen Beobachtungen gefüllt wird. Ein ausführliches Beispiel für einen sensibilisierenden Rahmen findet sich in Witzel/Reiter (2021, S. 47–51).

3.2. Sensibilisierende Grundhaltung

Vorwissen wird im Rahmen problemzentrierter Forschung also auf sensibilisierende Weise verwendet – das heißt, Vorwissen schlägt in allen Phasen der Vorbereitung, Durchführung und Bearbeitung von PZIs die *Richtung* vor, ohne den Inhalt zu bestimmen. In einem qualitativen Forschungsprojekt zur Frage des möglichen Einflusses der Jugendkultur auf das Berufswahlverhalten Jugendlicher im Übergang in das Erwerbsleben bedeutet das etwa, dass sich erst anhand der Interviews zeigen wird, welche Aspekte von ‚Jugendkultur' – im Sinne eines abstrakten, sensibilisierenden Konzepts – tatsächlich relevant sind. Als ehemalige Jugendliche, als Eltern, als Teilnehmende am gesellschaftlichen Leben und schließlich als Forschende können wir diesbezüglich vorab Vermutungen anstellen. So könnten wir nach Sondierung verfügbarer Forschungsliteratur etwa annehmen, dass medienkulturelle Repräsentationen von Trendberufen Berufswahlprozesse beeinflussen (Keuneke/Graß/Ritz-Timme 2010; Collica-Cox/Furst 2019). Wie sich jugendlicher Medienkonsum aber tatsächlich auf berufsbiografische Orientierungen auswirkt, können wir erst anhand der Interviewgespräche herausfinden.

Der Forschungsprozess beginnt mit einem ersten konzeptuellen *Entwurf des Problems*. Er sensibilisiert die Aufmerksamkeit und Wahrnehmung der Forschenden und steuert sie in eine vorläufige Richtung. Zentrale Aspekte des Vorwissens können dann beispielsweise in einem PZI-*Gesprächsfaden* organisiert sein, der das Interviewgespräch im Hintergrund als Gedächtnisstütze begleitet (siehe Kapitel IV). Die für eine erste Fokussierung des Gesprächs benötigten *Vorannahmen* und damit verbundenes Vorwissen werden gegenüber der empirischen Beobachtung *offengehalten*. Um den subjektiven Sinnstrukturen der Interviewten im Rahmen der Forschungsbegegnung den Vorrang zu geben, sind die Forschenden angehalten, ihre *theoretisch informierte* Sichtweise vorübergehend zu *suspendieren*. Konkret bedeutet das mit Blick auf unsere Beispielstudie etwa, dass die Forschenden ihr soziologisches Forschungsvorwissen bezüglich der strukturellen und politischen Gestaltung der Institution Lebenslauf vorübergehend aufheben und im Gespräch nicht direkt zur Geltung bringen. In den Worten von Alfred Schütz (1971, S. 45 f.) wird damit das durch die „wissenschaftliche Einstellung" bestimmte „Relevanzsystem" von Forschenden „bis auf weiteres außer Acht gelassen". Die sensibilisierende Haltung verleiht den aus der Datenerhebung gewonnenen Erkenntnissen in methodologischer Hinsicht die Kontrolle über die Bewertung und Ausarbeitung theoretischer Wissensbestandteile. Auf diese Art erlangtes, *empirisch* fundiertes Wissen geht wiederum als Vorwissen in den weiteren Forschungsprozess ein und wird zur Grundlage der fortlaufenden Sinnermittlung auf der Basis der oben beschriebenen dokumentarischen Methode der Interpretation.

Vorwissen soll weder die Entwicklung noch die Überarbeitung von Interpretationen behindern. Es dient den Interviewenden, die wir aufgrund ihrer Vorgehensweise metaphorisch als *gut informierte Reisende* bezeichnen (siehe unten Abschnitt 4.1.), in erster Linie zur vorläufigen Orientierung und dazu, bei bestimmten Weggabelungen oder Markierungen aufmerksam zu bleiben. Gleichzeitig wird ihre Entdeckungsfreude nicht gebremst, wenn sie, um in der Metapher zu bleiben, etwa einen geheimnisvollen Hinterhof betreten, einen kleinen Nebenweg erkunden und notfalls auch einmal ein Stück zurücklaufen oder einen neuen Weg ausprobieren, weil sie in eine Sackgasse geraten sind oder die Orientierung verloren haben. Vorwissen aus den Bereichen des eigenen *Alltags*, des gesellschaftlichen, institutionellen oder sozialen *Kontexts* des Forschungsthemas und der jeweiligen *Forschungsdisziplin* wird vor der Erhebungsphase reflektiert und offengelegt (vgl. Witzel/Reiter 2012, S. 39–51). Box 3.2 illustriert die drei Vorwissensformen anhand der Beispielstudie.

Box 3.2 – Vorwissensformen der Beispielstudie

Zur Vorbereitung der Studie zu Berufsbiografien junger Fachkräfte wurde zunächst sensibilisierendes Alltags-, Kontext- und Forschungsvorwissen gesammelt, reflektiert und aufbereitet (vgl. Abbildung 3.3). Das Problem des Übergangs in die Arbeitswelt war den meisten Mitarbeitenden des Forschungsprojekts auch aus persönlicher Sicht nicht fremd. Sie standen zu Beginn der Studie selbst am Anfang ihrer wissenschaftlichen Karrieren und hatten gerade *eigene Erfahrungen* mit ausbildungs- und berufsbezogenen Selektionsprozessen gemacht. Die Reflexion dieses *Alltagswissens* half dabei, den Prozess der Aneignung anderer Vorwissensbestandteile transparenter zu gestalten. Zum Beispiel wurden im Rahmen des Interviewtrainings Interviewfehler diskutiert, die auf eigene Alltagsselbstverständlichkeiten zurückzuführen waren. *Kontextwissen* hinsichtlich der objektiven Rahmenbedingungen und der Verwobenheit von Ausbildung und Berufseinstieg ermöglichte die Einordnung individueller Erfahrungen und Handlungen. Dazu gehörten etwa Informationen zur Organisation der Ausbildung, zu konkreten Übergangsoptionen oder zur aktuellen Situation am Arbeitsmarkt. Zusätzliche Interviews mit Mitarbeitenden von Arbeitsämtern (jetzt: Arbeitsagenturen) ergänzten das Vorwissen um Einblicke in informelle Praktiken der Jobsuche und Vermittlung. Einschlägiges und interdisziplinäres *Forschungswissen* wurde zunächst im Rahmen der Planung und Beantragung des Projekts systematisch aufgearbeitet und im Laufe der Studie ergänzt und aktualisiert.

Abbildung 3.3 – Vorwissensbestandteile

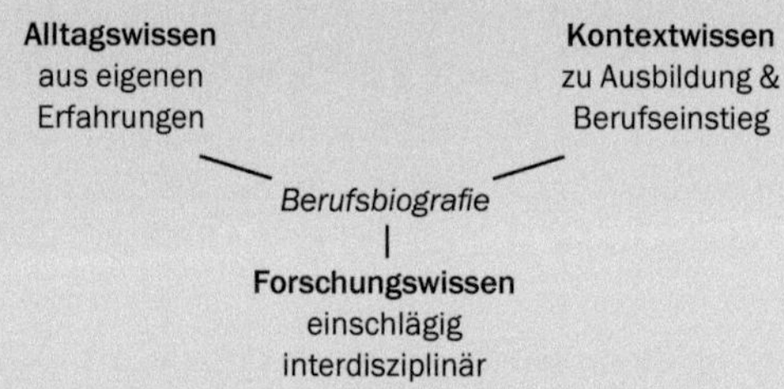

Der konkrete, *sensibilisierende Umgang* der Forschenden mit diesen Vorwissensbestandteilen erfolgte abhängig von ihren theoretischen Präferenzen, ihrem disziplinären Hintergrund und dem zusätzlichen Wissen, das durch *Vorinterpretation* im Laufe des Gesprächs oder danach im Rahmen der Analyse entstanden ist.

Das Interviewtraining, eine selbstkritisch-hinterfragende Einstellung gegenüber dem eigenen Vorverständnis sowie der fortlaufende Austausch mit anderen Forschenden halfen dabei, sich im Erkenntnisprozess nicht einengen zu lassen und die *Balance* zu finden *zwischen Vorwissensorientierung und Offenheit*.

Zusammengenommen sind alle Vorwissensbestandteile konstitutiv für die *sensibilisierende Grundhaltung*, die den problemzentrierten Forschungsprozess ermöglicht und begleitet. Sie kultiviert die Vorläufigkeit des Wissens, indem sie Aufmerksamkeit anregt, Verstehen vorbereitet und zugleich verzögert und dadurch Spielraum schafft für die Entdeckung neuartiger Verbindungen zwischen Vorwissen und gesammelten Daten. Die sensibilisierende Grundhaltung ermöglicht es den Forschenden, den eigenen Lernprozess anhand verfügbarer Vorwissensbestandteile und neuer Eindrücke zu organisieren und so den *transformativen Einfluss empirischer Befunde* aus den Forschungsgesprächen auf ihre Schlussfolgerungen zuzulassen. Die sensibilisierende Grundhaltung ist konstitutiv für die Art und Weise, wie der Interviewprozess in Abhängigkeit von Gegenüber und

Situation gestaltet wird und wie im Laufe des Interviewgesprächs Vorinterpretationen produziert und validiert werden. (vgl. Abbildung 3.4).

Abbildung 3.4 – Sensibilisierende Grundhaltung

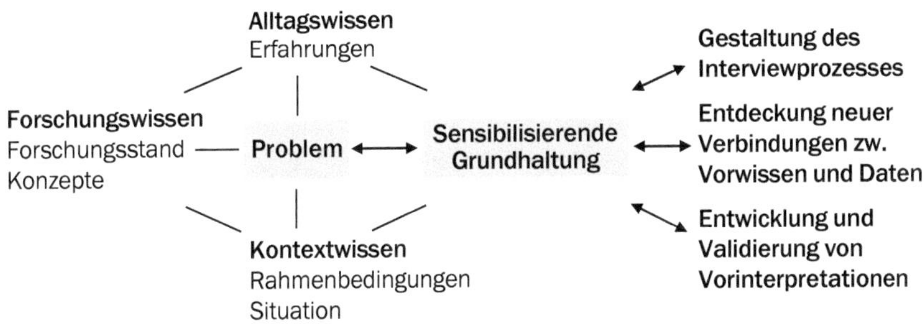

Die praktische Umsetzung dieser *Syntheseleistung* – d. h. das Offenhalten des Erkenntnisprozesses *trotz* Vorwissensorientierung im Rahmen einer sensibilisierenden Grundhaltung – kann für Interviewende ausgesprochen anspruchsvoll sein. Sie erfordert gleichzeitig die Involvierung in die Perspektive fremder Menschen sowie die schrittweise Konsolidierung von Wissen durch diskursiv bestätigte Interpretationen. Vorwissen ist ambivalent – d. h. es geht um einklammern *und* anwenden – und sowohl Voraussetzung für als auch Mittel zur Gestaltung des fortlaufenden Lernprozesses. Das ist ein Grund dafür, dass PZIs immer von Personen durchgeführt werden sollten, die sowohl mit den methodologischen als auch inhaltlichen und praktischen Herausforderungen problemzentrierter Forschung vertraut sind. In Abschnitt 4.1. diskutieren wir diesen Vorschlag des *Ideals der Personalunion* von Forschenden und Interviewenden ausführlicher.

3.3. Vorwissen als Voraussetzung und Mittel für problemzentrierte Forschung

Die Einzelaspekte des Vorwissens haben unterschiedliche Funktionen im Rahmen der Entwicklung der Fragestellungen, der daraus abgeleiteten Stichprobe und des Erhebungskonzepts. Die Aufgabe der Forschenden besteht darin, durch die angemessene Verwendung von Vorwissen den drohenden *Zirkel selektiver Wahrnehmung* zu durchbrechen. Denn die Anlage und Durchführung der empirischen Erhebung kann von vornherein auf eine Weise von Vorwissensbeständen beeinflusst sein, die Wirklichkeitsdeutungen der Interviewten nur noch durch den Filter ihrer theoretisch-begrifflich vorgefassten Sichtweise zur Geltung kommen lassen. Zu diesen Vorwissensbeständen gehören u. a. wissenschaftlich-theoretische Vorlieben und festgelegte theoretische Grundlagen, vorab vorgenommene Interpretationen vorhandener Daten sowie Befunde verfügbarer Studien.

Eine solche Zirkularität realisiert sich forschungspraktisch in extremer Form bei der Operationalisierung von Theorien im Rahmen *standardisierter Forschung*: Frageformulierungen und Begrifflichkeiten sind dabei nur innerhalb dieser theoretischen Vorgaben gültig. Für einen fertigen Fragenkatalog – ob nun schriftlich vorgelegt oder mündlich vorgetragen und abgearbeitet – wird unterstellt, dass der Sinngehalt, den die Forschenden den Formulierungen und Begrifflichkeiten des Fragebogens verleihen, mit dem der Interviewten übereinstimmt. Die Interviewten sind allerdings in ihren Antwortmöglichkeiten mit Ausdrücken und Begriffen konfrontiert, die von Forschenden vorgegeben werden, sprachlich daher dem universitären Milieu entstammen und sich nicht unbedingt mit ihrer eigenen Lebenswirklichkeit vereinbaren lassen. Das bedeutet, dass die Interviewten ständig stille Entscheidungen über die Interpretation vorgegebener Begrifflichkeiten treffen müssen, deren Grundlagen sich wiederum den Forschenden verschließen, weil sie nicht systematisch aufgeklärt werden, sondern in Pretests lediglich messtechnisch plausibilisiert werden können. Da die Wahrnehmung und Interpretation von Antworten der Interviewten durch die Forschenden/Interviewenden ein theoretisch verengtes Nadelöhr durchlaufen, wird die Empirie diesen theoretischen Vorgaben subsumptionslogisch untergeordnet. Im Ergebnis orientiert sich die Kommunikation in standardisierten Erhebungsprozessen an einer Form des gemeinsam geteilten Verständnisses, das nicht dialogisch ausgehandelt, sondern lediglich fabriziert ist (Buschle/Reiter/Bethmann 2022).

Auch die vorgeschlagenen *Alternativen der interpretativen Sozialforschung* müssen sich diesem Problem der Zirkularität stellen. Und das selbst dann, wenn sie den Fokus der Verwendung von Theorien und die dabei problematische Einengung des Interpretationshorizonts auf die empirisch begründete Gewinnung von Konzepten verschieben – z. B. in Form der Erarbeitung von sog. *thick descriptions* (Geertz 2003), die Beschreibungen und Interpretationen verknüpfen. In Abgrenzung zu einem „naiven Empirismus“ (Kelle 2007b, S. 34) sind auch qualitativ-interpretative Ansätze darauf angewiesen, theoretisches Wissen über eine beobachtbare gesellschaftliche Realität nutzen zu können. Das ist nötig, um die in den Interviews erarbeiteten subjektiven Wirklichkeitsentwürfe nachvollziehen und in ihrer (im Gespräch zunächst) individuellen und (in der Auswertung dann) kollektiven Besonderheit interpretieren zu können. Sozialforschende nehmen an, dass Individuen in Entwurf und Umsetzung ihrer Handlungen und Orientierungen mit ihrer Umwelt interagieren (Blumer 1980). Daher sind sie dazu angehalten, sich Kenntnisse darüber zu verschaffen, welche mögliche *Rolle gesellschaftlich gewachsene Strukturen und Institutionen* für die Handlungen und Orientierungen von Interviewten spielen können. Nur so können sie Aussagen einordnen, die darüber informieren, wie sie ihren beruflichen und privaten Alltag gestalten, wie sie ihre Erfahrungen bilanzieren und Zukunftsvorstellungen entwickeln.

Die Interviewausschnitte in Kapitel II lassen sich beispielsweise nur verstehen, wenn die Interviewenden über Vorwissen verfügen, das die *Handlungen* der interviewten Jugendlichen im Kontext ihrer Lebenswirklichkeit nachvollziehbar macht. Erst dadurch können sie ihre Interessengebundenheit, Verarbeitungsformen von Erfolg und Misserfolg sowie konkrete Umgangsweisen mit Chancen und Risiken des Ausbildungsstellenmarktes beurteilen. Bezüglich der Handlungen Jugendlicher lassen sich zwei Vorwissensdimensionen unterscheiden, die Makro-, Meso- und Mikro-Ebene berücksichtigen: a) Kontextwissen und b) Vorwissen und Annahmen über Handlungen der Interviewten.

a) *Kontextwissen* über den Möglichkeitsraum des Handelns beleuchtet grundlegende Problembereiche, die das gesellschaftliche Leben rahmen. Dies beinhaltet Wissen zu:
   - politisch-ökonomischen Rahmenbedingungen (*Makro-Ebene*), und
   - handlungsrelevanten Institutionen bzw. Organisationen (*Meso-Ebene*), z. B. Arbeitsmarkt, Bildungssystem.

Dieser Wissensbereich erschließt sich etwa durch: Analysen und Beschreibungen von Organisationen und deren Funktionen; öffentlich zugängliche Statistiken; empirische Bestandsaufnahmen; sowie durch spezifizierende Informationen und Insiderwissen auf der Basis von Gesprächen mit Fachleuten. Der Nutzen dieser Vorwissensform zur Vorbereitung empirischer Forschung besteht darin, vorab (statistisch) relevante Auffälligkeiten (z. B. Schwerpunkte, Zusammenhänge, Abweichungen, Trends) erfassen und berücksichtigen zu können. Grundlegende gesellschaftliche Rahmenbedingungen werden dadurch heruntergebrochen auf Handlungsbedingungen, auf die sich die Interviewten in ihren Schilderungen beziehen könnten. Durch die Erarbeitung dieses Vorwissens schulen Forschende/Interviewende ihre Aufmerksamkeit für den strukturellen Hintergrund von Realitätsdeutungen und Lebenserfahrungen der Interviewten (vgl. Kapitel II). Dies fördert die Sensibilität für Schwierigkeiten und Bewältigungsstrategien insbesondere bei (noch) recht vagen Explikationen der Interviewten.

Das verwendete Vorwissen kann allerdings problematisch sein, wenn der Nachvollzug der Explikationen der Interviewten durch vereinseitigende Dateninterpretation überlagert wird. Daher erfordern auch scheinbar objektive Daten wie Faktensammlungen und Statistiken die Überprüfung der jeweiligen Quellen durch die Forschenden in selbstkritischer Absicht.

b) *Vorwissen und Annahmen über Handlungen* der Interviewten (*Mikro-Ebene*) innerhalb relevanter Strukturen basierend auf:
   - empirischen Studien zu Handlungen und Orientierungen von Individuen, sozialer Gruppen und Milieus im Rahmen gesellschaftlicher Wandlungsprozesse,

- Theorien, Konzepten, Modellen, Grundannahmen etwa zum Verhältnis von Handeln und Struktur sowie zu Menschenbild, Ethik, wissenschaftlichem Mainstream,
- Voruntersuchungen zur geplanten Forschung,
- Alltagswissen aus der Lebenswelt der Forschenden.

Die Konsolidierung handlungsbezogenen Vorwissens verknüpft die Aufarbeitung der theoretischen Grundlagen mit selbstkritischen Überlegungen zu außerwissenschaftlichen Bewertungen und persönlichen Neigungen der Forschenden. All dies sind notwendige Voraussetzungen für die Entwicklung des jeweiligen Forschungsprojekts, der Forschungsfragen und ihrer methodischen Umsetzung mithilfe einer passenden Stichprobe und Erhebungsmethode.

Diese zweite Art von Vorwissen kann äußerst voraussetzungsvoll sein und birgt vor allem aufgrund ihrer Nähe zu Alltag und konkreten Handlungen die Gefahr in sich, dass Interviewende aufgrund persönlicher Vorlieben und Wertungen den Interviewten ihre theoretisch geschulte Sichtweise aufzwingen. Durch die mögliche Beeinflussung der Interviewten können *blinde Flecken* in der Wahrnehmung entstehen. Resultierende Erkenntnisverluste gefährden den Anspruch der Forschenden, durch eine differenzierte Sondierung die originäre Sichtweise der Interviewten zu erfassen und dabei Neues zu entdecken. Deshalb empfiehlt der problemzentrierte Ansatz, diese zweite Art des Vorwissensbereichs im Verlauf des Interviews weitgehend *einzuklammern* und insbesondere die damit assoziierten Begrifflichkeiten nicht zu verwenden. Seine Bedeutung im Rahmen der *sensibilisierenden Grundhaltung* (siehe oben) verliert dieses Hintergrundwissen dadurch allerdings nicht. Es ermöglicht den Interviewenden vielmehr, im Laufe des Gesprächs eine Sensibilität für Abweichungen gegenüber vorwissensbasierten Erwartungen zu entwickeln. Sie können dadurch einschätzen, ob Aussagen von Interviewten vermutete Zusammenhänge in Frage stellen oder um neue Aspekte ergänzen und somit als produktive Irritationen vorurteilbehafteten Denkens genutzt werden können.

3.4. Prozesshaftigkeit problemzentrierter Forschung

Untersuchungsgegenstände, die mithilfe qualitativer Methoden analysiert werden, sind keine singulären oder punktuellen Phänomene. Das betrifft rückblickend konsolidierte biografische Erfahrungen ebenso wie Deutungsmuster, die situations- und standortabhängig und damit veränderlich sind. Auch die Einzelaspekte eines Forschungsproblems und deren Verflechtungen erschließen sich nicht schlagartig, sondern schrittweise und unter ständiger Reflexion der Vorgehensweise und der dabei verwendeten Methoden. Die hier beschriebene *sensibilisierende Verwendung von Vorwissensbestandteilen* ist charakteristisch für die flexible Organisation von Datensammlung und -auswertung in problemzentrierter

Forschung. Die Entdeckung und Überprüfung von Zusammenhängen in den Daten erfolgen durch die schrittweise konzeptuelle Verdichtung und Revision des Vorverständnisses und durch das Offenhalten von Vorwissen (als sensibilisierendes Wissen) gegenüber der Empirie. Diese *explorierende Vorgehensweise* orientiert sich an den Vorschlägen, die für Verfahren der gegenstandsbezogenen Theoriebildung (z. B. Strauss/Corbin 1996) typisch sind.

Den Verstehensprozess im PZI konstituiert ein gemeinsames Erarbeiten und Validieren von *Interpretationen* auf der Grundlage eines vertrauensvollen *Arbeitsbündnisses*, das Redundanzen zulässt und robust ist gegen Interviewfehler und mögliche Verstimmungen im Zuge der Klärung von Widersprüchen im Gespräch (Witzel/Reiter 2012, S. 174–185). Vertrauen, Akzeptanz, Empathie, Neugier und die Bereitschaft zur Selbstkorrektur gehören zu den Zutaten, die ein Interviewgespräch gegenüber Störungen unempfindlich machen. Interviewbegegnungen sind besondere Ereignisse der gemeinsamen Verständigung, deren Dynamik sich mit der oben im Zusammenhang der Diskussion der Indexikalität von Aussagen ausführlich dargestellten *dokumentarischen Methode der Interpretation*) beschreiben lassen.

Wenn die *Interviewten als temporäre Forschungspartner und Forschungspartnerinnen* ernst genommen und dabei unterstützt und angeregt werden, ihre Problemsicht uneingeschränkt zu entfalten, können sie im Laufe des Gesprächs spontan unterschiedliche Aspekte des Themas ansprechen. Durch Wiederholungen, alternative Formulierungen und Nuancierungen, Widersprüche, Ambivalenzen und Redundanzen produzieren sie von sich aus *unterschiedliche Versionen* ihrer Problemsicht. Solche Varianten von Darstellungen regen die Interviewenden in ihrem hermeneutischen Entschlüsselungsdrang zu einem Verstehensprozess an und bieten Anknüpfungsmöglichkeiten für nachfragende Klärungen. Im laufenden Interview entstehen so erste vorläufige Interpretationen (*Vorinterpretationen).* Mithilfe von Kommunikationsstrategien, die im nächsten Abschnitt vorgestellt werden, können diese Vorinterpretationen Schritt für Schritt einer unmittelbaren Überprüfung unterzogen werden und in diesem Prozess zu weiteren thematischen Verfeinerungen, Erweiterungen und Illustrationen führen. Durch das wiederholte Abgleichen von Vorinterpretationen und weiteren Ausführungen wird das PZI für die Interviewenden zu einem *Lernprozess.* Dieser schafft schließlich die Grundlage für die Phase der systematischen Auswertung und Interpretation, die dem komplexen Interaktionsprozess im Interview folgt.

4. Kommunikation im PZI

Die interaktive Entwicklung und Validierung von Vorinterpretationen im PZI ist das Ergebnis der Verknüpfung der qualitativ-interpretativen Kernaktivität des *Fremdverstehens* mit Kommunikationsstrategien der partizipativen

Bedeutungsrekonstruktion. Daraus entsteht die für das PZI charakteristische *Kombination aus aktivem Zuhören und aktivem Verstehen.* In der Praxis erweist sich der Wechsel zwischen aktiver und passiver Gesprächsgestaltung als produktiv, motivierend und vertrauensbildend, weil darin die Absicht deutlich wird, sich diskursiv um den Nachvollzug und das Verständnis der Explikationen der Interviewten zu bemühen. Die *Ernsthaftigkeit der Begegnung* wird unterstrichen, indem die Interviewenden zuhören, sich in die Konstruktion des Gesamtarguments einbringen und vorsichtig zur Entfaltung einzelner Argumentationsstränge anregen. Außerdem sprechen sie wichtige Aspekte direkt an, vertiefen ihr Verständnis des Problems und revidieren ihre Vorinterpretationen durch Nachfragen auf der Basis ihres Vorwissens und spontaner Ideen aus dem Gespräch. Diskursives Verstehen erfordert Nachfragen, vertiefendes Fragen und Ad-hoc Fragen, die Klärungen einfordern. Wie wir in Kapitel IV zeigen, werden all diese Interventionen im PZI aber nicht als kommunikative Störungen oder Verletzung eines Neutralitätsprinzips gesehen, sondern als Ausdruck für *Wissensarbeit in progress.*

Wie andere Interviewverfahren auch, sind PZIs vom Erkenntnisinteresse der Forschenden bestimmt. Der Einfluss von Interviewenden auf Forschungsgespräche kann nicht vermieden werden; das ist lange bekannt (Kahn/Channell 1957). Deshalb schlagen wir vor, ihn positiv zu wenden und zu reflexiver Bedeutungsklärung zu nutzen. Der Ablauf von PZIs folgt deshalb auch keiner rigiden und durchgängig asymmetrischen Dramaturgie, wie das etwa bei narrativen Interviews (Schütze 1983) der Fall ist. Problemzentrierte Gespräche sind vielmehr *flexible Interaktionsprozesse*, die darauf angelegt sind, den Klärungsvorgang sowohl in thematischer als auch kommunikativer Hinsicht durch Beiträge beider Personen am Laufen zu halten.

Im Rahmen der PZI-Kommunikation mit dem Ziel der Aufklärung von Alltagsselbstverständlichkeiten begegnen sich die beteiligten Personen jeweils in komplexen Doppelrollen, die im folgenden Abschnitt dargestellt werden (4.1). Vor dem problemzentrierten Gespräch werden die Interviewten im Rahmen eines methodologischen Vorgesprächs auf die Besonderheiten der Begegnung und damit verbundene Verhaltenserwartungen aufgeklärt (4.2). Die Gesprächsführung sowie die Entwicklung und Validierung von Interpretationen und Wissensbestandteilen erfolgt durch die Verschränkung von Kommunikationsstrategien der allgemeinen (4.3) und spezifischen Sondierung (4.4). Deren geschickte Kombination kann Verständigung fördern und dabei helfen, Vorannahmen aufgrund früherer Forschungsergebnisse zu überwinden (4.5).

4.1. Rollen von Interviewenden und Interviewten

Das PZI ist kein Alltagsgespräch, sondern ein Forschungsdialog zweier Personen, dessen Anliegen der Rekonstruktion der Problemsicht von Interviewten nur umgesetzt werden kann, wenn beide Beteiligten zur De-Indexikalisierung von Aussagen beitragen. Wenn sie also gemeinsam dazu beitragen, mögliche Missverständnisse von Aussagen auszuräumen. Die Interviewten tun das, indem sie möglichst ausführlich über Erfahrungen, Handlungen und Orientierungen Auskunft geben und sich auf den Sinnklärungsprozess einlassen. Die Interviewenden tragen bei, indem sie den Interviewten mithilfe von Kommunikationsstrategien die Vieldeutigkeit ihrer Aussagen (immer wieder) deutlich machen und sie dabei unterstützen, möglicherweise vernachlässigte, implizite Aspekte aufzudecken und zu erläutern. Im Rahmen der Interviewinteraktion begegnen sich die beiden Beteiligten jeweils in komplexen Doppelrollen (siehe Abbildung 3.5).

4.1.1. Interviewende – aktive/passive Doppelrolle als Fachkundige und Lernende

Interviewende, die das PZI für Forschungszwecke nutzen, sind nicht zu verwechseln mit projektbezogen angeheuerten Arbeitskräften eines Erhebungsinstituts. Letztere werden dafür bezahlt, nach einer Einweisung in die Durchführung von Interviews mit einer bestimmten Personengruppe vorab definierte Fragen zu stellen, Antworten zu registrieren oder Antwortalternativen in Fragebögen anzukreuzen. In PZIs sind Interviewende dagegen mit allen inhaltlich Aspekten vertraut (*Interviewende als Fachkundige*) und gleichzeitig offen für neue Erkenntnisse (*Interviewende als Lernende*).

Interviewende als Fachkundige

Das für die Forschenden interessante praktische Wissen, das im Alltag Handlungen und Orientierungen konstituiert, ist nicht einfach so verfügbar oder in Äußerungen direkt verständlich. Bevor es aufgezeichnet und angemessen interpretiert werden kann, muss es einerseits in Erinnerung gerufen und weitergegeben werden – das ist der Beitrag der Interviewten. Andererseits muss das mitgeteilte Wissen verstanden und rekonstruiert werden. Um die originäre Sichtweise der Interviewten zu erschließen, müssen Forschende, die diesen Prozess im Rahmen eines Forschungsgesprächs anleiten wollen, vorbereitet sein. Wir verwenden die Bezeichnung des oder der *gut-informierten Reisenden*, um die Rolle der Forschenden in PZIs metaphorisch auf den Punkt zu bringen (Witzel/Reiter 2012, S. 1 ff.).

Diese Analogie ist angelehnt an eine Unterscheidung bei Kvale/Brinkmann (2009, S. 48 ff.) zur Charakterisierung zweier typischer Datensammelfiguren im Feld der Interviewforschung. *Miner-interviewers* haben ein spezifisches Interesse an Informationen, die sie für kostbar halten. Sie organisieren den Forschungsprozess wie die Belegschaft in einem Bergwerk, die entlang einmal identifizierter Goldadern alles abbaut und erst im Nachhinein feststellt, ob etwas Wertvolles dabei ist oder nicht. Eine derartig vorstrukturierte Datensammlung hat den Nachteil, dass der Forschungsprozess keinen Spielraum lässt für die Anpassung von Kriterien bezüglich des Werts von Informationen. *Traveller-interviewers* sind dagegen in ihrer Wissbegier weniger festgelegt und daher neugieriger und erkenntnisoffen. Sie streifen im Feld herum wie Forschungsreisende und entdecken mit jedem Gespräch neue Aspekte des Forschungsgegenstands. Dieser Ansatz hat den Vorteil, dass relevantes Wissen gemeinsam mit den Interviewten ko-konstruiert werden kann. Jedoch besteht die Gefahr, sich in den vielfältigen Eindrücken zu verlieren und die Forschungsreise nicht zu Ende zu bringen.

Die Nachteile dieser Erkenntnisoffenheit des traveller-interviewers lassen sich interviewpraktisch auflösen, indem die Forschungsreise ‚gut informiert' vorgenommen wird: Vorwissen wird dann dazu genutzt, den Bewegungsraum im Sinne eines Reiseplans vorläufig abzugrenzen und sich darin problemzentriert zu bewegen. *Gut informiert* zu sein, ist eine wissenssoziologische Kategorie, die von Alfred Schütz (1972) eingeführt wurde, um neben den Idealtypen des „Experten" und des „Manns auf der Straße" eine dritte Gruppe zu unterscheiden. Experten und Expertinnen nehmen demnach in erster Linie in ihrem Fachgebiet eng fokussierte Relevanzsetzungen auf Grundlage gesicherter Behauptungen vor. Menschen „auf der Straße" stützen sich in dieser idealisierten Unterscheidung hingegen unhinterfragt auf vages, aber bewährtes Rezeptwissen, das in ihren üblichen und weitgehend vorgegebenen Lebensbereichen und gegenüber ihrer Bezugsgruppe ‚funktioniert'. Gut informiert zu sein, bedeutet im Sinne einer dritten Kategorie, in allen möglichen, potenziell relevanten Bereichen zu vernünftig begründeten Ansichten gelangen zu können. Es verweist auf eine Praxis, die relevantes Wissen entsprechend der eigenen Interessensorientierungen sammelt und verarbeitet. *Interesse* bildet den Ausgangspunkt zur Setzung von Prioritäten. Interesse hilft dabei, „soweit wie möglich die Zone des Irrelevanten" (Schütz 1972, S. 97) einzuschränken und sich ausgehend davon möglichst viel Wissen bezüglich ‚des Relevanten' anzueignen. Mögliche Bedeutungsverschiebungen sind jedoch nicht ausgeschlossen und erfordern Anpassungen von Prioritäten und Strategien der Wissensaneignung.

Problemzentriert Forschende, die einer Fragestellung als *gut informierte Reisende* nachgehen, haben gewisse inhaltliche Prioritäten und beginnen ihre Suche auf Basis einer soliden Wissensgrundlage, die sie sich vorab angeeignet haben. Aber die Forschungsreise, die sie tatsächlich unternehmen und die Geschichten, die sie danach erzählen werden – bzw. die Bücher und Aufsätze, die sie dazu veröffentlichen werden – hängen davon ab, wen sie unterwegs treffen und was sie aus erster Hand erfahren können. Um im Bild zu bleiben: gut informierte Reisende haben den Reiseführer sorgfältig ausgewählt und durchgearbeitet und sie haben die üblichen Hauptattraktionen in ihren vorläufigen Reiseplan aufgenommen. Im Reisealltag bleiben sie aber flexibel und offen für spontane Aktivitäten, folgen Empfehlungen von Ortskundigen und Einheimischen zu tatsächlich lohnenden Reisezielen und nehmen sich dafür bewusst Zeit. Forschung im Sinne des gut informierten Reisens ist zwar vorwissensbasiert und erfordert

Entscheidungen über die *Richtung* und den Anfangskontext der Forschung. Aber die Lernbereitschaft der Forschenden und ihre *selbstkritische Offenheit* gegenüber neuen Aspekten werden durch diese Expertise nicht eingeschränkt. Diese bildet vielmehr die Grundlage zur Entdeckung und Verarbeitung neuer, unerwarteter und überraschender Erkenntnisse und wird durch den Dialog und in diskursiver Auseinandersetzung mit den Interviewten erst richtig in Gang gesetzt.

Problemzentriert Forschende orientieren sich also an unterschiedlichen Formen von Vorwissen. Diese dienen als *Forschungskapital* und werden im Rahmen des Forschungsprozesses im Sinne der *sensibilisierenden Grundhaltung* (Abbildung 3.4) und verständnisklärenden Haltung flexibel eingesetzt. Vorwissen unterstützt den Zugang zum Feld, die Auswahl von Orten und Gesprächsbeteiligten sowie die Herstellung der thematischen Anschlussfähigkeit an die im Interview vorgenommenen Relevanzsetzungen der Interviewten. Die angemessene Verwendung von Vorwissen ist für das Gelingen problemzentrierter Forschung entscheidend und ermöglicht es den Interviewenden, einen (er-)kenntnisreichen *Dialog auf Augenhöhe* mit den Interviewten zu führen. Dieses Forschungskapital ist nur eingeschränkt übertragbar, da der Aufwand seiner Aneignung sehr hoch und der kompetente Umgang damit schwierig ist. Aus diesem Grund sollten PZIs von den Forschenden selbst durchgeführt werden; von Forschenden, die bereit sind, die Forschungsbegegnungen als Bereicherung in einem persönlichen Erkenntnisprozess anzuerkennen. Schließlich ist auch das Erlebnis einer Reise dann am eindrücklichsten, wenn wir sie selbst machen.

Die Abweichung vom Ideal einer solchen *Personalunion von Forschenden/Interviewenden* kann vor allem aus forschungsethischen, sprachlich-kulturellen und arbeitsökonomisch-pragmatischen Gründen sinnvoll sein. Zum Beispiel machen Interviews zu bestimmten Themenbereichen (wie etwa Kinderschutz, Gewalt, Tod etc.) oder ethnisch-kulturellen Zusammenhängen (wie etwa Forschung mit Geflüchteten) spezielle therapeutische, kommunikative oder sprachliche Fähigkeiten erforderlich, über die Projektmitarbeitende nicht unbedingt verfügen. Auch in größeren Forschungsprojekten ist es häufig nicht möglich, dass alle Interviews von den zentral am Projekt beteiligten Personen selbst durchgeführt werden können. In solchen Fällen sollte die Abweichung von der Personalunion von Forschenden/Interviewenden kompensiert werden durch eine gründliche Schulung der Interviewenden, die in die Inhalte, Programmatik und Praxis der geplanten PZIs einführt. Die Schulung soll die Interviewenden in die Lage versetzen, selbständig inhaltliche Schwerpunktsetzungen und methodische Entscheidungen der Interviewführung vornehmen zu können. Schwer zugängliche gesellschaftliche Bereiche oder solche mit hoch spezialisierter Expertise lassen sich mit einigem Aufwand auch als Peer-Forschung organisieren (für ein Beispiel vgl. Witzel/Reiter 2012, S. 59–61, 156–173).

Wenn wir in diesem Buch im Zusammenhang mit dem PZI aus stilistischen Gründen also lediglich Forschende oder Interviewende nennen, dann beziehen wir uns immer auf dieses Ideal der Personalunion.

Interviewende als Lernende

Außerdem – und das ist für die Umsetzung des Anspruchs von PZIs genauso wichtig wie inhaltliche Expertise – füllen Interviewende immer auch die Rolle als *Lernende aus*, die sich (a) als gut informierte Reisende um Erkenntnis bemühen und das (b) in selbstkritischer Distanz zum eigenen Vorwissen umsetzen. Dem *Bemühen um Erkenntnis* (a) entsprechend nehmen die Interviewenden die Ausführungen der Interviewten ernst; sie wollen sie nicht nur registrieren, sondern tatsächlich verstehen. In ihrem eigenen Interesse folgen die Interviewenden den Anforderungen eines Forschungsinterviews und etablieren damit, unabhängig von ihrem akademischen Status, ihre Identität als *Wissenschaft* treibende Gesprächsbeteiligte. Die akademische Herangehensweise ist jedoch nicht ohne Risiko. In den Sozialwissenschaften laufen Forschende grundsätzlich Gefahr, die Rolle als Lernende zu verfehlen, wenn die eigene wissenschaftliche Sichtweise mit einer lebensweltlichen Perspektive vermengt wird, die sowohl aufgrund des wissenschaftlichen Anspruchs als auch aufgrund persönlicher Distanz fremd ist. Anstatt neue Erkenntnisse im Zuge der Sondierung fremder Problemsichten zuzulassen, werden den Aussagen der Interviewten dann Vorwissensbestandteile und Vorurteile übergestülpt.

Herkömmliche, quantitativ-standardisierte Forschungstraditionen begegnen dieser Gefahr mit der Forderung nach „strikter Neutralität“, u. a. beim Einsatz von Instrumenten in der empirischen Forschung (vgl. Kromrey/Roose/Strübing 2016, S. 73–77). Aus der Sicht qualitativ-interpretativer Ansätze ist der Anspruch der Realisierung einer solchen Neutralität jedoch eine Illusion und Ausdruck eines methodischen Idealismus, der Einflüsse der Interviewenden leugnet oder unterbinden will (Fontana/Frey 2005). Das PZI bearbeitet das Problem der Überlagerung originärer Sichtweisen von Interviewten durch wissenschaftliche Annahmen und persönliche Weltanschauungen strategisch. Es verfolgt das Ziel der selbstkritischen Erkenntnisgewinnung im Rahmen einer offen gestalteten Interviewinteraktion, die als *Lernprozess* organisiert ist. Wissen wird hier nicht wie in der standardisierten Forschung genutzt, um den Interviewten eigentliche Inhalte von Aussagen in Form von ‚Items‘ zu unterstellen und Antworten auf vorformulierte Fragen vorzugeben. Wissen wird in problemzentrierter Forschung vielmehr als Mittel verwendet, um vermutete Sinngehalte zum Vorschein zu bringen, weiterführend zu sondieren und die dabei entstehenden vorläufigen Erkenntnisfortschritte (*Vorinterpretationen*) von den Interviewten überprüfen zu lassen. Das erfolgt immer im Bemühen darum, die unvermeidliche Fehleranfälligkeit des Forschungshandelns mit den methodischen Vorkehrungen des PZI zu minimieren.

Im Mittelpunkt dieses Bestrebens steht der *zweite Aspekt* der Haltung von Interviewenden als Lernende in Form *einer selbstkritischen Distanz zum eigenen Vorwissen* (b). Damit ist gemeint, dass sich die Interviewenden in ihrer Wahrnehmung des Gesagten nicht dogmatisch festlegen auf – als Vorwissen oder im Interview – erworbenes Forschungswissen und dessen individuelle Interpretation. Die eigene Sicht darf auch nicht wie ein Filter auf die Ausführungen der Interviewten wirken, durch den nur das wahrgenommen wird, was die Interviewenden aufgrund ihrer eigenen Alltagserfahrung oder -moral bereits kennen und schätzen. Umgekehrt – und das kennzeichnet das *dialektische Verhältnis von vorhandenem und neu erworbenem Wissen* der Interviewenden – soll aber das eigene Wissen im Interview wirklich als *Vor*-Wissen genutzt werden können. Das heißt, Vorwissen wird ‚im Hinterkopf' behalten, mithilfe des Gesprächsfadens in seinen Konturen dokumentiert und als vorläufiges, immer offen gehaltenes Wissen behandelt. Richtig verwendet, verhilft Vorwissen im Laufe des Interviewprozesses zu Nachfrageideen. Es dient dem Vergleich des Gesagten mit eigenen Annahmen und Vorinterpretationen im Interview und veranlasst etwa dazu, innezuhalten, wenn eigenes Wissen und fremde Aussagen nicht zusammenpassen wollen und zu produktiver Irritation führen. Dann beginnt ein Prozess der Suche nach Lösungen für diese Diskrepanz. Nur in selbstkritischer Distanz zum eigenen Wissensuniversum kann es der *sensibilisierenden Grundhaltung* entsprechend gelingen, Vorwissen durch die Konfrontation mit der lebensweltlichen Perspektive der Interviewten zu revidieren. Die praktische Umsetzung dieses Ansatzes der Gesamtgestaltung des Interviews beschreiben wir in Kapitel IV.

Im Laufe des Interviews entstehen immer wieder Situationen, in denen das Interesse der Interviewenden an thematischen Details oder das Bemühen um Verständnis mit Entscheidungen bezüglich der eigenen Involvierung verbunden sind. Soll ich eine *passive Haltung* einnehmen und weiter (aktiv) zuhören, mitdenken und darauf vertrauen, dass im Laufe einer narrativen Phase weitere Klärungen durch die Interviewten erfolgen? Dann würde ich die Aufmerksamkeit ganz auf die Relevanzsetzungen der Interviewten richten. Oder soll ich eine *aktive Haltung* einnehmen, den Verstehensprozess vorantreiben und eine Nachfrage stellen, die möglichst gut an den thematischen Gedankenfluss der Interviewten anschließt? Dann würde ich zu weiterer Detaillierung auffordern oder eine Verständnisfrage stellen. Dilemmata wie diese begleiten den gesamten Interviewprozess.

Die Ausgestaltung dieser aktiv-passiven Doppelrolle hängt eng mit dem *Einsatz des Vorwissens* zusammen. Beim *passiven Zuhören* klammern Interviewende ihr Vorwissen zwar ein. Sie benötigen es aber gleichzeitig als Wissenshintergrund, um den Ausführungen überhaupt folgen und einen vorläufigen Sinn verleihen zu können, und um es für einen selbstkritischen Vergleich mit dem Gesagten nutzen zu können. Dadurch eröffnet sich ihnen die Chance, das Noch-nicht-Nachvollziehbare, Unbekannte oder zur eigenen Auffassung irgendwie Gegensätzliche in den

Aussagen der Interviewten überhaupt zu entdecken. In der *aktiven Rolle* als Nachfragende bringen die Interviewenden das Vorwissen direkt in einen Austausch mit Ausführungen und Inhalten, die neu, überraschend oder unklar sind. Mit weiteren Detaillierungs- und Verständnisfragen treiben sie ihren Erkenntnisprozess differenziert voran. Neuartige Einsichten entstehen im Dialog mit den Interviewten auf der Grundlage von Reaktionen auf Interventionen, die von den Interviewenden basierend auf Vorwissen oder gar Vorurteilen vorgenommen werden. Diese spontane Erkenntniserweiterung im laufenden Gespräch haben wir bereits als *Vorinterpretation* vorgestellt (vgl. oben in Abschnitt 3.3). Abhängig vom Klärungsbedarf der Interviewenden und der Mitteilsamkeit und Artikulationsfähigkeit der Interviewten wechselt das Gespräch zwischen längeren und kürzeren Phasen monologischer bzw. dialogischer Kommunikation. Für die Interviewenden ist der Interaktionsprozess ein *Balanceakt* zwischen pragmatisch erkenntnisorientierter Datensammlung, Verständnisklärung und kommunikativer Beziehungspflege.

4.1.2. Interviewte – Doppelrolle als Objekte und Subjekte

Interviewte als Forschungsobjekte
Aufgrund der meist einseitig von Forschenden initiierten Begegnung sowie der speziellen Dynamik des Austauschprozesses in PZIs befinden sich auch die Interviewten in einer Doppelrolle (vgl. Abbildung 3.5). Als gefragte und befragte Interviewbeteiligte sind sie immer *Objekte* von Forschung; sie werden gesucht, ausgewählt, eingeladen, vorbereitet etc. und schließlich mit den Interessen der Forschenden konfrontiert und gebeten, auf Fragen zu antworten. Zwar sind sie dadurch jedenfalls aktiv am Gespräch beteiligt. Mit der Erwartung, sie als Datenquellen nutzen zu können, machen sie die Forschenden dennoch zu Untersuchungsobjekten und rekrutieren sie für einen freiwilligen Beitrag zu einem, für sie eher fremden wissenschaftlichen Unterfangen. Nicht die Interviewten haben sich die Ziele und Zwecke der Forschung sowie ihre Umsetzung und die methodische Gestaltung des Interviews ausgedacht. Die Gründe für die Rekrutierung und individuelle Auswahl ihrer Person folgen wissenschaftsinternen Kriterien, auf die sie keinen Einfluss haben und deren Bedeutung sie kaum einschätzen können. Auch die Folgen der Verwertung von Studienergebnissen sind für sie aufgrund der gesellschaftlichen Arbeitsteilung kaum zugänglich. Nähere Einblicke in diesen nachgelagerten Prozess liegen in der Regel außerhalb ihres Alltagsbereichs und -interesses.

An diesen Objektcharakter von Interviewten schließen sich *forschungsethische und datenschutzrechtliche Anforderungen* der Vorbereitung und Durchführung von PZIs an, die für sozialwissenschaftliche Forschung generell zu beachten sind (vgl. RatSWD 2017, 2020). Die Interviewten müssen etwa über die Ziele des Forschungsprojekts aufgeklärt werden, um die gesellschaftliche Sinnhaftigkeit der Untersuchung nachvollziehen zu können. Als Forschungsteilnehmende sind sie auch *Objekte der Fürsorge* und der ethisch-rechtlichen Verantwortlichkeit der

Organisation, der die Interviewenden angehören. Sie müssen darauf vertrauen können, dass das Interview in einem geschützten Rahmen stattfindet und die Vertraulichkeit, Sicherheit und Anonymität der sensiblen Daten gewährleistet sind. Dieser Schutz ist eine *Bringschuld* der Forschenden, denn im persönlichen Vertrauen auf die Interviewenden unterschätzen Interviewte häufig die Notwendigkeit der Anonymität ihrer Aussagen und personenbezogenen Daten im weiteren Forschungsverlauf.

Interviewte als Forschungssubjekte

Viele Forschungsansätze belassen es häufig bei dieser Rollendefinition der Beteiligten als Forschungsobjekte. Das gilt vor allem auch für herkömmliche qualitative Leitfadeninterviews mit klarer Rollenzuweisung entlang einer Fokussierung auf festgelegte Inhalte (Helfferich 2014). Wie das *Konzept des Arbeitsbündnisses* (siehe auch Kapitel IV) verdeutlicht, ist das in PZIs anders. Zwar sind auch hier einige Aspekte der Objektrolle von Interviewten als Auskunftspersonen relevant. Doch sie werden nicht nur gefragt und um Antworten und ausführliche Darstellungen (im Sinne von Narrationen, Beschreibungen, Argumentationen) gebeten, die registriert, gesammelt und ausgewertet werden. Durch den Anspruch der Klärung von Vorinterpretationen im laufenden Gespräch werden sie ausdrücklich dazu aufgefordert, im Prozess der Rekonstruktion ihrer Problemsicht eine *Subjektrolle* einzunehmen. Die Interviewenden übertragen den Interviewten die Möglichkeit zur *inhaltlichen Steuerung* des abwechselnd stärker monologisch oder dialogisch ausgerichteten Gesprächs. Die Interviewten werden eingeladen, reflektierend mitzudenken und an der Produktion von Verständnis und Interpretationen – durchaus auch im Sinne erster Forschungsergebnisse – ihrer Problemsicht mitzuwirken.

Die zentrale Bedeutung der Subjektrolle von Interviewten im PZI ist in der Entstehungsgeschichte des Verfahrens begründet. Alltagsperspektiven sind in den Sozialwissenschaften deshalb so wichtig, weil Forschenden die Nähe zu manchen Themen und Problemstellungen fehlt und sie zur angemessenen Rekonstruktion relevanter Bedeutungsaspekte benötigt werden (Schütz 1971). Aufgrund seines Entwicklungshintergrunds in der Kritik standardisierter Ansätze, die Interpretationen „ohne Rückbezug auf die Interviewten" (Witzel 1982, S. 10) vornehmen, hat das PZI ausdrücklich den Anspruch, die Interviewten und ihre subjektiven Sichtweisen und Reflexionskompetenzen *ernst zu nehmen* und die Deutungsmacht über das Gesagte mit ihnen zu teilen. Die Rekonstruktion gelingt, kurz gesagt, „durch die geeignete Gestaltung des Gesprächs, in dem deutlich wird, daß der Forscher die Probleme seiner untersuchten Personen tatsächlich ernst nimmt und zur Geltung kommen läßt" (Witzel 1982, S. 70). Für den problemzentrierten Ansatz ist *Interpretation* in und nach dem Interview *nicht das Privileg der Forschenden*. Die Interviewten haben als *Forschungsteilnehmende* vielmehr den Status „produktiv realitätsverarbeitender Subjekte" (Hurrelmann 1983); ihre Äußerungen können zugleich Grundlagen für erste Interpretationen sowie deren Korrektiv sein.

Die Beteiligung von Interviewten an der Verständnisklärung mithilfe konkreter Nachfragen und Einladungen zur Verdeutlichung ihrer Sichtweise ist ein zentraler Anspruch des PZI. Das Gespräch ist so gestaltet, dass es dafür ausreichend Gelegenheit gibt. Das bedeutet allerdings nicht, dass *alle* Interpretationen seitens der Interviewenden bereits im Laufe des Interviews zur Diskussion gestellt werden, denn das würde die Interviewsituation überfordern. Entscheidend ist für den problemzentrierten Ansatz die grundsätzlich angestrebte Beteiligung der Interviewten als Forschungsteilnehmende an der Produktion und Validierung von Interpretationen im Rahmen des Interviewgesprächs. Mit *Validierung* ist gemeint, dass die Interviewten im Rahmen des laufenden Interviewgesprächs immer wieder dazu eingeladen werden, erste Interpretationen ihrer Äußerungen durch die Interviewenden zu kommentieren, gegebenenfalls zu korrigieren und damit zu signalisieren, ob diese Interpretationen aus ihrer Sicht, also *subjektiv*, grundsätzlich gültig (valide) sind oder nicht.

Diese Vorgehensweise ersetzt zwar nicht die nachträgliche Datenanalyse und -interpretation, die ohne Beteiligung der Interviewten als eigene Phase des Forschungsprozesses auf die Durchführung der Interviews folgt. Idealerweise wird dieser Schritt der vertiefenden Analyse und Produktion *intersubjektiv* gültiger Interpretationen im Rahmen eines Teams vorgenommen. Allerdings verbessert sich durch die Möglichkeit der Verständnisklärung im laufenden Interview der gesamte Prozess der Schaffung einer Datengrundlage zur Rekonstruktion der Problemsicht der Interviewten. Durch die Kombination subjektiver und intersubjektiver Perspektiven werden so, metaphorisch ausgedrückt, *Oberflächen* mit derselben Sorgfalt analysiert wie Untergründe bzw. mögliche *Hintergründe* von Äußerungen. Für das PZI ist das gründliche *Anschauen* und Klären explizit getätigter Aussagen der Interviewten genauso wichtig wie das *Durchschauen* möglicher impliziter Bedeutungen dieser Aussagen. Im Sinne einer Priorisierung der *Reihenfolge von Erkenntnisschritten* schlägt der problemzentrierte Ansatz in methodologischer Hinsicht also folgende Herangehensweise vor: Die Validierung expliziter Bedeutungen durch die Interviewten in ihrer Alltagsperspektive im Laufe des Interviews wird einer möglichen Validierung impliziter Deutungen im Rahmen der ausschließlich wissenschaftlichen Verarbeitung und Interpretation von Äußerungen vorangestellt. Ersteres erfolgt gemeinsam während der Interviewbegegnung, letzteres ohne Beteiligung der Interviewten in der daran anschließenden Phase der Datenanalyse und -interpretation, die allein oder in Teams vorgenommen wird.

4.1.3. Dynamik der PZI-Interaktion

Die PZI-Interaktion lebt vom Zusammenspiel aller Aspekte dieser Doppelrollen von Interviewten und Interviewenden. Ihre besondere Stärke besteht darin, im

Bemühen um die originäre Sichtweise der Interviewten deren Subjekthaftigkeit ernst zu nehmen und in ihren Äußerungen zur Geltung kommen zu lassen. Dafür ist vor allem die zentrale Bedeutung der *Rolle der Interviewenden als Lernende* verantwortlich. Indem sie ihr Interesse und Engagement auf die Sichtweise der Interviewten richten, verlagern sie gleichsam auch die Last der Rekonstruktion der anstehenden Thematik auf ihre Schultern. Als Subjekte ihrer Handlungen und Orientierungen verfügen die Interviewten über Spezialkenntnisse (ein Art Expertise) bezüglich der Thematik und können Einblick in ihre individuelle Erfahrungswelt gewähren. Um diesen Einblick möglichst aufschlussreich zu gestalten, schlägt das PZI die *Kombination von Erzählungen und (Nach-)Fragen* vor, deren Vorteile im Anschluss an die Vorstellung der Dokumentarischen Methode der Interpretation diskutiert wurde (vgl. Abschnitt 1.2). Für die Stärkung der Subjektrolle ist in erster Linie der Einsatz von Fragen von Vorteil, die *Erzählungen und selbstläufige Ausführungen* anregen und von aktivem Zuhören begleitet werden. Aber nicht nur in diesen Phasen monologischer Ausführungen sind die Interviewten Subjekt. Sie sind es auch – und dies scheint auf den ersten Blick widersprüchlich zu sein – als Personen, an die sich die Interventionen der Interviewenden adressieren.

Auch im Rahmen ihrer *aktiven Haltung* nehmen die Interviewenden Rücksicht auf die gerade im Fluss befindlichen Narrationen und Ausführungen und intervenieren erst dann mit konkreteren *Fragen und Nachfragen*, wenn sie erkennbar zum Ende gekommen sind. Anschließende Fragen erfolgen unter Rückbezug auf die thematischen Rekonstruktionsbemühungen der Interviewten und sind so formuliert, dass sie weitere Ausführungen fördern. Aus der Sicht der Interviewten sollen diese Fragen so gestaltet sein, dass sie thematisch verständlich und in Bezug auf ihre eigene Darstellung passend und angemessen sind. Die Interviewten werden in ihrer Subjektrolle bestärkt, wenn sie die Ernsthaftigkeit der Interviewenden erkennen, ihre Sichtweise verstehen und vervollständigen zu wollen. An den Nachfragen, die sich an ihrer Alltagswelt orientieren, können sie sich vergewissern, dass ihre Rolle nicht nur darin besteht, möglichst bereitwillig Daten zur Bestätigung bereits bestehender wissenschaftlicher Annahmen und Vorurteile zu liefern. Die Interviewten sollen sich nicht dem Druck von Bewertungen ausgesetzt sehen oder sich fragen müssen, ob sie in ihrem Denken und Handeln etwa sozial erwünschte Werte verletzen könnten. Sie sollen nicht den Eindruck haben, ihre eigenen Vorstellungen entsprechend umdeuten zu müssen. Im Gegenteil, die Fragen und Nachfragen im PZI sollen die Interviewten darin unterstützen, als Forschungssubjekte authentisch bleiben und ihren Aussagen individuelle Ausdruckskraft verleihen zu können. Vor allem so können sie dazu beitragen, an einem Interview teilzuhaben, das Erkenntnisse fördert und gleichzeitig Vorurteile korrigiert.

Abbildung 3.5 – Doppelrollen von Interviewenden und Interviewten

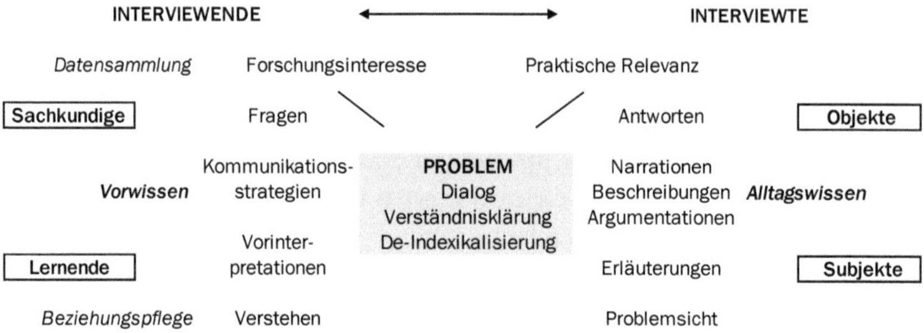

In der *Praxis* entfalten die Interviewten, kurz gesagt, ihre Sichtweise zu Beginn des Gesprächs ausgehend von offenen und inhaltlich unspezifischen Anregungen. Die Interviewenden orientieren sich an der Darstellungslogik der Interviewten, greifen den roten Faden der sich andeutenden Problemsicht auf und fächern ihn mithilfe von Nachfragen vertiefend aus. Bei Verständnisproblemen greifen sie stärker in das Gespräch ein und schaffen die Grundlagen dafür, den Ausführungen weiter folgen zu können.

Wie im Folgenden dargestellt, sind *Vorgespräche* darauf angelegt, die Besonderheiten des problemzentrierten Anliegens und der zugehörigen Interaktionsform zu erläutern. Sie sollen das Gelingen der Übergabe der aktiv-gestaltenden Rolle an die Interviewten als Forschungssubjekte sicherstellen und, falls nötig, wiederholt aktualisieren. Dazu gehört etwa die Etablierung eines Arbeitsbündnisses, die Erläuterung und Umsetzung eines Kommunikationsstils jenseits des Frage-Antwort-Schemas sowie die laufende Dokumentation des Erkenntnisfortschritts im Rahmen von Notizen oder der Anfertigung eines Protokolls. *PZI-Kommunikationsstrategien* sind das Ergebnis jahrelanger Interviewpraxis und wurden in unterschiedlichen Forschungsprojekten angewendet und ausgearbeitet. Ihre Systematisierung im Sinne typischer Vorgehensweisen im PZI ist rein *analytisch:* Kommunikationsstrategien sind nicht Teilelemente im Rahmen eines vorgeschriebenen und starren Ablaufmodells von Frageformen, sondern für die Befragungsziele effektive Kommunikations*möglichkeiten*, die flexibel und situationsadäquat eingesetzt werden (vgl. Kapitel IV/6). Bevor wir sie im Einzelnen vorstellen, diskutieren wir den für die Wirkungsweise der Kommunikationsstrategien wichtigen vorbereitenden Schritt der Kontaktaufnahme mit den Interviewten und ihre Einstimmung auf die PZI-Forschungsbegegnung.

4.2. Kontaktaufnahme und Vorbereitung des Arbeitsbündnisses

Die Kontaktaufnahme mit den Interviewten und ihre Vorbereitung auf das Gespräch sind wichtige Bestandteile des gesamten Interviewablaufs. Wie bei anderen qualitativen Interviewverfahren werden die Interviewten dabei über das Forschungsprojekt informiert und formale, datenschutzrechtliche und forschungsethische Fragen geklärt (vgl. Kapitel IV/3.2). Abgesehen davon ist dieser Schritt im Rahmen der PZI-Programmatik vor allem deshalb bedeutsam, weil die Interviewten den Interviewenden dabei, wie wir gesehen haben, eine *Rolle* zuweisen. Diese Rolle ist wiederum an Verhaltenserwartungen geknüpft und kann Spekulationen nach sich ziehen, die dem *Anliegen der Problemzentrierung* zuwiderlaufen können. Zur Bewältigung neuartiger Situationen wie der Aufforderung zur Bereitstellung ausführlicher Darstellungen und Antworten werden in erster Linie Erfahrungen aus dem Alltagsleben herangezogen. Deshalb können wir nicht davon ausgehen, dass sich diese Verhaltenserwartungen der Interviewten mit dem irreführenden Ideal standardisierter Forschung decken und der/die Interviewende als eine regeltreue „Maschine“ (Porst 2014, S. 249) ohne individuelle Persönlichkeitseigenschaften wahrgenommen wird. Auch ein qualitatives Forschungsinterview ist für sie, wie eine Alltagsbegegnung, zunächst ein Aufeinandertreffen von zwei Personen und Persönlichkeiten. Die Besonderheiten der Situation sind erklärungsbedürftig.

Die Vorbereitung der Interviewten durch die Interviewenden auf das Gespräch ist entsprechend ausführlich und hat das Ziel, ein temporäres *Arbeitsbündnis* (siehe Kapitel IV) zu etablieren und die Interviewten in ihrer *Subjektrolle* zu stärken. Vor allem die Thematisierung der Unterschiede und Distanz zwischen Alltag und Forschung schafft die Basis für eine Kollaboration, die Missverständnisse aufgreift, valide Interpretationen produziert und über eine gewisse Robustheit gegenüber möglicher Fehler der Interviewenden verfügt. Das soll der Gefahr begegnen, dass die Interviewten hinsichtlich ihrer Interpretation eigener Sinnkonstruktionen in der Konfrontation mit der Welt der Wissenschaft bereits im Rahmen der Datenerhebung entmündigt werden.

Im Rahmen der Vorbereitung der Interviewten besteht die Chance, diese Rollenzuschreibungen der PZI-Interviewbeziehung entsprechend positiv in Bezug auf die Fragestellung und die Interviewerfahrung zu bestimmen. Die Interviewenden treten als *engagierte Forschende* auf, die Äußerungen nicht bewerten oder entsprechend ihrer vermeintlichen Funktion für eine adäquate Problembewältigung beurteilen. Falls die Interviews in Betrieben oder Organisationen (z. B. Schulen, Behörden) stattfinden, sollten sich die Interviewenden von Zwecken und Zielen dieser Einrichtungen abgrenzen, um ihre *Unbefangenheit* zu unterstreichen. Die ausführliche Darstellung des Untersuchungsanliegens sowie die Zusicherung von Anonymität und Vertraulichkeit des Gesprächs können dazu beitragen. Die Darstellung des Untersuchungsanliegens und seine Verknüpfung mit der Alltagswelt der Interviewten ist Teil der *thematischen Zentrierung.* Sie verfolgt das Anliegen, die Interviewten auf das in weiterer Folge gemeinsam bearbeitete Thema einzustimmen und das Forschungsinteresse daran deutlich zu machen und zu erläutern. Die Offenlegung dieses Interesses und das Erfassen des Anliegens bilden die Grundlagen eines funktionierenden Arbeitsbündnisses. Außerdem sollte schon in diesem Schritt die gewünschte Gesprächsform – in Abgrenzung zum Frage-Antwort-Schema – ein erstes Mal angekündigt werden.

Vor dem *Gesprächseinstieg* leiten die Interviewenden – in einfachen Worten und alltagssprachlich angemessen – mit einer *Regieanweisung* zur Bedeutung des methodischen Prinzips des Erzählens und der Bereitstellung monologischer Ausführungen ein. Das erfolgt im Rahmen eines *methodologischen Vorgesprächs*, einer Art Metakommunikation, die in Kapitel IV näher ausgeführt wird. Die Interviewenden verdeutlichen etwa, dass sie keine Wissensfragen stellen werden, sondern an der Problemsicht der Interviewten interessiert sind. Für die Zeit des Gesprächs werden sie dazu einladen, als *temporäre Forschungsassistenz* zu fungieren. Diese Art der Vorbereitung dient neben der inhaltlichen Fokussierung auch der Herstellung einer *Arbeitsbeziehung*, die resilient ist gegenüber Störungen und Fehlern in der Interviewführung. Damit verbunden ist die Zusicherung, dass die Interviewten ihre Problemsicht formal und inhaltlich uneingeschränkt entfalten können. Auch das *Verhalten der Interviewenden* und ihre Rolle werden kurz erläutert: Vor allem zu *Beginn* des Interviewgesprächs sind die Interviewenden eher zurückhaltend, hören aufmerksam und *aktiv* zu, ohne zu unterbrechen. Dabei machen sie sich Notizen für *spätere Nachfragen*, die sich eben erst aus dem Gesprächsverlauf ergeben. Auf diese Art wird schon die Einladung zur Teilnahme an der ungewöhnlichen einseitigen Kommunikation in der Forschungsbegegnung verknüpft mit der Ankündigung einer *Rückkehr* zu einem weniger asymmetrischen Austausch im Sinne eines alltagsnahen Miteinander-Redens.

Trotz aller Erläuterungen und Zusicherungen erfolgt die eigentliche *Rollendefinition* der beiden Beteiligten erst während des Interviews und wird dabei laufend aktualisiert. D. h., zur Ratifizierung ihrer Ankündigungen im Vorgespräch müssen die Interviewenden ihr problemzentriertes Interesse und ihren aktiven Anteil im eigentlichen Interview handelnd und interagierend verdeutlichen. Mithilfe der im Folgenden beschriebenen Kommunikationsstrategien demonstrieren sie, dass sie sich keineswegs darauf beschränken, Fragen vorzutragen und Antworten zu notieren.

4.3. Kommunikationsstrategien der allgemeinen Sondierung

Für die Interviewenden gestaltet sich das Interviewgespräch als ein Wechseln zwischen Kommunikationsstrategien mit unterschiedlicher Schwerpunktsetzung (vgl. dazu die ausführlichen Beispiele in Kapitel VI sowie die Darstellung des dialogischen Interviewprozesses in Abbildung 4.4). Kommunikationsstrategien der allgemeinen Sondierung sind in erster Linie *erzählungsgenerierend* und produzieren Information und ‚(Daten-)Material' im Sinne von längeren monologischen

Beiträgen wie Narrationen und ausführlichen, selbstläufigen Darstellungen. Sie verfolgen die schrittweise Offenlegung der Interviewtenperspektive und schaffen die Grundlage für Vorinterpretationen und spätere Nachfragen.

Zunächst gilt es, das *Frage-Antwort-Schema*, das üblicherweise mit dem Kommunikationstyp ‚Interview' assoziiert ist, zu durchbrechen (vgl. Kapitel II). Im Zuge des *Gesprächseinstiegs* wird daher nach Möglichkeit eine narrative Gesprächsstruktur etabliert, deren konkrete Form und Inhalte weitgehend von den Interviewten selbst bestimmt werden. Das bedeutet: Die jeweils individuelle Sichtweise des Problems soll auf eine Art zur Geltung kommen, die der Artikulations- und Verarbeitungsweise der Interviewten entspricht. Die konkrete erzählungsgenerierende *Einstiegsfrage* wird dann im Rahmen der thematischen Fokussierung *offen* formuliert, d. h. ohne bestimmte Aspekte der Problemstellung vorwegzunehmen. Diese Art von Frage zur Stimulation selbstläufiger, monologischer Ausführungen kann am Anfang eines jeden thematischen Felds stehen, das exploriert werden soll und z. B. im Gesprächsfaden dokumentiert ist (vgl. Kapitel IV). Bei Studien zu biografischen Erfahrungen oder Prozessabläufen wird sich die Frageformulierung – abgesehen von nötigen thematischen Zuspitzungen – nicht deutlich von Einstiegsfragen unterscheiden, wie sie in narrativen Interviews (Schütze 1983) zur Gesprächseröffnung verwendet werden.

Die *Eingangserzählung* oder die *erste selbstläufige Ausführung*, die auf eine offene thematische Einstiegsfrage folgt, gibt im Idealfall Aufschluss darüber, was den Interviewten bezüglich des Problems wichtig ist – d. h. zum Beispiel welche Erfahrungen und Bewertungen oder Personen damit assoziiert werden (oder nicht), welche Perspektive eingenommen wird etc. Wie auch immer sie ausfällt, es ist die erste ‚offizielle' inhaltliche Stellungnahme der Interviewten zu dem angesprochenen Thema und allein deshalb besonders aufschlussreich. Denn die vorgenommenen Relevanzsetzungen sind zu diesem Zeitpunkt des Gesprächs noch weitgehend authentisch und wenig kontaminiert durch fremde inhaltliche Schwerpunktsetzungen und Spezifizierungen, die im Laufe des Gesprächs vorgenommen werden. Selbst wenn die Interviewten an dieser Stelle sehr knapp antworten sollten, so geben die ersten Reaktionen auf eine offene Frage doch Hinweise darauf, was sie mit dem Thema verbinden und welche *Nachfragen* dazu geeignet sein könnten, die Sondierung zunächst *innerhalb dieses Relevanzuniversums* fortzusetzen. Falls die erste Erwiderung völlig unergiebig sein sollte, bleiben die Interviewenden geduldig und schließen an typische Begrifflichkeiten oder an Bewertungen an, um weitere Ausführungen, ob kurz oder lang, anzuregen. Sie arrangieren sich mit den Rahmenbedingungen des Interviews und den Möglichkeiten der Interviewten und arbeiten weiter an der Bildung eines tragfähigen Vertrauensverhältnisses als Voraussetzung für Erzählungen und selbstläufige Ausführungen. Falls das nicht zielführend ist, kann die Flexibilität des Verfahrens für stärker dialogische Kommunikation genutzt werden.

Im Anschluss sollten die Interviewenden in ihren *Nachfragen* thematische Aspekte der auf die Einstiegsfrage folgenden Interviewsequenz aufgreifen, den angedeuteten roten Faden weiterspinnen und detaillieren. Weitere Ausführungen und Strukturierungen der Thematik werden durch unterschiedliche Kommunikationsstrategien der allgemeinen Sondierung angeregt. Die Übersicht in Tabelle 3.1 illustriert diese Strategien anhand von exemplarischen Fragen aus der Beispielstudie.

Tabelle 3.1 – Kommunikationsstrategien der allgemeinen Sondierung

Allgemeine Sondierung	***Überwiegend erzählungsgenerierend*** *(aktives Zuhören)* Schwerpunkte: Erzählungen, Beschreibungen
Gesprächseinstieg, (thematische) Einstiegsfrage	
	Einladung zur narrativen Darstellung von Erfahrungen und der Problemsicht; offene Einstiegsfrage (für jedes Themenfeld des Gesprächsfadens) • *„Sie wollten ja Frisörin werden. Wie ist es dazu gekommen? Bitte erzählen Sie doch mal!“* • *„Ein Thema, das mich besonders interessiert, ist das der Arbeitsbedingungen in Ihrem Beruf. Was sagen Sie dazu?“*
Detaillierungsfragen	
	Spezifizierung von Sachverhalten, Erfahrungen, Zusammenhängen • *„Könnten Sie beschreiben, was da genau passiert ist?“* • *„Dieser Zusammenhang mit dem beruflichen Hintergrund Ihrer Eltern würde mich näher interessieren. Können Sie dazu noch etwas sagen?“*
Konkrete Erfahrungsbeispiele	
	Schilderungen von Erlebnissen, biografischen Episoden und Handlungen • „Könnten Sie mir ein Beispiel geben für … [z. B. eine Alltagsroutine, biografische Episode]?“ „Was passierte da im Einzelnen?“ • „Wenn Sie an Ihre erste Kundin denken, wie war das?“
Thematischer Vergleich	
	Klärung, Kontrastierung, thematische Differenzierung, Typik und Kontextualisierung von Erfahrungen • *Frage nach un/typischen Fällen, un/günstigen Bedingungen, Vorher/Nachher-Vergleichen (themenspezifische Frageraster)*
Ad-hoc Fragen	
	Füllen von Wissenslücken, Vergleichbarkeit herstellen • *Flexible Einführung von Themen des Gesprächsfadens; „Sie erwähnten gerade Ihre Chefin. Könnten sie noch mehr sagen zu ihrem Verhältnis zu Kollegen und Kolleginnen?“ „An dieser Stelle würde ich Sie gerne fragen, was Sie beruflich in den nächsten 10 Jahren erreichen möchten?“*

Detaillierungsfragen stimulieren die Erinnerung und fördern Erläuterungen und Spezifizierungen von Sachverhalten und Zusammenhängen, die ansonsten in den Selbstverständlichkeiten des Alltags verborgen bleiben würden.

Fragen nach *konkreten Erfahrungsbeispielen* oder biografischen Episoden haben einen ähnlichen Effekt, sind aber weniger abstrakt und näher an tatsächlichen

Handlungen, Orientierungen und konkreten Ereignisabläufen. Sie veranlassen zur Rekonstruktion eines Gesamtbilds ursprünglicher Erfahrungskontexte, in die sich Einzelheiten der erlebten Wirklichkeit plausibel einfügen.

Das Anregen *thematischer Vergleiche* (etwa mithilfe eines themenspezifischen Fragerasters) ist eine weitere wirkungsvolle Strategie im Sinne einer Differenzierung von Sachverhalten. Es geht um die Typik spezifischer Ereignisse, Erlebnisse und Einschätzungen, einschließlich biografischer und historischer Kontextualisierungen. Dabei wird eine begriffliche Schärfe gerade mit dem Mittel der Kontrastierung angestrebt.

Wenn trotz der vielfältigen Kommunikationsstrategien bestimmte interessierende Themenbereiche nicht angesprochen oder nur oberflächlich adressiert werden, können die Interviewenden dazu *Ad-hoc-Fragen* formulieren. Diese werden an geeigneten Stellen eingebracht, oder spontan, wenn bestimmte Aspekte zur Vergleichbarkeit der Interviews besonders wichtig sind. Ad-hoc-Fragen wirken auf die Entwicklung des roten Fadens von thematischen Ausführungen nicht störend, weil sie situationsgerecht und dem Gesprächsverlauf entsprechend angemessen eingesetzt werden. Die Interviewten können sie vielmehr als Einlösung des ernsthaften thematischen Interesses der Interviewenden wahrnehmen.

Zusätzlich besteht die Möglichkeit, im Anschluss an das Interviewgespräch standardisierte Fragen zu stellen oder einen *Kurzfragebogen* vorzulegen. Allerdings sollte dieser Wechsel zu einem (standardisierten) Frage-Antwort-Schema entsprechend kommunikativ eingeleitet werden, weil diese Art des Austauschs dem eigentlich angezielten Kommunikationsstil des PZI widerspricht.

4.4. Kommunikationsstrategien der spezifischen Sondierung

Entsprechend der PZI-Programmatik dienen Interviewgespräche nicht nur der Sammlung von Informationen und Datenmaterial zur späteren Interpretation ohne Beteiligung der Interviewten. Forschungsbegegnungen sind immer auch *Gelegenheiten zur Klärung von Vorinterpretationen*, die im Laufe des Gesprächs entstehen und gemeinsam mit den Interviewten revidiert werden können. *Zuhören und Verstehen* erfordern damit grundsätzlich sowohl Kommunikationsstrategien der allgemeinen als auch der spezifischen Sondierung. Weil Wissen iterativ, kumulativ und prozesshaft entsteht, gehen sie Hand in Hand und werden nach Bedarf abwechselnd zur Rekonstruktion der Problemsicht der Interviewten eingesetzt. Verständnisklärende Strategien stehen allerdings im Rahmen des Gesprächseinstiegs nicht im Vordergrund (siehe auch Kapitel IV typische Situationen), weil hier der Schwerpunkt auf einer möglichst unbeeinflussten Generierung von grundlegenden Aussagen liegt, die den Interviewenden erste Einblicke in die Thematik bieten. Damit die Interviewenden Vorinterpretationen entwickeln und beurteilen können, müssen sie diese Erzählsequenzen und Darstellungsvarianten zunächst nachvollziehen und mit verschiedenen Detailäußerungen verbinden können. So entsteht eine Materialbasis für den Einsatz verständnisgenerierender und -konsolidierender Kommunikationsstrategien der spezifischen Sondierung (Tabelle 3.2). Zusammengenommen sind beide Sondierungen entscheidend für den interaktiven, interviewimmanenten Erkenntnisfortgang der partizipativen Validierung, den wir als *aktives Verstehen* bezeichnen.

Tabelle 3.2 – Kommunikationsstrategien der spezifischen Sondierung

Spezifische Sondierung	***Überwiegend verständnisgenerierend*** *(aktives Verstehen)* Schwerpunkte: Argumentationen, Klärung von Vorinterpretationen
Zurückspiegelung	
	Zusammenfassen und Paraphrasieren von Aussagen; Einladung zur Korrektur; ‚Testen' von Annahmen und Sondierung ihrer Gültigkeit; kommunikative Validierung von Vorinterpretationen • *„Wenn ich das zusammenfasse: Habe ich Sie richtig verstanden, dass …"* • *„Anhand dessen, was Sie erzählt haben, habe ich den Eindruck, dass …"*
Verständnisfragen	
	Klärung von Mehrdeutigkeiten, unklaren Aussagen und Alltagsselbstverständlichkeiten (Indexikalität) • *„Sie haben erwähnt, dass …., aber ich habe das nicht richtig verstanden. Könnten Sie das noch einmal erklären?"* • *„Der Ablauf ist mir noch nicht ganz klar. Wie war das nochmal?*
Konfrontationen	
	Klärung oder Spezifizierung widersprüchlicher Aussagen; Zusammenfassen und Einladung zur Klärung • *„Zuvor erwähnten Sie, dass …, aber gerade eben scheinen Sie das Gegenteil zu behaupten. Habe ich Sie richtig verstanden, dass …, oder meinten Sie zuvor etwas anderes?"* • *„Vorhin haben Sie den Ablauf etwas anders geschildert. Kann es sein, dass das nicht immer gleich abläuft? Können Sie das erklären?*

Die Strategie der *Zurückspiegelung* ist die sanfteste und zugleich effektivste Art der spezifischen Sondierung. Sie ist an Konzepte zur klientenzentrierten Gesprächspsychotherapie von Carl R. Rogers (2021/1961) angelehnt und besteht darin, Äußerungen zu thematischen Abschnitten oder Detailfragen zu paraphrasieren und damit ein Interpretationsangebot zur Diskussion zu stellen. Die gewählten alltagssprachlichen Formulierungen orientieren sich an denjenigen der Interviewten; schließlich ist das Ziel die Reduktion und nicht die Multiplikation von Missverständnissen. Auch deshalb sollten sich die Forschenden intensiv mit ihrem eigenen Vorwissen auseinandersetzen und im Zuge der Vorbereitung auf die Feldphase die Notwendigkeit der alltagssprachlichen Übersetzung ihrer Gedanken antizipieren. Mit Zurückspiegelungen geben die Interviewenden den Interviewten die Möglichkeit, strukturierte Zusammenfassungen ihrer Aussagen zu kontrollieren und gegebenenfalls zu korrigieren. Die aktive Beteiligung der

Interviewten an der Produktion von Interpretationen und (vorläufigen) Ergebnissen im laufenden Gespräch ist ein zentraler Aspekt des *partizipativen Fremdverstehens* im PZI. Gleichzeitig ist der Austausch darüber für beide Beteiligte hilfreich hinsichtlich der Sortierung von Gedanken und der Strukturierung eines Themas. Den Interviewenden geben die Reaktionen auf alternative Formulierung von Aussagen die Möglichkeit zur besseren Einschätzung ihrer Wahrnehmungen und Interpretationen. Diese Form der kommunikativen Validierung und Bestätigung durch das *Teilen der Interpretationsarbeit* hat zudem positive Effekte für Interviewbeziehung und Gesprächsatmosphäre: sie demonstriert, dass die Interviewten ernst genommen und aktiv dabei unterstützt werden, ihre Problemsicht zu entfalten und zu elaborieren.

Verständnisfragen und die Verwendung von *Konfrontationen* sind zwei weitere Strategien der spezifischen Sondierung und der reflexiven Überwachung von Interpretationen. Sie dienen auch der Sondierung ausweichender, impliziter oder widersprüchlicher Antworten und sollen die Interviewten dazu bringen, ihre Ausführungen und Realitätskonstruktionen zu spezifizieren. Mit *Verständnisfragen* greifen Interviewende für sie unklare Sachverhalte aus dem Interview auf, versuchen Zusammenhänge und Details zu verstehen und ersuchen um Klärung mehrdeutiger Aussagen und der damit verbundenen Alltagsselbstverständlichkeiten der Interviewten, die für die Interviewenden nicht (eindeutig) nachvollziehbar sind.

Konfrontationen mit Widersprüchen in den Ausführungen können weitere Detaillierungen von Sichtweisen der Interviewten auslösen. Sie werden vor allem dann eingesetzt, wenn die Interviewenden im Laufe des Gesprächs schrittweise immer besser mit der Problemsicht der Interviewten vertraut sind. Erst dann sind sie imstande, Vorinterpretationen zu entwickeln und sich zur Klärung auf bestimmte Äußerungen aus der bis dahin vorgenommenen Gesamtdarstellung zu beziehen. Widersprüche können sich zum Beispiel aus Erzählvarianten wiederholt geschilderter Erfahrungen ergeben, oder aus Einschätzungen und Evaluationen von Ereignissen, die zu unterschiedlichen Zeitpunkten im Interview vorgenommen werden.

Verständnisfragen und Konfrontationen befördern Reflexionen und schaffen Gelegenheiten, hinter die Fassade von Alltagsselbstverständlichkeiten zu blicken. Sie können zu Argumentationen anregen und Eigentheorien bezüglich der eigenen Handlungen und Orientierungen sichtbar machen. Diese zwei Formen der spezifischen Sondierung sind kommunikativ am anspruchsvollsten und verdeutlichen den Kern des Anliegens einer problemzentrierten Herangehensweise. In programmatischer Hinsicht wird die positive Kooperationsbeziehung mit den Interviewten dadurch hergestellt, dass Verständnisbereitschaft und Interesse an ihrer Problemsicht seitens der Interviewenden auch thematisch-*inhaltlich* durch problemzentriertes und (gemeinsam) Verständnis generierendes Nachfragen dokumentiert werden. Nachfragen wirken in PZIs also nicht wie Irritationen oder

Blockierungen eines wie auch immer gearteten Erzählflusses. Sie sind nicht vergleichbar mit Provokationen von Rechtfertigungen und stellen auch keine Bedrohung der Arbeitsbeziehung und des Vertrauensverhältnisses zwischen den Beteiligten dar. Thematisch und methodisch zentrierte Nachfragen sind vielmehr *Dokumente des aktiven Interesses* an fremden Sichtweisen. In dialogischen Begegnungen werden sie als Verstehensbemühungen erkannt und schlagen die Brücke zu weiteren Ausführungen und Spezifizierungen. Das besondere problemzentrierte Vorgehen besteht also in der *Kombination* – und nicht interviewphasenspezifischen Trennung – von erzählungs- und verständnisgenerierenden Kommunikationsstrategien. Mit Blick auf das Vorbild der Alltagskommunikation müssen wir uns fragen: Könnte es nicht vielmehr als Ausdruck etwa von Desinteresse, Gleichgültigkeit oder Geringschätzung interpretiert werden, wenn Interviewende Ausführungen über Widersprüchlichkeiten hinweg einfach laufen lassen, ohne zu versuchen, sie mithilfe von (Nach-)Fragen zu klären?

In PZIs wird den Interviewten die Chance gegeben, *Missverständnisse sowie Widersprüche*, die sie im Laufe des Interviews selbst produzieren, auszuräumen. Falls Widersprüche von den Interviewten nicht als Missverständnisse oder Aspekte fehlerhafter Erinnerung aufgelöst werden, können sie auch selbst Teil von *Befunden der Exploration* werden: es könnte sich dabei um gesellschaftliche Widersprüche oder individuelle Ambivalenzen handeln, die auf objektiv bestehende widersprüchliche Herausforderungen verweisen und von den Interviewten selbst nicht gelöst werden können. Exemplarisch dafür ist die Aussage einer jugendlichen Teilnehmerin an der Beispielstudie. Im Rahmen der Exploration ihrer Zukunftsperspektive äußert sie einen für sie unlösbaren Widerspruch in einer lebensrelevanten Entscheidung, der neben der individuellen Perspektive implizit auch zu einen Kommentar über die strukturellen Rahmenbedingungen im Verhältnis von Beruf und Familie gerät:

> „Ich weiß nicht, ob ich heirate oder Kinder hab', oder ob ich vielleicht in der Bank bleibe und arbeite. Weiß ich ja alles nicht. Kann man ja nicht sagen" (Witzel/Kühn 2001, S. 60).

4.5. Zusammenspiel der Kommunikationsweisen im Rahmen des PZI-Gesamtkonzepts – ein Fazit

In methodologischer Hinsicht stellt der Prozess der Klärung von Bedeutung und von Vorinterpretationen durch den Einsatz von Kommunikationsstrategien der spezifischen Sondierung im PZI eine *diskursiv-dialogische Rekonstruktion und kommunikative Validierung von problembezogenem Wissen* dar (Mey 2000). Strategien der allgemeinen Sondierung laden zu selbstläufigen monologisch-narrativen Darstellungen ein, die vorläufige Denk- und Interpretationsmuster erkennen lassen. Daran anschließend provozieren spezifische Nachfragen entweder neue und alternative Deutungsmuster oder die Überarbeitung, Korrektur und Differenzierung der bereits bestehenden. Auf diese Weise wird das *Vorwissen* der Forschenden mit dem *Alltagswissen* der Interviewten im Rahmen des problemzentrierten Kommunikationsprozesses in eine *korrektive Beziehung* gebracht. Der entscheidende Vorteil dieser Vorgehensweise im PZI besteht in der besonderen Art der *In-vivo-Verständnisklärung*: Die Interviewenden nutzen noch im Laufe des Gesprächs die Chance zur Überprüfung und Revision von Vorinterpretationen mit dem Ziel der schrittweisen Konsolidierung von Wissensbeständen entlang der Relevanzsetzungen der Interviewten. Damit wird das PZI als *inszenierte Begegnung methodisch kontrollierten partizipativen Fremdverstehens* zu einem hermeneutischen Unterfangen, bei dem der Kontext von Äußerungen – d. h. das laufende und insofern noch lebendige und reaktionsfähige Gespräch – als Grundlage und Mittel für das Verständnis ihrer Bedeutung genutzt wird (Przyborski/Wohlrab-Sahr 2014, S. 14–17).

Der Wechsel zwischen den Kommunikationsformen folgt im Rahmen der dialogischen Verständnisklärung den Anforderungen der *Dokumentarischen Methode der Interpretation*, deren Prinzipien auch, wie oben beschrieben, im Alltag zur Stiftung von sozial geteiltem Sinnverständnis wirksam ist (Garfinkel 1967). Zur besseren Erfassung von Phänomenen gehen die Interviewenden in zwei Schritten vor. Zunächst verknüpfen sie Einzelaspekte der Ausführungen zum Thema mit vorläufig vorhandenen Mustern der Sinninterpretation, die sie als Vorinterpretationen (deduktiv-sensibilisierend) in das Gespräch einbringen. Dies wird ergänzt um die Offenheit für und (induktive) Suche nach Hinweisen auf neue und alternative Deutungsschemata in weiteren Ausführungen der Interviewten.

In abstrakter Hinsicht besteht die *Gesprächsstrategie* darin, das eigene (Forschungs-)Vorwissen für Fragen zu nutzen, ohne damit die originäre Sichtweise der Interviewten zu überdecken. Praktisch schaffen allgemeine Sondierungen mithilfe erzählungsgenerierender Fragen die thematisch breite Materialgrundlage, auf deren Basis sich im Laufe des Gesprächs Verständnisfragen zur spezifischen Sondierung und Vertiefung formulieren lassen. In der konkreten Interviewpraxis stimulieren und fördern die Interviewenden zunächst also selbstläufige, monologische Ausführungen und Narrationen durch offene Fragen. Damit versuchen sie herauszufinden, ob sich bereits diese Äußerungen zu einem Interpretationsmuster verknüpfen lassen. Zusätzlich, oder falls dieser Schritt unergiebig bleiben sollte, nutzen sie die spezifischen Fragetechniken dazu, neue Muster des Sinnverstehens anzuregen oder vorläufig identifizierte Deutungsschemata durch spätere Detailäußerungen der Interviewten zu korrigieren.

Die zentrale Bedeutung selbstläufiger, erzählungsgenerierender Kommunikationsstrategien ist Ausdruck dafür, dass den Interviewten, metaphorisch gesprochen, das Steuer übergeben wird und sie damit die *Hauptlast der Datenproduktion* tragen. Sie werden von den Interviewenden als *Subjekte* des Interviews etabliert und können (und sollen) ihre Problemsicht und thematischen Schwerpunktsetzungen in eigenen Worten und entsprechend ihren Vorstellungen zur Geltung bringen. Im Unterschied zum narrativen Interview (Schütze 1983) ist jedoch die *Last des Verstehens und Interpretierens* geteilt und wird zumindest zum Teil bereits im Laufe des Gesprächs von beiden Beteiligten übernommen. Außerdem gibt es in PZIs nicht den *einen* narrativen Hauptabschnitt, der im Rahmen von autobiografischen Lebenserzählungen durchaus erwartet werden kann.

Die strikte methodische *Trennung erzählender und dialogischer Passagen* ausgelöst durch Nachfragen, die auf Argumente und Evaluationen abzielen würden, kann aus zwei Gründen *nicht empfohlen* werden. Zum einen werden Erfahrungen und Handlungen in der Regel nicht unabhängig von Bewertungen und Urteilen erinnert und dargestellt. Gerade ihre *Verwobenheit* ist kennzeichnend für Alltagswelt und Alltagswissen und steht im Mittelpunk des Erkenntnisinteresses von problemzentriert Forschenden. Zum anderen erfordert das Verstehen und Nachvollziehen komplexer Ausführungen mehr als nur geduldiges Zuhören. Vor allem wenn Äußerungen vage bleiben und über Andeutungen nicht hinausgehen, bedarf es der direkten und aktiven Auseinandersetzung mit dem Gesagten durch die Interviewenden. Versäumnisse in der Entschlüsselung und Aneignung von Bedeutungsschattierungen können nachträglich nicht kompensiert werden; vor allem dann nicht, wenn Informationslücken in den Transkripten Erkenntnismöglichkeiten einschränken und keine Diskussion mehr möglich ist. Dialogisches, verständnisgenerierendes Nachfragen kann dagegen die nötige Klärung herbeiführen, Sinnunterstellungen und Missverständnisse ausräumen und gleichzeitig die thematische Rekonstruktion durch den Interviewten unterstützen. Suggestivfragen und Bedeutungsunterstellungen sollten dabei vermieden oder vorsichtig verwendet werden, weil sie es schwierig machen können, den Interpretationsbeiträge richtig zuzuordnen.

Auf konzeptioneller Ebene integriert der Ansatz des PZI auf den ersten Blick scheinbar unvereinbare Aspekte:

- Wissensbestände und Fragestellungen der Forschenden werden einerseits zwar genutzt, aber gleichzeitig auch in ihrer beeinflussenden Wirkung eingeklammert zugunsten unvoreingenommener und sich zurücknehmender Kenntnisnahme der Problemsicht der Interviewten;
- aktives Zuhören wird um aktives Verstehen ergänzt;
- narrative und dialogische Kommunikationsformen wechseln sich flexibel ab.

Die Spannungen, die aus den *Gegensätzlichkeiten* von Wissensebenen, Haltungen und Praktiken resultieren, werden jedoch im Rahmen der Interviewinteraktion aufgelöst. Darin zeigt sich das *dialektische Verhältnis* der wissenschaftlich-methodischen Orientierung, welche die Problemzentrierung sowie die bereits im Interview stattfindenden Erkenntnisprozesse optimiert und damit ertragreiche Interviews für eine systematische Auswertung produziert.

Beispielsweise lösen sich die Gegensätze zwischen aktivem Zuhören und aktivem Verstehen und zwischen monologorientierten und dialogischen Kommunikationsstrategien dadurch auf, dass sorgfältige verständnisorientierte Nachfragen meist gar keine irritierende Wirkung haben. Vielmehr kann es erzählungsgenerierend wirken, wenn die Nachfragen in engem Zusammenhang mit der gerade sondierten Thematik stehen und dadurch auch für die Interviewten situativ nachvollziehbar sind. Als *sinnklärende Interventionen* fügen sich Nachfragen dann nahtlos – korrigierend und ergänzend – ein in den sich individuell entfaltenden Prozess der Selbstverständigung und (Re-)Konstruktion der in Frage stehenden Problemzusammenhänge. Den Interviewten – und uns allen – sind Sinnunterstellungen und Lücken in Darstellungen und Argumenten aus der *Routine der Alltagskommunikation* bekannt; ihre Aufklärung für den Fortgang des Gesprächs wird im Allgemeinen als sinnvoll und notwendig erachtet. Wenn die Interviewten genau diese Absicht in verständnisgenerierenden Nachfragen *wiedererkennen*, verstehen sie auch die Ernsthaftigkeit des Bemühens der Forschenden um ihre originäre Sicht sowie um Nachvollziehbarkeit und Verständnis ihrer Handlungen, Erfahrungen, Bewertungen, Meinungen und Perspektiven. Diese Verwandtschaft der PZI-Kommunikation zur Dialoghaftigkeit und Interaktivität von Alltagskommunikation ist das entscheidende Moment für den Aufbau von Vertrauen und einer Arbeitsbeziehung, die Offenheit und Validität von Erzählungen, Beschreibungen, Argumentationen und Evaluationen positiv beeinflusst.

PZI-Kommunikationsstrategien werden weder zufällig ausgewählt noch willkürlich angewendet. Sie sind immer Mittel zum Zweck der Verbesserung des Interviewgesprächs, des Verständnisprozesses und der Datengrundlage. Auf der Basis sensibilisierender Konzepte fördern sie den Wissenszuwachs, indem sie die Rekonstruktionsbemühungen der Interviewten unterstützen und den organisierten und kontrollierten problemzentrierten Prozess der Sinninterpretation ihrer Explikationen ermöglichen (vgl. Kapitel IV). Der *Einsatz der unterschiedlichen Strategien* folgt keinen vorab formulierten, starren methodischen Vorschriften, sondern ist abhängig von der Qualität der Interviewbeziehung, vom Gelingen des Interaktions- bzw. Aushandlungsprozesses der im Interview beteiligten Personen und vom Fortschritt der Klärung von Vorinterpretation. Keinesfalls sind Kommunikationsstrategien reine Antwortgeneratoren, die sich hinwegsetzen über die Erfordernisse der Verständigung der beiden Interviewbeteiligten – über die in Frage stehende Problemstellung oder über die Dynamik einer sozialen Beziehung. Aufgrund der flexiblen und situationsabhängigen Verwendung von Kommunikationsstrategien erfordert ihr gelungener Einsatz Erfahrung. Unerfahrene sollten entsprechend geschult werden und ihre Verwendung vor der Durchführung der eigentlichen Forschungsinterviews ausprobieren.

IV Praxis und Umsetzung des PZI

Die typischen Aspekte der praktischen Umsetzung des PZI lassen sich in sieben Bereiche organisieren, die sich in unterschiedlicher Weise auf den programmatischen Kern des PZI beziehen und die Abschnitte dieses Kapitels bilden (vgl. Abbildung 4.1).

Abbildung 4.1 – Praxis des PZI

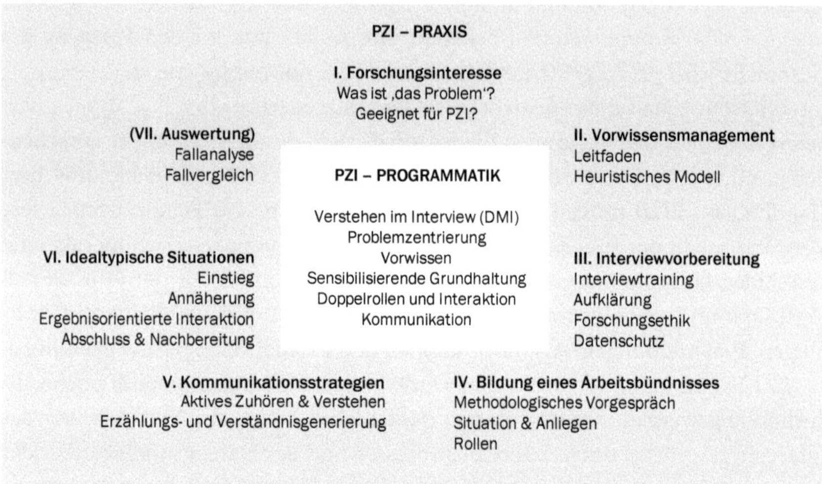

Zur Veranschaulichung orientieren wir uns auch hier an dem Beispielprojekt, auf das wir bereits in Kapitel II im Rahmen der Hinführung an die problemzentrierte Vorgehensweise zurückgegriffen haben. Dabei wurden im Rahmen einer längsschnittlichen Mixed-Methods-Studie in drei Wellen PZIs mit etwa 90 Jugendlichen zu ihrem Übergang in die Berufswelt geführt (vgl. Box 1.1). Die hier verwendeten Transkripte stammen aus Interviews der ersten Erhebungswelle des qualitativen Studienteils, die im Jahr 1989 erhoben wurden.

Dieses *Forschungsprojekt* wurde zur Illustration ausgewählt, weil es vielfältig genug ist, um daran die praktischen Schritte und den Großteil der relevanten Aspekte der Interviewdurchführung verdeutlichen zu können. Anhand dieses Projekts können wir auch zeigen, wie sich die unterschiedlichen Vorwissensbestandteile mithilfe eines Gesprächsfadens und eines heuristischen Modells für die Interviewführung nutzen lassen. Außerdem haben sich die Interviewbeispiele aus diesem Projekt in Lehrveranstaltungen und PZI-Workshops als Anschauungsmaterial bewährt. Ein so umfassendes und komplexes Forschungsprojekt mit mehreren Erhebungszeitpunkten und großzügiger Ressourcenausstattung ist bestimmt nicht vergleichbar mit Studien, die typischerweise von einer Person oder im Zuge von Qualifizierungsarbeiten durchgeführt werden. Dennoch ist vieles übertragbar, denn die skizzierten Einzelschritte sind für jede Art problemzentrierter Forschung relevant. PZIs sind genauso gut für Forschungsprojekte kleineren Umfangs und typische Ein-Personen-Studien wie z. B. Bachelor- oder Masterarbeiten und Dissertationsprojekte geeignet. Ein Beispiel der praktischen Umsetzung des problemzentrierten Ansatzes anhand eines Promotionsprojekts findet sich in Reiter (2013, 2019; vgl. Studie A in Witzel/Reiter 2012).

1. Was ist das Problem? – Forschungsinteresse & Begründung der Methodenwahl

Den Ausgangspunkt problemzentrierter Forschung bildet eine *wissenschaftliche Fragestellung*, die sich auf ein *gesellschaftlich relevantes Problem* bezieht (vgl. Kapitel III/2). Die Orientierung an dem umfassenden Programm problemzentrierter Interviewforschung sollte allerdings erst erfolgen, wenn außerdem folgende Fragen geklärt sind.

- *Ist die subjektive Sichtweise der Interviewten auf die zu erforschenden Problemstellungen von Relevanz für die Forschungsziele?* Das Interesse an der subjektiven Sichtweise der Interviewten bezieht sich auf deren (vermutetes) *Wissen* hinsichtlich des Forschungsproblems. Dieses subjektive Wissen besteht überwiegend aus erfahrungsbasiertem, praktischem und praxisrelevantem Alltagswissen, das Handlungen, Orientierungen sowie Kontextwissen über problemrelevante Handlungsbedingungen (z. B. Ort, Organisation, Gesellschaft etc.) beinhaltet. Expertinnen und Experten verfügen darüber hinaus über Wissensbestände aus ihren jeweiligen Arbeitsbereichen, die der Welt der Forschung nahekommen können.
- *Gibt es Überschneidungen im wissenschaftlichen und lebenspraktischen (im Falle der Anwendung des PZI als Experteninterview z. B. berufspraktischen) Problembezug?* Die untersuchten gesellschaftlich relevanten Problemstellungen müssen die Interviewten *direkt betreffen*, für sie *subjektiv bedeutsam* sein und auf eine Art mit *alltagsweltlichen Erfahrungen* korrespondieren, dass sie darüber *ausführlich* Auskunft geben können. Nur wenn das der Fall ist, wird es auch gelingen, zwischen Interviewenden und Interviewten ein *Arbeitsbündnis* (siehe Abschnitt 4) zu etablieren, das tragfähig genug ist für die Rekonstruktion der Problemsicht der Interviewten auf der Basis eines *gemeinsamen inhaltlichen Interesses* (vgl. Abbildung 4.2). Relevant sind dafür alle unterschiedlichen Vorwissensbestandteile (vgl. Kapitel III/3).

Abbildung 4.2 – Überschneidungen im Problembezug

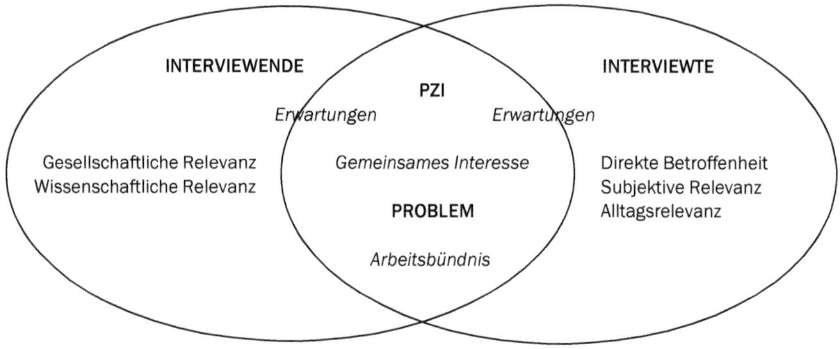

- *Besteht Klarheit darüber, welche Forschungssubjekte für die Beantwortung der Forschungsziele in Betracht kommen?* Die Auswahl der Interviewten richtet sich danach, welches Wissen und welche Perspektiven auf das Problem für die Studie benötigt werden. Welche Sichtweisen sind relevant – z. B. Betroffenheit und individuelles Coping, Fachpraxis, Expertise? Genügen wenige oder einzelne Personen als Datenquellen, wie es theoretisch bei einem/r einzigartigen Experten/Expertin der Fall sein könnte? Falls Interviewte mit – eng auf die Fragestellung bezogen – unterschiedlichen Merkmalen (z. B. Geschlecht, Alter, Beruf) benötigt werden, sollte die Auswahl mithilfe von Stichprobenverfahren und Rekrutierungsstrategien vorgenommen werden. Damit lässt sich die Suche nach Teilnehmenden systematisch gestalten und bei der Auswahl berücksichtigen, ob für die Beantwortung der Forschungsfragen die Untersuchung einer homogen zusammengesetzten Gruppe von Interviewten nötig ist oder Interviewte mit differierenden Merkmalen besser geeignet sind (vgl. Schreier 2020; Kruse 2014, S. 241 ff.; Wolff 2000).
- *Sind sich die Forschenden über das anspruchsvolle Programm problemzentrierter Interviewforschung im Klaren und auch imstande, es umzusetzen?* Die Sammlung von praktischem Alltagswissen, das neben Erfahrungen und Orientierungen auch Kontextwissen über Handlungsbedingungen beinhaltet, mithilfe von Interviews ist grundsätzlich aufwendig. Das ist vor allem dann der Fall, wenn damit die Intention der *vertiefenden Rekonstruktion subjektiven Wissens* verbunden ist; und wenn zur Klärung von Forschungsfragen eine *detaillierte dialogische Verständnisklärung* notwendig wird, wodurch erst die eigentliche Stärke einer qualitativ-methodischen Vorgehensweise ausgespielt wird. Diese Vorüberlegungen zum Aufwand der Datenerhebung wirken sich wiederum auf die Gestaltung der Stichprobe aus und allgemein auf die Frage der Machbarkeit der Studie. Denn ein solcher Prozess benötigt sowohl im Rahmen der Vorbereitung als auch der Durchführung ausreichend Zeitressourcen und ist abhängig davon, dass die geeigneten Teilnehmenden gefunden werden.

Die Ressourcen für Qualifikationsarbeiten von Studierenden sind selbst bei größter Anstrengung nicht vergleichbar mit denen einer voll finanzierten Studie an einer Universität, die von einem zumindest teilweise erfahrenen Team durchgeführt wird. Das Beispiel der hier beschriebenen Studie war Teil eines großzügig ausgestatteten Sonderforschungsbereichs, der über mehrere Jahre lief und die Entwicklung und Verbesserung von konzeptuellen und methodischen Aspekten möglich machte. Manche der in diesem Kapitel diskutierten Arbeitsschritte, wie die Entwicklung und Verwendung des heuristischen ARB-Modells, illustrieren weiterführende Bearbeitungsmöglichkeiten, die Qualifizierungsarbeiten, vor allem in BA- oder MA-Studiengängen, deutlich überfordern würden.

Ausgehend von diesen allgemeinen Fragen wenden wir uns nun konkret der Beispielstudie zu.

Problemdefinition und Design der Beispielstudie

Aus der Sicht der *Forschung* ist der Übergang jugendlicher Fachkräfte in die Berufswelt eine Schnittstelle im Lebenslauf, an der sich das Zusammenwirken unterschiedlicher Institutionen moderner Gesellschaften sowie das Wechselspiel von Handlungen und Strukturen beobachten lassen. Bildungsbiografien münden in Berufsbiografien, Kinder verlassen den privaten Familienkontext und werden zu jugendlichen und (später) erwachsenen Beschäftigten in der öffentlichen Sphäre des Arbeitsmarkts. Individuelle Übergänge verlaufen – so eine der zentralen Thesen des übergeordneten Sonderforschungsbereichs – verstärkt unter der Bedingung der Auflösung eines Normallebenslaufs, der um Standardbeschäftigungsverhältnisse herum organisiert ist. Das bedeutet, dass u. a. lebenslange Vollzeit-Beschäftigungsverhältnisse, die bislang als ‚normal' und erwartbar galten, zusehends an Bedeutung verlieren würden. Vor diesem Hintergrund bezieht sich das Forschungsinteresse u. a. auf die *allgemeine Forschungsfrage*: „Wie gestalten junge Fachkräfte ihre Berufsbiografien im Spannungsfeld individueller Orientierungen und institutioneller Vorgaben, die sich insbesondere aus der Verfasstheit der Institutionen Beruf, Familie und Arbeitsmarkt ergeben?" (Schaeper/Witzel 2001, S. 217).

Die Relevanz einer Forschungsfrage wie dieser kann im Kontext der *Wissenschaft* in theoretischer Hinsicht und auf Grundlage vorhandener Forschung über Studien zu sozialem Wandel begründet werden. Überdies stellt der Übergang in die Berufswelt auch für *Jugendliche* eine unmittelbare Herausforderung dar. Er ist mit vielen Fragen und Ungewissheiten verbunden, die bearbeitet und bewältigt werden müssen. Die Jugendlichen müssen ihre Interessen konsolidieren, sie mit ihren Möglichkeiten abgleichen, Entscheidungen treffen, Gelegenheiten erkennen und nutzen. Sie durchsuchen ihre Erfahrungen nach Hinweisen auf Präferenzen, blicken auf der Suche nach Orientierung auf ihr soziales Umfeld und begeben sich in einen neuen Lebensbereich, in dem Leistungen nach bestimmten Kriterien beurteilt und vergütet werden. In dieser für sie neuen Welt jenseits der Institutionen der Erziehung und Ausbildung sind die Jugendlichen außerdem das erste Mal *persönlich* mit dem Risiko der Arbeitslosigkeit konfrontiert. Es ist ein Aspekt, der charakteristisch ist für moderne kapitalistische Gesellschaften und der mit Nicht-gebraucht-Werden, Versagen, Stigma und Marginalisierung assoziiert wird. Aufgrund der Unausweichlichkeit dieser Übergangssituation und ihrer unmittelbaren biografischen Betroffenheit können die Jugendlichen aus erster Hand Auskunft geben über ihre Sichtweise und eigenen Erfahrungen im Übergang in die Berufswelt.

Das multi-methodische Forschungsprojekt untersucht die sich verändernde Übergangsdynamik mithilfe von *quantitativen und qualitativen Methoden* über mehrere Erhebungswellen hinweg in zwei regionalen Arbeitsmärkten in Deutschland. Analysen der Beschäftigungsstruktur, der Übergangsmuster von der Berufsausbildung in die Beschäftigung und der ersten paar Jahre im Arbeitsmarkt werden verknüpft mit Untersuchungen auf der Ebene von individuellen Erfahrungen und Handlungsstrategien von jungen Erwachsenen einschließlich ihrer Karrierepläne und ihrer erreichten bzw. verfehlten Ziele. Die Kombination dieser Daten erlaubt einerseits etwa die quantifizierende Analyse des Einflusses von Kategorien wie Berufsfeld, Gender, Bildungshintergrund oder Herkunftsregion auf Übergangsmuster. Andererseits können auch individuelle Aspirationen, Zielvorstellungen und Wahrnehmungen struktureller Faktoren damit in Verbindung gebracht werden.

Die *Wahl des PZI* als Verfahren der *qualitativen Datenerhebung* ist im Rahmen dieser Art von Forschung aus mehreren Gründen sinnvoll. Zunächst ist seine explizite *Berücksichtigung von Vorwissensbestandteilen* Voraussetzung für den Brückenschlag zwischen (ersten) Ergebnissen aus deduktiv-quantitativen Forschungsschritten einerseits und qualitativ-interpretativ produzierten Befunden andererseits. Das PZI eignet sich außerdem zur Sammlung biografischer Daten, falls diese neben narrativ-offenen auch *diskursiv-fokussierte Elemente* beinhalten sollen. PZI-basierte Biografieanalyse ist eine direkte, systematische und kontextsensible Form der Erforschung von Lebenserfahrungen. Im Fall der Beispielstudie hat sie den Vorteil, den lebensgeschichtlichen Rekonstruktionen eine Richtung geben und sie immer wieder auf den Übergang von der Berufsausbildung in das Beschäftigungssystem fokussieren zu können. Dieses Anliegen betrifft schließlich auch die Interaktionsdynamik der Datenerhebung. Das Aushandeln gemeinsam geteilter Interpretationen bezüglich der Übergangserfahrungen Jugendlicher und ihrer Problemsicht erfordert eine *dialogische Gesprächsführung*, wie sie für das PZI typisch ist. Nur so lässt sich der Anspruch der detaillierten Verständnisklärung umsetzen.

2. Was weiß ich und wie nutze ich mein Vorwissen im Interview?

Das Vorwissen der Forschenden/Interviewenden hinsichtlich des Problems speist sich aus unterschiedlichen Quellen. Eine *Besonderheit sozialwissenschaftlicher*

Fragestellungen besteht darin, dass sie häufig auch mit der Lebenswelt der Forschenden selbst verflochten sind und daher einen erheblichen *Alltagsanteil* haben. Dabei kann es sich um anekdotisches Wissen handeln, oder um Aspekte von untersuchten gesellschaftlichen Lebensbereichen, die auch Forschende betreffen, oder zumindest Bekannte, die davon berichten. Die Kenntnis von *Kontext* und relevanten Rahmenbedingungen ist genauso wichtig, wie genuines *Forschungswissen*, dessen Abstraktionsgrad und Entstehungszusammenhang sich von anderen Wissensformen unterscheidet. Dazu gehören Statistiken sowie Beschreibungen von Organisationen, die für die Interviewten von praktischer Relevanz sind. Aus der Verknüpfung all dieser Wissensbestandteile ergeben sich die vorläufigen *Konturen des Problems*, die am Anfang des Forschungsvorhabens stehen. Je nach Intensität der Aufarbeitung der verfügbaren Forschungsliteratur zum Thema kann dieser Schritt mit viel Aufwand verbunden sein. Das für die Beispielstudie zentrale sensibilisierende Konzept der Selbstsozialisation sowie eine knappe Zusammenfassung der Vorwissensbestandteile der Beispielstudie finden sich in Box 3.1. bzw. Box 3.2 in Kapitel III.

Das vorab akkumulierte Wissen sollte die Interviewsituation aber nicht belasten, sondern den Forschenden als *gut informierten Reisenden* erste Hinweise für interessante Wege geben (vgl. Kapitel III/4.1.1.). Um die *Gefahr der Überlagerung* der Perspektive der Forschungssubjekte durch eigene Vorstellungen und Relevanzsetzungen zu reduzieren, müssen Forschende ihr Vorwissen in den Bereichen Alltag, Kontext und Forschung *offenlegen*, *reflektieren* und selbstkritisch im Sinne einer *sensibilisierenden Grundhaltung* einsetzten (vgl. Abbildung 3.4). Nur durch die Verwendung *sensibilisierender Konzepte* können sie dem Prinzip der *Offenheit* qualitativ-interpretativer Forschung trotz und mit der expliziten Vorwissensorientierung des problemzentrierten Ansatzes gerecht werden. Forschungsprojekte sehen zumeist eine Phase der Aufarbeitung und Konsolidierung relevanter Vorwissensbestandteile vor. Kapitel III enthält Beispiele für sensibilisierende Konzepte und Rahmen. Im Folgenden illustrieren wir an unserem Beispielprojekt, wie Vorwissen forschungspraktisch seinen Weg ins Interview findet.

2.1. Aus dem Werkzeugkasten der Interviewstrukturierung – Gesprächsfaden & ARB-Modell

Wie lässt sich die skizzierte Wissensgrundlage so aufbereiten, dass sie den Interviewenden im Sinne eines Strukturierungsbehelfs für das *gesamte* Interview zur Verfügung steht? Der Komplexitätsgrad der Beispielstudie legt die Verwendung von *vorwissensbasierten Erkenntnis- und Strukturierungswerkzeugen* nahe. Gesprächsfäden und heuristische Modelle sind zwei Alternativen der Organisation von Vorwissensbestandteilen in PZIs, die auch bei kleineren Studien hilfreich sein können. Im Folgenden illustrieren wir die praktische Bedeutung und

Vorbereitung dieser beiden Wissensspeicher *gut informierter Interviewender* anhand von *Beispiel B*, das in Kapitel II ausführlich vorgestellt wurde.

Die *Herausforderung* besteht darin, Vorwissensbestandteile im Verlauf des Interviews so präsent zu halten, dass sie für das Nachvollziehen von Aussagen, für *Vorinterpretationen* und für die Formulierung von (Nach-)Fragen genutzt werden können. Ausgehend von der Konkretisierung der Forschungsfragen wurde die Strukturierung des Interviews in unserem Beispiel von zwei Werkzeugen unterstützt: von einem Gesprächsfaden (2.1.1.) sowie in weiterer Folge von einem, aus ersten Ergebnissen entwickelten heuristischen Modell wichtiger Zusammenhänge (2.1.2.).

Auch in Interviewbeispiel B bilden die unterschiedlichen Vorwissensbestandteile die Voraussetzung, theoriegenerierend und möglichst effektiv (nach-)fragen zu können und zugleich die Sichtweise der Interviewten nicht einzuengen. Den Kern des forschungsbasierten Vorwissens der Beispielstudie bildet ein einfaches *Konzept individueller Handlungen in Strukturen* (Wahler/Witzel 1985). Die Interviewten werden demnach als Akteurinnen und Akteure betrachtet, die ihre individuellen beruflichen und privaten Pläne, Selbstkonzepte und Handlungsentscheidungen im Rahmen sozialer Kontextbedingungen entwickeln. Gleichzeitig tragen sie die Konsequenzen für ihre beruflichen Optionen und Selektionsfolgen wie etwa berufliche Umwege oder Misserfolge. Es geht also darum, „*wie* sich die Individuen mit ihren Erfahrungen, Ansprüchen und Ressourcen auf die ungleich verteilten Optionen und Handlungsspielräume im Lebensverlauf beziehen" (Heinz 2000, S. 166, Hervorhebung im Original). Da die Forschungsfragen genau auf die praktisch relevanten Probleme der Handelnden zentriert sind, werden diese quasi als *Alltagsexpertinnen und -experten ihrer Biografie* betrachtet, die in den Interviews Auskunft über ihre Erfahrungen, Handlungen und Orientierungen geben können.

Vor diesem Hintergrund basieren die folgenden *weiterführenden Forschungsfragen* der Studie auf dem aktuellen *Wissensstand der Forschung* zur Gestaltung und subjektiven Bewältigung von Statusübergängen junger Erwachsener in den Beruf. Konkret werden dabei Erfahrungen, Ansprüche, Leitmotive, Pläne und Chanceneinschätzungen untersucht sowie Umgangsweisen mit Erfolg und Misserfolg an der Schnittstelle zwischen Handlung und Struktur.

- Wie beziehen Jugendliche ihre Sicht- und Handlungsweisen auf die Chancen und Risiken, die sich aus den strukturellen und regional unterschiedlichen Bedingungen des Ausbildungsstellen- und Arbeitsmarkts ergeben? Wie wirkt sich das aus auf das Durchlaufen der Statuspassagen von der Schule in die Ausbildung, in den Beruf und im weiteren Berufsverlauf?
- Wie setzen sich Absolvierende verschiedener Berufsausbildungen mit den institutionellen Erwartungen und Angeboten der Arbeitsagentur und der Betriebe auseinander?

- Wie schätzen die Jugendlichen die Bedingungen des Arbeitsmarktes ein, gerade auch dann, wenn ihre Vorstellungen oder ihr Wissen darüber nur in allgemeinen sozialen Erwartungen, vagen Informationen und selektiven Erfahrungen bestehen?

Zusätzliche Wissensbestandteile, die bezogen auf das Konzept von Handlungen in Strukturen erarbeitet werden, betreffen das *Kontextwissen* hinsichtlich des Möglichkeitsraums des Handelns über den gesamten Übergangsprozess in den Beruf hinweg. Es besteht etwa aus:

- einer Übersicht zur Struktur der an der dualen Ausbildung beteiligten Institutionen,
- Informationen über Institutionen an der Schnittstelle zwischen Schule und den ersten Berufsjahren,
- der Kenntnis der unterschiedlichen Wege der Einmündung in den Beruf, in schulische Auffangmöglichkeiten, in die Bundeswehr oder in die Arbeitslosigkeit,
- Statistiken über den regionalen Ausbildungs- und Stellenmarkt für die einzelnen Berufe der Interviewten,
- Informationen und Statistiken über vorhandene Möglichkeiten der beruflichen Karrierewege und Qualifikationsansprüche von Berufsschulen und Betrieben,
- Informationen zu betrieblichen Fortbildungsmöglichkeiten,
- ergänzenden Informationen auf der Grundlage von Expertengesprächen mit Fachleuten.

Vorwissensbestandteile wie diese ermöglichen es den Interviewenden, die Aussagen der Interviewten insgesamt besser einordnen und den Details auch ohne Nachfragen folgen zu können. Um Vorwissen im Rahmen des PZI praktisch handhabbar zu machen, wird es vor allem in Form von Gesprächsfäden und bei stärker konzeptuell-analytisch orientierten Studien auch in Form von heuristischen Modellen aufbereitet. Beides veranschaulichen wir im Folgenden anhand der Beispielstudie.

2.1.1. Gesprächsfaden – ein Wegweiser für Interviewende

Die Untersuchung bezieht sich auf einen längeren Lebensabschnitt Jugendlicher. Er ist geprägt von vielschichtigen strukturellen Rahmenbedingungen und beinhaltet vorberufliche und berufliche Stationen, die umfangreiches und spezialisiertes Kontextwissen erfordern. Außerdem stellt das im Zeitverlauf komplizierte Zusammenspiel berufsbiografischen Handelns und biografischer Orientierungen eine Herausforderung für die *Gestaltung* des Interviews dar. Den relevanten

Wissensbestand können sich die Mitglieder des Forschungsteams bzw. die Interviewenden zwar erarbeiten. Sie brauchen aber handhabbare Werkzeuge, um *während des Interviews* angemessen auf thematische Aspekte zurückgreifen und sie methodisch planvoll bearbeiten zu können. Diese Funktion erfüllt der *Gesprächsfaden* in systematischer und kondensierter Weise. Der Gesprächsfaden, der für die erste Erhebungswelle der Beispielstudie verwendet wurde, befindet sich im Anhang.

Im Sinne der sensibilisierenden Grundhaltung schlägt auch der Gesprächsfaden nur die *Richtung von Fragen* vor und unterstützt die Doppelrolle der Interviewenden als Fachkundige und Lernende (siehe Kapitel III/3.2 & 4.1). Zur Erinnerung: Das im Gesprächsfaden stichwortartig festgehaltene Vorwissen dient der Überbrückung wissenschaftlich-thematischer Ideen und Vorannahmen in die subjektive Lebenswelt der Interviewten. Im Zuge des Interviews bleiben die Details dieser Wissensbestandteile im Hinterkopf der Interviewenden. Im Laufe des Gesprächs relativieren sich die Vorwissensbestandteile am Erfahrungshintergrund sowie an den Ausdrucksweisen und Rekonstruktionsleistungen von Handlungen und Orientierungen der Interviewten. Zur leichteren Übersetzung von Interessen und Ideen aus der Welt der Forschung in die Interviewsituation empfehlen wir, bereits im Gesprächsfaden ausschließlich *alltagssprachliche Begriffe* zu verwenden. Der Aufbau des Gesprächsfadens richtet sich nach der thematischen und zeitlichen Struktur des Forschungsinteresses bzw. des untersuchten Themas oder Phänomens. Für die längsschnittliche Beispielstudie wurden unterschiedliche Gesprächsfäden für jede der drei Wellen vorbereitet. Das war nötig, weil sich jede Welle auf unterschiedliche Lebensabschnitte und damit auch auf unterschiedliche institutionelle Konstellationen bezog.

In der Interviewsituation unterstützt der Gesprächsfaden die Interviewenden in zweierlei Hinsicht: (a) als eine Art Netz und doppelter Boden in Form eines „*Merkzettels*" oder einer thematischen „*Gedächtnisstütze*"; und (b) als Speicher der methodischen Programmatik zur *Gestaltung des Gesamtinterviews*.

a) Gesprächsfaden als thematische Gedächtnisstütze

Der Gesprächsfaden hat zunächst die Funktion einer *Mindmap* für das Interview: er beinhaltet Stichworte zu erarbeiteten Vorwissensbestandteilen im Sinne struktureller *Voraussetzungen individuellen Handelns*, die bei Prozessstudien wie dieser in ihrer zeitlich logischen Reihenfolge organisiert sind. Damit erleichtert er es den Interviewenden, auch über ein z. B. zweistündiges Interview hinweg thematisch ‚im Bilde zu bleiben'. In der Beispielstudie liefert etwa die Struktur des Ausbildungssystems in Deutschland die Basis dafür, die möglichen berufsbiografischen Wege der Jugendlichen im Gesprächsfaden vorwegzunehmen. Die Interviewenden bearbeiten die inhaltlichen Aspekte anhand der einzelnen beruflichen und vorberuflichen *Stationen* (Schule, Praktikum, duale Ausbildung, Fachhochschule etc.) und gewährleisten damit die Vollständigkeit des jeweiligen Interviews. Die Stationen fungieren als institutionelle Landmarken für den gesamten berufsbiografischen Verlauf. Sie decken das Zeitfenster von der Vorgeschichte erster beruflicher Überlegungen bis hin zur Einmündung in den Arbeitsmarkt nach Abschluss der Berufsausbildung ab. Im Gesprächsfaden ist dieses institutionell vorgegebene ‚Hauptwegenetz' in Form von stichpunktartigen Formulierungen und teilweise auch Fragen enthalten, die für einzelne Wegmarken *relevante Themen*, adressieren.

Die folgenden *Hauptkategorien* des Gesprächsfadens für die erste Welle strukturieren das Interview inhaltlich:

1. Einstiegsfrage
2. Vorberufliche Situation
   - 2.1 Berufswahl
   - 2.2 Lehrstellensuche
3. Ausbildung
   - 3.1 Übergangssituation (1. Schwelle)
   - 3.2 Bei Übernahme in den Ausbildungsbetrieb
   - 3.3 Bei Nichtübernahme in den Ausbildungsbetrieb
   - 3.4 Bei Übergangsmaßnahmen/schulischer Ausbildung
   - 3.5 Arbeitslosigkeit
   - 3.6 Bundeswehr/Zivildienst
   - 3.7 Arbeit in einem anderen als dem Ausbildungsbetrieb
4. Arbeitsplatz
5. Zukunftsperspektiven
6. Rückblick

Die Punkte 2 bis 4 der Hauptkategorien beziehen sich auf die zum Zeitpunkt des ersten Interviews bereits absolvierten berufsbiografischen Schritte Die Reihenfolge dieser Schritte entspricht der Logik des dualen Ausbildungssystems. Sie wurden in den Gesprächsfaden aufgenommen, weil sie für die untersuchten Absolventinnen und Absolventen der dualen Berufsausbildung auf jeden Fall relevant sind, wenn auch vielleicht mit individuell z. T. unterschiedlicher Ausprägung. Aufgrund der Bedeutung von Berufswahlprozessen in der ersten Welle sind die Punkte 2 und 3 weiter ausdifferenziert. Die Frage nach den Zukunftsperspektiven (Punkt 5) sollte ausloten, welche Erwartungen die Jugendlichen an ihre aktuelle Situation knüpfen (z. B. Familiengründung, Wechsel des Arbeitgebers, Studium etc.). Mit dem Rückblick (Punkt 6) wurde explizit eine Bilanzierung angeregt, die zur Verständnisklärung beitragen und Widersprüche sichtbar machen sollte.

Die Hauptkategorien des Gesprächsfadens könnte man auch wie in der Abbildung 4.3 aufgezeigt darstellen, um die Dynamik der Zusammenhänge besser abzubilden.

Abbildung 4.3 – Hauptkategorien des Gesprächsfadens

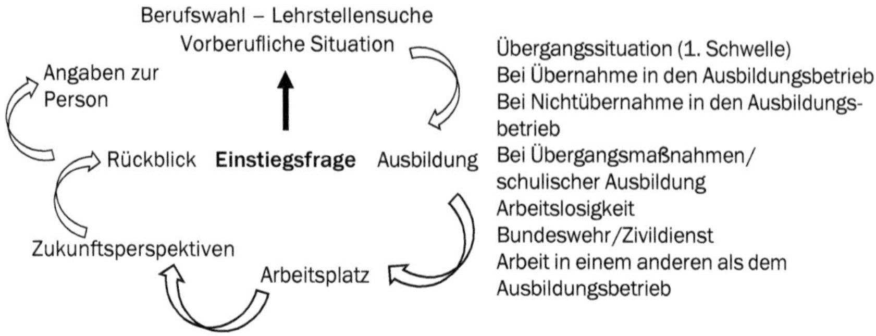

In Beispielinterview B (vgl. Kapitel II) verweisen die Punkte 2 und 3 etwa auf die einzelnen Stationen des beruflichen Übergangsprozesses; sie sind in Box 4.1 zusammengefasst. Die *Unterkategorien* des Gesprächsfadens erfassen die aus den Forschungsfragen – d. h. aus wissenschaftlichen Vorüberlegungen und Problemstellungen – abgeleiteten Fragestellungen zu individuellen berufsbiografischen *Erfahrungen, Handlungen und Orientierungen.* Im konkreten Interview werden diese Einzelaspekte stichpunktartig (z. B. *„Beurteilung der Ausbildung"*) oder als Frage (z. B. *„Wollten Sie übernommen werden?"*) formuliert; sie bilden die Bandbreite möglicher Gesprächsthemen ab.

Box 4.1 – Beispielhafte thematische Inhalte des Gesprächsfadens (Beispiel B):

(2) Vorberufliche Situation – 2.1. Berufswahl; 2.2. Lehrstellensuche
Für das Verständnis der vorberuflichen Situation ist das strukturelle Wissen über das angesprochene Betriebspraktikum, die Berufsberatung und die aktuelle Situation des Ausbildungsstellenmarktes bezogen auf Schulabschluss, Beruf, Region und Geschlecht bedeutsam.

(3) Ausbildung – 3.1 Übergangssituation (1. Schwelle); 3.2. Bei Übernahme in den Ausbildungsbetrieb; 3.3 Bei Nichtübernahme in den Ausbildungsbetrieb; 3.4 Bei Übergangsmaßnahmen/schulischer Ausbildung; 3.5 Arbeitslosigkeit; 3.6 Bundeswehr/Zivildienst; 3.7 Arbeit in einem anderen als dem Ausbildungsbetrieb
Um die Ausbildungssituation nachvollziehen zu können, ist Wissen über die Anforderungsstrukturen der Betriebe und die Lernbedingungen der Berufsschulen erforderlich. Diese Unterkategorien sind hier der Hauptkategorie *(3) Ausbildung* zugeordnet, weil die Entscheidungen über die verschiedenen beruflichen Wege zeitlich bereits in die Ausbildungsphase fallen. Zentrale Aspekte des Wissens beziehen sich dabei auf die arbeitsmarktabhängigen Rekrutierungs- und Selektionsstrategien von Betrieben. Die zusätzliche Unterkategorie *3.4 Bei Übergangsmaßnahmen/schulischer Ausbildung* macht es erforderlich, Informationen über institutionelle Angebote für diejenigen jungen Erwachsenen zu sammeln, deren Übergang in den Arbeitsmarkt nicht stattgefunden hat.

Einige allgemeine Einzelfragen innerhalb dieser Kategorien des Gesprächsfadens beziehen sich auf detaillierte Informationen zu Betrieben, die vorab nicht verfügbar sind und sich nur direkt im Gespräch über die Interviewten erfahren lassen: z. B. *Betrieb, Anzahl der Azubis, Vorgesetzte*. Biografische Stationen, die für einzelne Personen nicht relevant sind, werden in der thematischen Behandlung übersprungen.

Während des Interviews nutzen die Interviewenden den Gesprächsfaden als direkt einsehbare *Informationsquelle*. Ähnlich einem übersichtlichen Spickzettel vermittelt er ihnen zunächst ein *Gefühl von Sicherheit*: sie können jederzeit einen Blick hineinwerfen, ohne den Gesprächsfluss der Interviewten unterbrechen zu müssen. Je geübter sie als Interviewende sind, desto leichter wird es ihnen fallen, den Gesprächsfaden möglichst unauffällig etwa für folgende Zwecke der *Interviewstrukturierung* zu verwenden:

- *Identifizieren von Anknüpfungspunkten:* aufgrund der Fülle und Unübersichtlichkeit präsentierter Inhalte, oder auch aufgrund von Konzentrationsverlust (z. B. bei langen Interviews) und Ablenkungen (z. B. durch Klingeln an der Tür) kann es vorkommen, dass Interviewende inhaltlich den *Überblick verlieren*. Zudem können Besonderheiten der Situation, der interviewten Person oder der Gesprächsdynamik zu *Überforderung* führen. Das kann vor allem bei ungeübten Interviewenden mit großer Verunsicherung verbunden sein. Unserer Erfahrung nach gehören solche Situationen zur Normalität qualitativer Interviewforschung und bedeuten nicht gleich, dass das Interview unbrauchbar ist oder gar schlecht geführt wurde. Ein Gesprächsfaden kann jedenfalls dazu beitragen, das Interview wieder auf Spur zu bringen.
- *In Gang bringen eines stockenden Gesprächs:* bei wenig eloquenten oder sehr zurückhaltenden Personen, kann der Gesprächsfaden Ideen für Anschlussfragen liefern.
- *Abgleichen von Inhalten*: Interviewende, die den Eindruck haben, die Rekonstruktion eines bestimmten Themenbereichs im Wesentlichen abgeschlossen zu haben, sich aber bezüglich der *Vollständigkeit* einzelner Aspekte versichern wollen, können den Gesprächsfaden zum kontrollierenden Abgleich nutzen.
- *Gesamtüberblick:* Am Ende des Interviews können sich Interviewende anhand des Gesprächsfadens und ihrer *Notizen* einen Überblick verschaffen über *alle im Interview erörterten thematischen Aspekte*. Im Rahmen der Beispielstudie prüfen sie etwa, ob in ihrem Verständnis berufsbiografischer Etappen noch Details fehlen könnten, oder möglicherweise noch Unklarheiten ausgeräumt und ‚Rätsel' gelöst werden müssen. Im Idealfall haben sie vor dem Hintergrund des Gesprächsfadens abschließend das befriedigende Gefühl, das Interview im Ergebnis als ‚runde Sache' sehen zu können und, zum Beispiel, einen zentralen Ausschnitt der Lebenswelt und Berufserfahrung der Interviewten überblicken und verstehen zu können.

Vereinzelt enthält der Gesprächsfaden *Beispielfragen*, die der Situation angepasst und alltagssprachlich ausformuliert werden können. Beispielfragen sind hilfreich, um das Interview in Gang zu bringen oder bestimmte Themenbereiche anzusprechen. Bei emotional besonders schwierigen Themen (z. B. Missbrauchserfahrungen, Verlust, Trauer etc.) kann es auch aus forschungsethischen Gründen angezeigt sein, einzelne Fragen tatsächlich vorzuformulieren und entsprechend zu verwenden. Das ebenso effektive Wechseln zwischen Kommunikationsstrategien beschreiben wir weiter unten.

b) Gesprächsfaden als programmatische Richtschnur zur Interviewgestaltung
Im Rahmen der zweiten Funktion des Gesprächsfadens richtet sich der methodische Blick der Interviewenden auf die konkrete individuelle Ausgestaltung des thematischen Möglichkeitsraums durch das in ihm *realisierte Handeln* der Interviewten. Damit soll gewährleistet sein, dass die Rekonstruktion dieses Handelns in der originären Perspektive der Interviewten im Sinne einer *Erfahrungsbeschreibung* des Umgangs mit den vorausgesetzten Strukturen erfolgt. Der im Gesprächsfaden komprimiert skizzierte Möglichkeitsraum ist also als thematische Rahmung für die Interviewenden, nicht aber als Strukturvorgabe für das Gespräch vorgesehen. Da eine weitgehende Eigengestaltung der Darstellung durch die Interviewenden angeregt werden soll, besteht der Zweck von Formulierungshilfen des Gesprächsfadens zu Beginn des Interviews sowie am Ende von Themenblöcken darin, das Gespräch methodisch zu öffnen und die Interviewten zur Ausgestaltung des Themas entlang ihrer eigenen Prioritäten anzuregen.

Im Sinne der *methodischen Programmatik* des Interviews (siehe Kapitel III) lässt sich das für den Beginn eines Interviews anhand des Formulierungs*vorschlags* für die *Einstiegsfrage* verdeutlichen:

> *„Sie haben ja (einen bestimmten Beruf) gelernt. Wie ist es denn eigentlich dazu gekommen?"*

Die Einstiegsfrage ist methodisch wegweisend für die Subjektorientierung des gesamten Interviews. Sie bildet den *interviewtechnischen Startpunkt* für eine aktive, offene und flexible Gestaltung des Interviews; sie ist der Ausgangspunkt für die individuelle Entfaltung der subjektiven Sicht der Interviewten auf die gesamte Forschungsthematik. Die Einstiegsfrage eröffnet einen Darstellungsraum und setzt einen Kommunikationsprozess in Gang, der in Ablauf und Inhalt wenig vorhersehbar ist. Weder gibt es Vorschriften für eine wohldefinierte, schematische Abfolge von weiteren Fragen noch den einen Weg zur Realisierung eines produktiven Gesprächs. Wie wir in Kapitel II/3 anhand von Beispiel B illustrieren, zeigt bereits der Umgang des Interviewers mit der Eingangserzählung, dass es für die Fortsetzung des Interviews verschiedene Möglichkeiten gibt, die Aussagen des Interviewten aufzugreifen und in weiterführende Fragen umzuwandeln. Das liegt daran, dass der Fortgang des Interviews der *Logik des Erkenntnisfortschritts* bezüglich der in Frage stehenden Thematik folgt. Der weitere Verlauf ist zudem abhängig von den *situativen Bedingungen des Kommunikationsprozesses* sowie den *inhaltlichen Angeboten der Interviewten*. Der Gesprächsfaden bildet den programmatischen Rahmen für den Prozess der Abstimmung dieser Faktoren. Auf seiner Grundlage fragen sich Interviewende im Laufe des Interviews etwa ständig:

- *„Was habe ich bereits erfahren, was fehlt noch?"*
- *„Worüber redet er/sie freizügig, und was kann ich nur mithilfe von Fragen herausfinden?"*
- *„Ergeben sich spontane Gelegenheiten für Nachfragen, kann ich einhaken, oder notiere ich mir die Nachfrage und stelle sie später?"*

Die Verwendung eines Gesprächsfadens entspricht dem üblichen Vorgehen bei der Durchführung von PZIs. In Forschungsprojekten, die über einen längeren Zeitraum laufen, können erste Forschungsergebnisse zur Entwicklung von Hilfsmitteln führen, die Gesprächsführung und Informationsverarbeitung unterstützen können und dann zusätzlich zum Gesprächsfaden eingesetzt werden. Im Folgenden stellen wir ein solches Hilfsmittel dar, das im Rahmen der Beispielstudie zur Organisation personenbezogener biografischer Informationen zum Einsatz kam. Ähnliche Modelle lassen sich für andere mehr oder weniger komplexe inhaltliche Zusammenhänge entwickeln.

2.1.2. Heuristisches Schema zum Sortieren und Erinnern von Aussagen – Beispiel: ARB-Modell

Das sog. ARB-Modell wurde im Verlauf des Forschungsprojekts als spezielles Werkzeug der Untersuchung zeitlicher Abläufe und Zusammenhänge in Lebensläufen entwickelt (Witzel 2001). Es diente dazu, die Interviewenden angesichts der zum Teil unerwartet komplexen Schrittfolgen und Details des berufsbiografischen Übergangsprozesses, wie er sich gerade in einer Längsschnittstudie nachzeichnen lässt, in der Anwendung des Gesprächsfadens zu unterstützen. Damit war die Idee verbunden, den Nachvollzug der individuellen ‚Geschichte' in all seinen Facetten zu strukturieren und damit zu erleichtern.

Die Grundidee des ARB-Schemas besteht darin, eine Art Sortiermechanismus zu konstruieren und zur Organisation berufsbiografischer Optionen und institutionell definierter *Stationen* Jugendlicher im Laufe ihrer Einmündung in den Beruf zu nutzen, um sie so in eine *zeitlich lineare Aneinanderreihung* zu bringen. Im Fall von Patrick M. ist die individuelle Entwicklung beruflicher

Optionen etwa gekennzeichnet durch das Schulpraktikum, das Berufsausbildungsjahr und die duale Berufsausbildung. Den jeweiligen Stationen werden außerdem *Handlungen, Orientierungen und Bewertungen* zugeordnet, die Jugendliche auf sie richten bzw. mit ihnen verbinden. Sie werden als *Aspiration (A), Realisation (R)* und *Bilanzierung (B)* bezeichnet und reflektieren die ebenfalls zeitlich strukturierte, handlungsorientierte Binnenstruktur ARB der jeweiligen Station (vgl. Box 4.2).

Box 4.2 – Aspiration, Realisation, Bilanzierung

Aspirationen bilden die Handlungsbegründungen ab, aus denen sich berufsbezogene Interessen, Motive, Ziele, Handlungsentwürfe, Ansprüche und Planungen entnehmen lassen. Die alltagsbasierte Bedeutung dieser Kategorie entspricht dem Begriff der Absicht, mit dem die Theorielastigkeit von Vorannahmen und -urteilen vermieden werden kann. Zum Beispiel: im Interview erwähnt eine Jugendliche, dass sie nach ihrer Berufsausbildung einen bestimmten ersten Job als berufliche Option in Betracht zieht, ohne jedoch bereits die einzelnen Schritte zur Verwirklichung dieser Option zu antizipieren. Die möglichen Beweggründe für die Erwähnung dieser Option verweisen auf zugrundeliegende und zunächst nicht spezifizierte Aspirationen im Sinne individueller Rechtfertigungen für Handlungsziele (z. B. Interessen, Erwartungen, Hoffnungen). Die Kategorie der Aspiration lässt offen, ob mit Erwartungen bereits Ansprüche und bewusste Berufspläne und Entscheidungen einhergehen. Das herauszufinden und diesen Aspekt empirisch begründet auszuarbeiten, ist Aufgabe der Analyse des Gesprächs.

Der Kategorie der *Realisation* werden Aussagen über konkrete Handlungsschritte zur Umsetzung von Aspirationen bezüglich einzelner Berufsstationen zugeordnet. Dabei geht es also um Realisierungen beruflicher Optionen in der Auseinandersetzung mit den, im Verlauf der Berufsfindung beteiligten Institutionen und deren Erwartungen. Konkret zählen dazu etwa Erfahrungen am Arbeitsmarkt, Rekrutierungsstrategien von Betrieben, oder die Bedeutung von individuellen Ressourcen wie Bildungshintergrund und soziale Netzwerke. Um theoretische Vor- und Eingriffe zu vermeiden, wird offengehalten, ob etwa Entscheidungen mehr oder weniger rational getroffen, oder ob eher Gelegenheiten ergriffen werden.

Bilanzierungen beinhalten individuelle Beschreibungen und Bewertungen von Entscheidungs- und Handlungsfolgen, Erfahrungen in Bezug auf biografische Stationen und darauf basierende individuelle Perspektiven. Bilanzierungen verleihen abgeschlossenen Handlungen Bedeutung. Bedeutungen sind wiederum standortabhängig und können sich im Laufe der Zeit und über die Erhebungswellen hinweg verändern. Diese Veränderungen lassen sich anhand von Einschätzungen der Konsequenzen beruflicher Entscheidungen für die eigene Biografie herausarbeiten.

Entsprechend der Aufeinanderfolge der *berufsbezogenen Stationen* lassen sich nunmehr Handlungsketten für Entwicklungsprozesse rekonstruieren. Im Beispiel von Patrick M. ist diese Kette vergleichsweise kurz, weil wir uns bei ihm auf einen in der ersten Erhebungswelle der Studie noch relativ begrenzten Biografieabschnitt beziehen: ARB(1) – ARB(2) – ARB(3) (siehe Tabelle 4.1). Wie bei allen Hilfsmitteln zur Erleichterung von Erkenntnisschritten stellt sich auch in diesem Fall die Frage, ob sich der Aufwand lohnt. Worin besteht der Nutzen dieser geradezu bürokratisch wirkenden Schematisierung von lebendigen Äußerungen bezogen auf die berufsbezogene Lebenswelt der Interviewten?

Die lange Antwort auf dieser Frage erschließt sich aus der nachfolgenden Darstellung eines Beispiels. Die kurze Antwort vorab lautet: Das ARB-Modell dient als Raster und rein *gedankliche Hilfe* zur Sortierung der berufsbiografischen Informationen und fungiert als eine Art Hintergrundfolie der Interviewenden, die laufende Rekonstruktionen der Interviewten überhaupt nicht berührt. Die Verwendung des Modells durch die Interviewenden unterstützt das *Memorieren* der schrittweise rekonstruierten Handlungen und Orientierungen bezogen auf die unterschiedlichen, aufeinander folgenden berufsrelevanten Stationen, über die jeweils sowohl retrospektiv als auch prospektiv berichtet wird. Das ARB-Modell erleichtert es den Interviewenden im Rahmen eines ein- bis zweistündigen Interviews: der Komplexität der Thematik angemessen zu begegnen; den Wendungen, Schleifen, Präzisierungen, Korrekturen und Wiederholungen in individuellen Handlungsabläufen zu folgen; und dadurch schließlich für Frageideen thematisch auf dem Laufenden zu bleiben. Das Raster funktioniert wie ein offenes Kategoriensystem, das die Interviewenden dazu nutzen, um Details zu den oft vielschichtigen und unsortierten biografischen Schrittfolgen zu ordnen und mögliche Lücken in der Darstellung zu identifizieren. Auch fällt es damit leichter Erfahrungen der Interviewten in unterschiedlichen Stationen zu vergleichen. Dieser Vergleich mithilfe des ARB-Schemas ist geradezu ein *Ideengenerator* für notwendige Detaillierungen und vertiefende Nachfragen, die letztlich dem Gesamtrahmen der Erzählungen und des Dialogs eine Gestalt verleihen und das thematische Gesamtbild abrunden.

Das Modell lässt sich bezogen auf ein komplettes Interview kaum sinnvoll darstellen. Daher illustrieren wir seine Anwendung vereinfachend anhand einer kurzen Eingangserzählung, die ja selbst schon einen knappen thematischen Bogen über den Gesamtzusammenhang eines Interviews spannt. Dazu verwenden wir die in Kapitel II/3 diskutierte, thematisch und zeitlich strukturierte erste narrative Sequenz (B2) von Beispiel B.

Patrick M.: *Also in der Schulzeit, da hab' ich immer schon gedacht, irgendwie 'nen handwerklichen Beruf zu machen. Dann war ich schon als Tischler, hab' ich's versucht, auf jeden Fall Praktikum gemacht. Das gefiel mir nicht so recht, hab' ich gedacht, mal was mit Stahl oder so was, wollt' ich machen und da hab' ich mich dann erstmal nach der Schule wollt' ich so 'n BGJ* [Berufsgrundbildungsjahr] *machen, Metallbau, hatte auch schon 'ne Stelle da. Sagte mein Vater, bei der F448* [Kennziffer für einen anonymisierten Betrieb] *würden noch welche gesucht, so Metallberufe. Da hab' ich mich beworben, bin auch, hatte drei Bewerbungen bei der F448, haben sie so ausgelost, wo ich hinkam, so was am dichtesten dran war. Dann konnte ich da sofort anfangen. Ich hatte noch im Test eben alles gemacht, ruckzuck rangekommen eigentlich.*

Der Handlungsverlauf reicht von ersten berufsbezogenen Überlegungen bis hin zur Realisation einer dualen Ausbildungsstelle im Bereich Metallberufe. Die Eigenstruktur des präsentierten Erfahrungsbogens besteht aus einer Abfolge von *vorberuflichen Stationen*, die Patrick M. bislang durchlaufen hat: Schule – Schulpraktikum als Tischler – Lehre *„was mit Stahl"* – Berufsbildungsjahr (BGJ) – duale Ausbildungsstelle *„Metall"*. Diese Aneinanderreihung von Stationen entspricht typischen *Sequenzen im Lebenslauf*. Sie ist das Resultat der ebenso zeitlich strukturierten Auseinandersetzung eines biografischen Akteurs mit den gegebenen gesellschaftlichen Rahmenbedingungen. Und genau deswegen kann Patrick M. in Beispiel B, wiederum zeitlich strukturiert, über die einzelnen Handlungsschritte und die damit verknüpften Orientierungen berichten.

Der Interviewer ist entsprechend gefordert, die Aussagen von Patrick M. nicht nur zu registrieren, sondern sie im iterativen Prozess der Erkenntnisgewinnung zugleich als Element der *Vorinterpretation* in den einzelnen sequenziellen Abschnitten der Berufsbiografie zu verankern. Allein das ist keine leichte Aufgabe. Erschwerend kommt hinzu, dass Patrick M. seine Erzählung zunächst zwar an der vom Interviewer vorgeschlagenen zeitlichen Gliederung orientiert, diese lineare Strukturierung aber nicht aufrechterhalten kann. Diese *Ordnungsleistung* muss also der Interviewer vornehmen. Später erinnerte und präsentierte Details erfordern immer wieder gedankliche Rückbezüge des Interviewers auf frühere berufliche Stationen. Brüche in der zeitlichen Logik von Aussagen, Erweiterungen, Ergänzungen der Thematik, aber auch Klärungen zur Bedeutung einzelner Aussagen sind für den Interviewer eine Herausforderung an das strukturierte Erinnern von Interviewinhalten und ihrer Verwendung für Anschlussfragen. Die ständige gedankliche Vergegenwärtigung der erläuterten Thematik in den verschiedenen Stadien des Interviewverlaufs ist aber eine notwendige Voraussetzung für die Entscheidung darüber, Aspekte entweder als vollständig und geklärt ‚abzuhaken' oder weiter zu sondieren.

Im Ergebnis lässt sich die in diesem Abschnitt vorhandene Information mithilfe des ARB-Modells strukturieren (Tabelle 4.1).

Tabelle 4.1 – Inhaltliche Strukturierung mithilfe des ARB-Modells (Beispiel B, B2)

	Station 1	Station 2	Station 3
	Schulpraktikum	Berufsgrundbildungsjahr (BGJ)	Ausbildung in metallverarbeitendem Betrieb
Aspiration	*„Irgendwie 'nen handwerklichen Beruf"*	*„Was mit Stahl";* Metallbau	*„So Metallberufe"*
Realisation	Praktikum als Tischler	Anmeldung; *„Hatte auch schon 'ne Stelle da"*	Vermittlung durch den Vater; drei Bewerbungen; Test; Zusage des Betriebs als Maschinenschlosser; *„ruckzuck rangekommen"*
Bilanzierung	*„Das gefiel mir nicht so recht." „Das war irgendwie nicht so für mich gedacht. Holz."* Alternative: *„Mal was mit Stahl oder so was."*	Entscheidung zugunsten einer dualen Ausbildung	Mögliche Perspektive als Maschinenschlosser: Lokführer (verworfen)

Die Verwendung des ARB-Modells im Fall von Patrick M. erleichtert die kognitive Verarbeitung und Organisation komplexer Informationen. Es ist ein Beispiel für die problemzentrierte Verwendung von Vorwissen. Das vorab gesammelte *Forschungswissen um die prozesshafte Verwobenheit* zeitlich aufeinander folgender Lebenslaufsequenzen von Interviewenden wird dazu genutzt, die im gesamten Interview verteilten, thematischen Aspekte in einem Schema zu organisieren. Ohne das Gespräch inhaltlich einzuengen, fungiert das ARB-Modell als erkenntnisstrukturierendes Werkzeug und im Sinne eines *rein gedanklichen Rasters* als ordnender Wissenshintergrund der Interviewenden. Die damit erzielte *zeitliche Strukturierung* des Gesprächs wirkt in zwei Richtungen. Einerseits können die Interviewenden die einzelnen berufsbiografischen Stationen bereits im Zuge ihrer Präsentation durch die Interviewten um Informationen ergänzen, die den zugehörigen ARB-Kategorien entsprechen. Andererseits können sie im Verlauf des Interviews den jeweils aktuellen Stand des Erkenntnisfortschritts mit einer Rückbesinnung auf frühere Erkenntnisse verknüpfen und besser einordnen. Das gemeinsam mit dem Interviewten vorgenommene *situationsbezogene Resümee* sowie das Interview abschließende *Gesamtresümee* runden das Gespräch ab und können dazu genutzt werden, verbleibende Erkenntnislücken zu füllen.

In Box 4.3 illustrieren wir die drei Dimensionen des Schemas anhand zusätzlicher Ausschnitte des Interviews mit Patrick M. aus Beispiel B. Angesichts der Fülle relevanter Interviewaussagen im gesamten Interview, beschränken wir uns auf einige wenige Beispiele zur Illustration von (a) Aspirationen, (b) Realisationen und (c) Bilanzierungen bezogen auf die *3. Station der Ausbildung.*

BOX 4.3 – Weitere Beispiele für Aspirationen, Realisationen, Bilanzierungen

a) Beispiele für Aspirationen

Aus der Eingangserzählung konnte der Interviewer bezogen auf die Kategorie der Aspiration lediglich erfahren, dass sich Patrick M. an Berufen orientiert, die mit dem Werkstoff Metall zu tun haben. Anhand des folgenden Ausschnitts lässt sich dieser Eindruck weiter ausarbeiten.

> ***I (Interviewer):*** *Wenn du noch mal so an die Ausbildung noch mal so insgesamt denkst, so, was hast du da vorher so für Erwartungen gehabt?*
> ***Patrick M.:*** *Jo, Erwartungen, ja, man hat mich schon so vorgewarnt, dass es so viel mit Feilen zu tun hatte, aber ich mein, das hatte mir nichts ausgemacht. Das konnte ich wohl noch verkraften und ja sonst so Erwartungen … Vielleicht hab' ich das alles nicht so streng gesehen [lacht]. Alles 'nen büschen [norddeutsch: „ein bisschen"] schwerer als ich dachte.*
> ***I:*** *Ja?*
> ***Patrick M.:*** *Hm.*
> ***I:*** *Inwiefern schwerer?*
> ***Patrick M.:*** *Ich hab' gedacht Lehre, jo, könnte man so eben schnell durchziehen, so ungefähr. Eben 'nen büschen aufpassen, dass so ungefähr alles so in 1 Jahr machen könnte. Das ging ja eigentlich nicht. Das hatte nicht …*
> ***I:*** *Hattest du dir das leichter vorgestellt?*
> ***Patrick M.:*** *Ja.*

Durch die zusätzliche Information erfährt der Interviewer nun auch, dass Patrick M. sich seine angestrebte Ausbildung ursprünglich leichter vorgestellt hatte. Dieses Urteil fällt er rückblickend auf der Grundlage des Vergleichs seiner Erfahrungen in der Ausbildung mit den ursprünglichen Erwartungen. Dieses erweiterte Wissen bietet dem Interviewer im Fortgang des Gesprächs die Möglichkeit, mehr über die Aspirationen zu erfahren, indem er die Bilanzierungen der Ausbildungsphase erneut sondiert.

Dazu ergänzend ein sehr kurzer Ausschnitt in der Perspektive einer auf diese konkrete Aspiration bezogenen Bilanzierung. Darin wird die ursprüngliche Fehleinschätzung noch deutlicher: Patrick M. hat den notwendigen Erwerb technischer Kenntnisse – im Kontrast zu seinen Befürchtungen bezogen auf die profane Aufgabe des Feilens – offenbar völlig unterschätzt.

> ***I:*** *Was war denn da schwerer an deiner Ausbildung?*
> ***Patrick M.:*** *Jo, also ich hab' mir nicht so viele Themen vorgestellt, was es da alles gibt und so. Also so umfangreich, hätt ich nicht gedacht, allein Maschinen und dass man das alles kennen musste. Das war reichlich viel.*

b) Beispiele für Realisationen

Bezüglich der Realisation der betrieblichen Ausbildung ist dem Interviewer aus dem Anfang des Gesprächs unklar geblieben, in welchem Zusammenhang die Bewerbungen mit den verschiedenen möglichen Ausbildungsorten stehen. Um diese Wissenslücke zu füllen, fragt er konsequent und sehr offen nach den drei verschiedenen Ausbildungsstellen.

> **I:** *... du sagtest drei verschiedene Stellen?*
> **Patrick M.:** *Ja, einmal 0287 [Stadtteil von 02], dann beim Hauptbahnhof, Maschinenschlosser haben sie gesucht und 028 [Stadt]. Aber die haben so ungefähr abgesagt, kann man sagen. Haben gesagt, das wär' zu weit.*

Zusätzlichen Einblick in die Bewerbungssituation, die der Kategorie der Realisation zugeordnet ist, verschafft sich der Interviewer dadurch, dass er noch einmal explizit nach den Umständen des Vorstellungsgesprächs im Ausbildungsbetrieb fragt.

> **I:** *Erinnerst du dich noch an das Vorstellungsgespräch?*
> **Patrick M.:** *Jo [stöhnt und lacht]*
> **I:** *Du lachst, war das so witzig?*
> **Patrick M.:** *Ich war so, die haben da gar nicht über so die Lehre gesprochen. Die haben mehr über so F448 [Firma] gesprochen und dass die Eltern da wären, weil auch mein Cousin, der war auch da, da in der Stelle, wo ich war, Vorstellungsgespräch und da haben sie über den auch mehr geschnackt [norddeutsch: „geredet"] so. Und denn [norddeutsch: „dann"] ruckzuck war das mit durch, Viertelstunde oder so was.*
> **I:** *Hattest du dir schlimmer vorgestellt?*
> **Patrick M.:** *Jo.*

Der weitere Erkenntniszuwachs aus diesem Abschnitt besteht darin, dass der Erfolg des Bewerbungsgespräch zumindest zum Teil mit den Erfahrungen des Betriebs mit seinen Eltern und einem Cousin zusammenhängt. Außerdem verschiebt sich damit die Interpretation seiner Bewertung der erfolgreichen Einmündung in eine Ausbildung mit dem Ausdruck *„ruckzuck" (B2)* am Ende der Eingangssequenz eher in Richtung einer wahrgenommenen Erleichterung über die Realisation dieses Schritts. Diese Interpretation wird durch die Beantwortung der erneuten Frage zur Rolle des Vaters bei der Lehrstellensuche bestätigt. Sie besteht nicht einfach in der Information über freie Stellen, wie man anfänglich annehmen konnte, sondern in der Vermittlung einer Stelle durch die Nutzung persönlicher Beziehungen.

> **I:** *Noch mal eben ganz kurz zu der Lehrstellensuche, also dein Vater hatte gesagt, bei der F448 [Firma] sind noch Stellen frei oder was?*
> **Patrick M.:** *Hm, die suchen Leute, sagte er. Ich mein, die hatten vielleicht keine mehr gesucht, aber die haben mir noch 'ne Chance gegeben da noch reinzukommen. Die hatten schon so ungefähr die Auswahl fertig. Ich war relativ spät dafür.*

*c) **Beispiele für Bilanzierungen***

Zum Aspekt der Bilanzierung gab es im ersten Interviewabschnitt lediglich den angedeuteten und wieder verworfenen Wechsel zum Beruf Lokführer, mit der Ausbildung als Maschinenschlosser als Grundlage *(Beispiel B, B10)*. Der folgende Abschnitt ergänzt dies um ein individuelles Resümee seiner Erfahrungen mit der betrieblichen Ausbildung und dem Besuch der Berufsschule.

> ***I:*** *Ich hab' schon wieder dazwischengefragt, kannst einfach weitermachen, wie's dann so in der Ausbildung war, ob's da gut war, ob's dann schlecht war.*
> ***Patrick M.:*** *... Na ja, dann kam die Ausbildung. Es war teilweise stressig, ja, also Berufsschule auch. Aber es war halt nie so stressig, dass ich sagen hab' müssen, ah, ich muss jetzt lernen massenhaft usw. und sofort. Ich hab' das also mehr oder weniger bissel locker genommen. Es ging auch, es war machbar ...*
> ***I:*** *Und so die Arbeit an sich, oder so mit den Kollegen, wie war das, wie war das so für dich?*
> ***Patrick M.:*** *Ach, mit den Kollegen her super. Also, ich mein', ich geh' nach dem Motto: leben und sterben lassen.*
> *[...]*
> ***Patrick M.:*** *Ja, also die Bedingungen, was ich so vorgefunden hab', ersten Lehrjahr vielleicht nicht ganz so optimal, aber im zweiten Lehrjahr, wo die Themen drangekommen sind, was mich sehr interessiert wie Kredit und Baufinanzierung, war das also einmalig.*

Für Patrick M. war die Ausbildung mit deutlichen Belastungen verbunden, er konnte sich aber damit arrangieren. Vor allem im zweiten Lehrjahr ist es ihm offensichtlich leichter gefallen, weil er die Herausforderungen mit eigenen berufsinhaltlichen Interessen (*„Kredit und Baufinanzierung“*) verbinden konnte.

In der Interviewpraxis kann die Anwendung des ARB-Schemas durch die pragmatische Übertragung in schlichtere, direkt verwendbare Begriffe noch erleichtert werden. Zum Beispiel kann der Interviewer den Aspekt der *Aspirationen* übersetzen in die Frage: *„Was wollte, oder was erwartete Patrick M. eigentlich von seiner Ausbildung?“* Bezogen auf den Aspekt der *Realisation* kann er sich fragen: *„Wie hat Patrick M. seine Erwartungen praktisch umgesetzt?“* Und eine *Bilanzierung* beinhaltet den Rückblick auf Erfahrungen in der Ausbildung und mögliche Konsequenzen für seine berufliche Zukunft. Spezielle thematische Aspekte, die im Rahmen des ARB-Schemas nicht vergessen werden sollten, können im laufenden Interviewgespräch zunächst notiert und in einem passenden Moment aufgegriffen werden.

Außerdem erleichtern die thematischen Erweiterungen mithilfe des ARB-Schemas die Einordnung und Verknüpfung von Einzelinformationen, sowohl im Laufe des Interviews als auch danach. Dennoch ist die Frage gerechtfertigt, ob damit die zunehmende Detailliertheit, Vollständigkeit und Genauigkeit der Aussagen tatsächlich bewältigt werden kann. Schließlich läuft dieser *kognitive Sortierprozess* idealerweise parallel zur eigentlichen Interviewinteraktion. Allein aufgrund der Dynamik der Situation ist es unvermeidlich, dass Lücken bestehen bleiben, die erst im Zuge der nachträglichen *Auswertung* eines Interviews entdeckt werden. Dennoch, der Vorteil der Organisation von Informationen anhand eines heuristischen Modells besteht in erster Linie darin, dass Einzelbestandteile zu einer *Gesamtgestalt* zusammengeführt und dadurch verdichtet werden können. Das ist selbst dann von Vorteil, wenn die Systematisierung immer nur vorläufig ist. Statt alle Einzelheiten im Gedächtnis behalten zu müssen, werden sie in thematische Zusammenhänge eingebettet. Diese resultieren hier aus der inneren Logik von Erzählungen und Dialogen, der Systematik der zeitlichen Strukturierung von Erfahrungsbeschreibungen und aus der prozesshaften Klärung von *Vorinterpretation* auf der Grundlage des Modells.

Der *Gestaltcharakter* der gesammelten Eindrücke kann Interviewende dabei unterstützen, die entscheidenden Interviewaussagen bezogen auf die einzelnen Aspekte – hier: zu A, R und B der jeweiligen berufsbiografischen Stationen – in ihrer Gesamtheit zu erfassen, im Gedächtnis zu behalten und fehlende Details zu erkennen. Auch *emotionale Momente* und Aha-Erlebnisse haben Gedächtnis stützende Wirkung. Das plötzliche Begreifen thematischer Zusammenhänge wird durch die Verwendung des Modells begünstigt und von Interviewenden als eine Art *interpretative Sättigung im Interview* erlebt. Insbesondere Schilderungen von individueller Betroffenheit, z. B. angesichts problematischer Erfahrungen, fördern das Gedächtnis, weil sie zusätzlich zur kognitiven auch die emotionale Aufmerksamkeit herausfordern und zu *Vorinterpretation* anregen.

3. Interviewvorbereitung

Im Rahmen der Planung von PZIs sind einige Aspekte zu beachten, die aufgrund des programmatischen Anliegens besondere Aufmerksamkeit verdienen. Anhand der Beispielstudie illustrieren wir im Folgenden die Vorbereitung der Interviewenden und die Herstellung des Kontakts zu den Interviewten. In einem eigenen Abschnitt diskutieren wir im Anschluss die Klärung der Rollen der Interviewbeteiligten und die Etablierung eines temporären Arbeitsbündnisses im Sinne eines methodologischen Briefings der Interviewteilnehmenden, die auf den Erstkontakt folgen bzw. einen wesentlichen Teil dieses Schritts ausmachen. Interviewvorbereitung und methodologisches Briefing verfolgen überlappende Ziele und können in der Praxis nicht immer getrennt werden. Wir nehmen die Unterscheidung hier vor, um ihre Bedeutung analytisch besser sichtbar zu machen.

3.1. Interviewtraining

Zur Vorbereitung auf die Durchführung von PZIs gehört das Erlernen des besonderen *Interviewansatzes* sowie die Aneignung des relevanten *Forschungskapitals* im Sinne des relevanten Vorwissens. Interviewende sind mehr als Instrumente der Datensammlung und können nur dann unabhängige und situationsangemessene Entscheidungen treffen, wenn sie sachkundig und mit den Grundzügen des Problems vertraut sind. Im Idealfall bilden die Interviewenden das Forschungsteam und sind daher in die Entwicklung und Vorbereitung der Studie eingebunden. Das gesamte *Forschungsteam* sollte sich in die für die jeweilige Studie nötigen Grundlagen der Problemzentrierung einarbeiten, den Studienhintergrund kennen und mit den zentralen sensibilisierenden Wissensbestandteilen vertraut gemacht werden. So können Interviewende eine selbstkritische Orientierung gegenüber den Wissensbeständen in Form von Theorien, Begriffen und Alltagswissen einnehmen und verstehen, dass sie den Erkenntnishorizont im Rahmen des Interviews sowohl selbständig erweitern als auch einengen können. Erfahrungen mit qualitativer Interviewführung allein sind jedenfalls nicht ausreichend, um ein vorwissensbasiertes problemzentriertes Gespräch steuern zu können. Das Führen eines Interviews ist ein interpretativer *Selektionsprozess*, der bestimmte Aussagen aufgreift und andere vernachlässigt. Interviewtraining ist deshalb immer auch *Interpretationstraining*. Es regt Interviewende dazu an, sich ihre Vorannahmen bewusst zu machen und zu verstehen, wie diese den Gesprächsverlauf beeinflussen können und wie sie stattdessen produktiv genutzt werden können.

In Kapitel III/4.1 empfehlen wir, dass PZIs idealerweise von den Forschenden selbst als *gut informierte Reisende* durchgeführt werden, weil sie mit allen inhaltlichen und methodischen Aspekten der Studie sowie mit sensibilisierenden Konzepten und Modellen vertraut sind. In kleineren Studien und Qualifizierungsarbeiten mit einer überschaubaren (d. h. einstelligen) Anzahl an Interviews lässt sich dieses Ideal leichter umsetzen als in breiter angelegten Projekten, die möglicherweise über mehrere Jahre laufen. Es gibt weitere *sachliche*, aber auch *forschungsethische Gründe* für die Frage, ob Forschende/Interviewende überhaupt über das notwendige *zusätzliche Wissen* bzw. *Fähigkeiten* verfügen, die Interviews führen zu können. Das ist zum Beispiel der Fall bei Interviews mit Personen, die traumatisierende Erfahrungen gemacht haben (Flucht, Gewalt, Missbrauch etc.). In solchen Fällen sind Kompetenzen und spezielles Vorwissen nicht nur wichtige *professionelle Voraussetzungen*, sondern dienen dem Schutz aller Beteiligten, die im Rahmen qualitativer Forschung von Vulnerabilität betroffen sein können (Gulowski 2022). Außerdem kann es bei derartig schwierigen Themen aufgrund der Dynamik narrativ angelegter Verfahren aus forschungsethischen Gründen nötig sein, die Interviewenden im Forschungsprozess im Rahmen einer professionellen Einzelsupervision zu begleiten, um emotional belastende Forschungserfahrungen regelmäßig und frühzeitig zu bearbeiten (Reiter 2021).

Falls die Interviews aus diesen oder ähnlichen Gründen nicht von den Forschenden selbst geführt werden können und vom Ideal der *Personalunion von Forschenden/Interviewenden* (vgl. Kapitel III/4.1) abgewichen werden muss, ist die Umsetzung des Grundanliegens problemzentrierter Forschung möglicherweise nicht gewährleistet. Denn aufgrund fehlender methodischer oder inhaltlicher Fachkenntnisse besteht die Gefahr, dass die Problemsicht der Interviewten missverstanden, falsch dargestellt oder von eigenen unreflektierten Vorannahmen überlagert wird. Das gilt auch für neu eingestiegene Mitarbeitende oder in Projekten mit hoher Personalfluktuation. Ausführliche Interviewschulungen, die über die allgemeine Vorbereitung auf die Durchführung qualitativer Interviews hinausgehen, sind das Mittel der Wahl zur Bearbeitung dieses Problems der mangelnden Vertrautheit mit dem Forschungsthema. Grundlegende Interviewtechniken und typische *Interviewfehler* lassen sich am besten anhand von Transkripten exemplarischer Interviewausschnitte sowie der Diskussion hypothetischer Interviewsituationen („*Was mache ich, wenn …*") erlernen. Im Folgenden diskutieren wir ein paar praktische Aspekte anhand der Beispielstudie.

Vorbereitung der Interviewenden in der Praxis

Im Fall unserer Beispielstudie zum Übergang Jugendlicher in die Berufswelt ergab sich die Notwendigkeit der Rekrutierung zusätzlicher Interviewender vor allem aus zwei Gründen. Allein wegen der langen Laufzeit kam es immer wieder zum Wechsel von Beschäftigten. Der große Aufwand entstand auch durch den Längsschnittcharakter der Studie. Durch die drei qualitativen Erhebungswellen musste jedes zweite und dritte Gespräch mit derselben Person individuell vorbereitet werden, um die Informationen aus vorangegangenen Begegnungen berücksichtigen zu können. Unter diesen Rahmenbedingungen war das Festhalten am Ideal der Personalunion von Forschenden/Interviewenden nicht möglich und mehrere Interviewende wurden entsprechend auf ihre *Doppelrolle* als Fachkundige und Lernende (siehe Kapitel III/4.1) vorbereitet. Dabei handelte es sich um wissenschaftliche Mitarbeitende und Studierende, die zum Teil eigene Qualifizierungsarbeiten im Rahmen der Studie durchführten.

Zuerst wurden die Interviewenden mit dem *Hintergrund der Studie* und den *zentralen Forschungsfragen* vertraut gemacht sowie mit dem *Vorwissen*, das für die Strukturierung des Gesprächsfadens relevant war. Durch die gemeinsame Wissensgrundlage sollten sie erkennen können, welche Wissensbestandteile sich durch neu Einsichten aus dem Interviewgespräch erweitern lassen bzw. überarbeitet werden müssen. Das war auch die Voraussetzung dafür, die etwa 200 Interviews der ersten Erhebungswelle für die zweite Welle danach zu durchsuchen, welche Spuren weiter verfolgte werden sollten. Schließlich mussten für den nächsten Durchgang vergleichbare, aber auf die individuellen Fälle abgestimmte Fragen zur Entwicklung seit der letzten Erhebung vorbereitet werden.

Das Interviewtraining im engeren Sinn bezog sich auf *qualitative Forschung* im Allgemeinen sowie auf die Besonderheiten der *problemzentrierten Vorgehensweise* und ihrer ungewöhnlichen Verwendung von Vorwissensbestandteilen. Insbesondere die sorgfältige Vermittlung der *sensibilisierenden Grundhaltung* (vgl. Kapitel III/3) sollte die Interviewenden dazu befähigen, alle möglichen Wissensbestandteile, die im Laufe des Forschungsprozesses relevant werden konnten, selbstkritisch beurteilen und einordnen zu können. Angesichts der Zielgruppe der jugendlichen Berufsausbildungsabsolventinnen und -absolventen bestand ein wichtiger Schritt der Vorbereitung in der Reflexion des eigenen akademischen Bildungshintergrunds, um der Gefahr blinder Flecken in der Wahrnehmung der Problemsicht von Angehörigen aus anderen sozialen Schichten vorzubeugen. Damit sollte ein Bewusstsein für die möglicherweise nachteilige *Wirkung kultureller Unterschiede* und Missverständnisse in persönlichen Begegnungen geschaffen werden.

Auch das Problem der *sozialen Erwünschtheit* bei Fragen nach berufsbiografischen Erfahrungen wurde im Rahmen der Interviewschulung ausführlich bearbeitet. Die Interviewenden wurden darauf vorbereitet, das Thema im Vorgespräch mit den Interviewten offen zu adressieren. Sie sollten ausdrücklich darauf hinweisen, dass sich das Interviewgespräch um individuelle Handlungen, Erfahrungen und Orientierungen drehen soll und nicht um eine Evaluation individueller Leistungen. Auf der Ebene der Interaktion sollte dies durch eine akzeptierende Haltung der Interviewenden unterstützt werden. Schließlich wurden die Interviewenden systematisch eingeführt in grundlegende *Techniken der Interviewführung und Kommunikationsstrategien* mit dem Ziel der dialogischen Verständnisklärung. Sie wurden darin geschult, schwierige Situationen zu bewältigen, den Gesprächsfaden richtig zu verwenden, Forschungsfragen von Interviewfragen zu unterscheiden und PZI-typische *Interviewfehler* zu erkennen und zu vermeiden (vgl. Witzel/Reiter 2012, S. 174–185). In Pilot-Interviews, die vor der eigentlichen Untersuchung durchgeführt wurden, hatten sie Gelegenheit zur Übung. Das gesamte Forschungsteam war projektbegleitend in die Analyse von Interviews eingebunden und konnte davon auch für die Verbesserung der eigenen Interviewführung profitieren.

3.2. Aufklärung und Vorbereitung

Die Auswahl von Interviewten ist eng verflochten mit methodologischen Fragen des *Feldzugangs*. Vor allem das Kontaktieren potenzieller Interviewteilnehmender ist ein Schritt, der weitreichende Folgen für die Qualität der gemeinsamen Verständnisklärung haben kann. Beide Beteiligten haben eigene Vorstellungen von der Interviewbegegnung und begeben sich mit unterschiedlichen Erwartungen in eine temporäre Beziehung, die nur von Seiten der Interviewenden eindeutig als *Forschungsbeziehung* definiert ist. Wenn wir professionelle Forschung als eine Tätigkeit begreifen, die über Jahre erlernt werden muss, dann können wir nicht davon ausgehen, dass die Interviewten wissen, worum es dabei wirklich geht. Die Interviewenden sollten den *Zweck des Interviews* also bei mehreren Gelegenheiten erläutern, damit die Interviewten verstehen, *warum gerade sie* ausgesucht wurden und *wie sie* zur Bearbeitung des Forschungsanliegens *beitragen können*. Es ist wichtig, möglichst alle Vorbehalte auf Seiten der Interviewten abzubauen, immer *Rückfragen* zuzulassen, einzufordern und zu beantworten. Je sorgfältiger Zweifel und Unsicherheiten ausgeräumt werden, desto eher wird es gelingen, kurzen, ausweichenden und sozial angepassten Aussagen vorzubeugen und damit dem Problem sozialer Erwünschtheit schon vor Beginn des Interviews zu entgehen.

Im Rahmen des Erstkontakts stellen die Interviewenden die Forschungsinstitution und sich selbst persönlich vor. Bevor sie die (schriftliche oder mündliche) *Einwilligung* zur Teilnahme am qualitativen Interview einholen, klären sie über *datenschutzrechtliche und forschungsethische Richtlinien* und Pflichten auf und versichern, dass die Interviews ausschließlich für Forschungszwecke geführt und nach Transkription nur in anonymisierter Form verwertet werden.[2] Die Vorstellung des *Forschungsanliegens* sowie die *thematische Einführung* sollten so gestaltet werden, dass die Interessen der Forschenden anschlussfähig sind an die Alltagsperspektive der Interviewten. Das heißt, das ‚Problem' muss *beide* betreffen – als Forschungsinteresse bzw. Alltagserfahrung – und seine kommunikative Bearbeitung als ein gemeinsames Anliegen erkennbar sein (siehe oben). Falls das Gespräch durch *Vermittlung über Dritte* zustande gekommen ist – wie etwa Eltern, Schulen, Einrichtungen der Sozialarbeit oder Arbeitgeber – sollte deren Rolle im Rahmen des Forschungsprojekts geklärt werden. Dabei geht es vor allem um die Zusicherung von Vertraulichkeit.

Es wird empfohlen, all diese Informationen *am Ende des Gesprächs zu wiederholen* und sich die Einwilligung zur Verwendung der Aufzeichnung erneut bestätigen zu lassen. Schließlich können die Interviewten erst in diesem Moment einschätzen, was sie uns im Rahmen der Interviewbegegnung tatsächlich *gegeben* haben. Außerdem verfügen sie auch aufgrund des bis dahin gewachsenen Vertrauensverhältnisses über eine bessere Entscheidungsgrundlage, die neben der informierten Einwilligung sogar so etwas wie eine aus dem erlebten Interaktionsprozess heraus *empirisch begründete Einwilligung* möglich macht. Auch die mögliche wissenschaftliche Weiterverwendung des Interviews zu einem späteren Zeitpunkt

2 Die forschungsethischen und datenschutzrechtlichen Standards qualitativer Sozialforschung haben sich in den letzten Jahren stark entwickelt. Sie müssen für das konkrete Forschungsprojekt angepasst werden. Vgl. RatSDW (2017, 2020).

sollte in diesem Zusammenhang besprochen und über eine zusätzliche bzw. erweiterte Einwilligung zur *Archivierung und Sekundäranalyse* geklärt werden.[3]

Zu welchem Zeitpunkt Erstkontakt und Aufklärungsgespräch tatsächlich stattfinden, ist von Studie zu Studie unterschiedlich. Abhängig vom Projektdesign können sie zeitlich versetzt sein, einige Zeit vor dem Interview stattfinden oder auch unmittelbar davor. Der Erstkontakt bietet die Gelegenheit, Forschungsinteresse und -fragen das erste Mal so zu präsentieren, dass bei den Interviewten Reflexions- und Denkprozesse angeregt werden, durch die sie ihre Alltagswelt mit dem Forschungsthema in Verbindung bringen. Das ist ein entscheidender Schritt, bei dem nun auch die Interviewten dazu eingeladen werden, die *Perspektive der Problemzentrierung* einzunehmen – d. h. ihr (Alltags-)Vorwissen auf das Problem hin zu organisieren. Der Ertrag des dadurch möglichen Problemdialogs im PZI ist davon abhängig, dass die *Überschneidungen im Problembezug* (Abbildung 4.2) möglichst frühzeitig sichtbar gemacht werden und die diskursive Bearbeitung des Problems zu einem gemeinsamen Anliegen wird. Dazu gehört auch die Klärung der jeweiligen *Doppelrollen* von Interviewenden und Interviewten (vgl. Kapitel III/4.1) sowie die Bildung eines *temporären Arbeitsbündnisses* im Rahmen eines methodologischen Vorgesprächs. Diesen Schritt der dialogisch-problemzentrierten Interaktion (Abbildung 4.4) diskutieren wir im Anschluss in einem eigenen Abschnitt.

Vorbereitung der Interviewten in der Praxis

Im Rahmen der Beispielstudie erfolgte die erste *Kontaktaufnahme* mit Hinweis auf die mögliche Teilnahme an einer qualitativen Studie im Zuge der Einladung zur ersten Welle der quantitativen Umfrage. Die Jugendlichen wurden darauf hingewiesen, dass sie etwa ein halbes Jahr später an einer vertiefenden Interviewstudie teilnehmen könnten und wurden gebeten, bei Interesse ihre Kontaktdaten zu hinterlassen. Etwa 200 Jugendliche, also etwa 10 Prozent der quantitativen Stichprobe der ersten Welle, standen auch für ein erstes qualitatives Interview zur Verfügung. Im Vorgespräch wurden sie über die *Besonderheiten des Gesprächs* aufgeklärt und über *Zweck* und *Inhalte* informiert. In *Alltagssprache* wurden ihnen die Grundzüge des Forschungsanliegens und der Hintergrund der Studie sowie die Erwartungen der Forschenden an ihre Teilnahme erklärt. Die Umsetzung der *Problemzentrierung* erfolgte an dieser Stelle durch die Betonung des rein wissenschaftlichen Interesses an subjektiv relevanten Aspekten des alltäglichen (Arbeits-)Lebens der Jugendlichen.

Konkret stellten die Interviewenden zunächst das Thema und Forschungsanliegen des *Projekts*, die durchführende *Institution* und sich selbst kurz vor, indem sie etwas zu ihrem eigenen beruflichen Hintergrund z. B. als wissenschaftliche Mitarbeitende oder Studierende sagten. Sie betonten ausdrücklich den Status

3 Rechtssichere Musterformulare und Handreichung zur informierten Einwilligung: https://www.qualiservice.org/de/datenschutz.html (09.12.2021)

ihrer lebensweltlichen Expertise und erläuterten den Jugendlichen die *Relevanz ihrer Beiträge*, das Interesse an *ihrer* Geschichte hinter der aktuellen Situation und die damit zusammenhängenden Erfahrungen, Erwartungen, Pläne, Hoffnungen, Enttäuschungen etc. im Rahmen ihrer unterschiedlichen Pfade in die Berufswelt. Bereits an dieser Stelle wurden ähnliche Formulierungen verwendet wie später in der PZI-Einstiegsfrage. Die Jugendlichen wurden über *datenschutzrechtliche und forschungsethische Aspekte* aufgeklärt (Vertraulichkeit, Anonymität, Datenspeicherung für weitere Erhebungswellen und Sekundäranalysen). Es war wichtig zu unterstreichen, dass die Inhalte des Gesprächs nicht in das private oder berufliche Umfeld der Interviewten gelangen können. Die Jugendlichen wurden um ihre *Einwilligung* gebeten und um Zustimmung zur Aufzeichnung des Gesprächs. Zudem wurden die Pläne zur Verarbeitung (Transkription) und Verwendung der Daten (Speicherung, Auswertung) besprochen sowie die Absicht, damit eine vergleichende Analyse der Wege in die Berufswelt vorzunehmen. Neben der thematischen Einführung wurde der Erstkontakt damit auch zu einer wichtigen Gelegenheit zur *Herstellung eines Vertrauensverhältnisses* mit den Jugendlichen.

Weitere Kontakte wurden im Rahmen der Längsschnittstudie nach Möglichkeit immer von derselben Person vorgenommen. Als Anerkennung oder Anreiz (*Incentive*) für ihre Bemühungen erhielten die Jugendlichen einen kleinen Geldbetrag. Die Wahl des *Intervieworts* war den Jugendlichen freigestellt, wegen der Aufzeichnung sollte das Gespräch nach Möglichkeit aber in einer ruhigen Umgebung stattfinden. Mehrere Vorschläge wurden gemacht und die Interviews schließlich überwiegend zu Hause bei den Jugendlichen oder in den Büroräumen der Forschenden durchgeführt. Die Gespräche im privaten Kontext hatten für die Jugendlichen den Vorteil einer vertrauten Atmosphäre. Den Forschenden boten sich dadurch Einblicke in die Lebensverhältnisse der Interviewten.

Schließlich wurden die *Vorteile des Interviewgesprächs* im Vergleich zu einem Fragebogen angesprochen, wie sie ihn in der ersten Welle des quantitativen Studienteils ausgefüllt hatten. Hervorgehoben wurde insbesondere die Chance zur Vertiefung bestimmter Aspekte sowie der fehlende Zeitdruck und die Möglichkeit der aktiven Unterstützung der Ausführungen durch die Interviewenden. Letzteres wurde betont, um zu verhindern, dass sich die Interviewten durch die Einladung zu ausführlichen Erzählungen und Schilderungen unter Druck gesetzt fühlten. Wenn sie sich schon zur Teilnahme bereit erklärt hatten, sollten sie keinen Zweifel daran haben, dass ihr Beitrag dann am wertvollsten ist, wenn sie uneingeschränkt und ausführlich über ihre *eigene Sicht der Dinge* sprechen. Um *möglichen Problemen bei der Selbstdarstellung* im Übergang in die Arbeitswelt wie Arbeitslosigkeit oder Ausbildungsabbruch zuvorzukommen, wurden die Jugendlichen auch auf die Vielfältigkeit von Erfahrungen hingewiesen und darauf, dass viele individuelle Probleme von institutionellen Rahmenbedingungen wie dem Zustand des Arbeitsmarkts abhängig sein können. Man könnte einen solchen Hinweis auf externe Wirkungszusammenhänge als eine Form der Kontamination genuiner

Explikationspotenziale der Interviewten kritisieren. Tatsächlich soll er aber zu einer Entlastung beitragen und die Gefahr der Orientierung an Kriterien *sozialer Erwünschtheit* bei der Diskussion problematischer Themen vermeiden.

4. Bildung eines Arbeitsbündnisses

Der Übergang von der Darstellung des Forschungsanliegens und der allgemeinen Rahmenbedingungen hin zur Erläuterung der Besonderheiten einer problemzentrierten Forschungsbegegnung ist fließend. Sobald die Einwilligung zur Teilnahme signalisiert wird, entwickeln Interviewende die Interviewbeziehung weiter in ein tragfähiges, auf die gemeinsame Bearbeitung des Themas fokussiertes *Arbeitsbündnis*, das der Programmatik des PZI entspricht (vgl. Kapitel III). Mit diesem Schritt wird die Begegnung zum *Forschungsdialog*: Durch den Austausch perspektivisch unterschiedlicher Beiträge von Interviewenden und Interviewten entsteht ein Interaktionsprozess der dialogischen problembezogenen Wissensrekonstruktion (Abbildung 4.4). Die Bildung eines Arbeitsbündnisses ist Teil der Vorbereitung des Interviews im Rahmen eines *methodologischen Vorgesprächs.*

Abbildung 4.4 – Dialogischer Interviewprozess

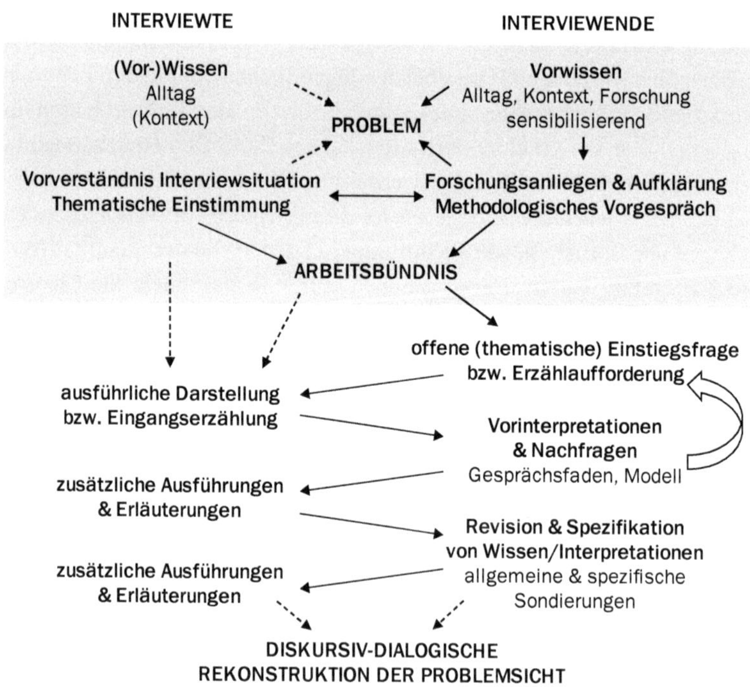

Methodologisches Vorgespräch
Die Interviewten werden bereits im Zuge der Vorstellung des Projektanliegens und der Einladung zum ‚Interview' das erste Mal über das Thema im Kern des Forschungsinteresses informiert. Dieser Schritt wird im Rahmen des methodologischen Vorgesprächs zu Beginn des Interviews wiederholt und vertieft. Es handelt sich dabei um eine Art der *Metakommunikation* zu den Besonderheiten des PZI und der erwarteten Beiträge der beiden Beteiligten. Alle dabei angesprochenen Aspekte sind relevant für die Motivation zur Kooperation und die Etablierung einer temporären Forschungsbeziehung mit der Qualität eines vertrauensvollen Arbeitsbündnisses zwischen Interviewenden und Interviewten. Die Interviewten werden dazu angeregt, ihre Perspektive so auf das Problem zu orientieren, dass sie ihr (Alltags-)Wissen und die Reflexion ihrer Erfahrungen damit in Verbindung bringen. Sie sollen sich sowohl mit dem Thema als auch mit der bevorstehenden Interviewsituation auseinandersetzen, mit der beide Beteiligten zwar ein gemeinsames Interesse aber unterschiedliche Erwartungen verknüpfen (vgl. Abbildung 4.2). Die Herausforderung besteht an dieser Stelle darin, Interaktion und Wissensaustausch auf das Problem zu fokussieren, ohne Inhalte vorzugeben oder Bedeutungsunterstellungen vorzunehmen. Die Interviewten werden zur *Bearbeitung eines Wissensdefizits* auf Seiten der Forschenden eingeladen, bleiben zugleich aber unbelastet von konkreten Forschungsfragen, Fachbegriffen und sensibilisierenden Rahmenkonzepten, die nur im Wissenschaftskontext bedeutungsvoll sind.

Die Implikationen der Einladung zur Teilnahme an einem ‚Interview' sind den Forschenden bewusst. Die meisten Interviewten haben hingegen vermutlich nur vage Vorstellungen davon und verbinden mit Interviews alles Mögliche von kurzen informellen Gesprächen im Alltag oder in Medien bis zu unangenehmen Prüfungssituationen. Daher sollten die Interviewenden den *Zweck des Gesprächs* erläutern und mögliche Missverständnisse ausräumen. Die Interviewten sollten verstehen, *warum (gerade) sie* angefragt wurden und welchen Beitrag sie leisten können. Es ist wichtig zu betonen, dass das Gespräch *von der üblichen Frage-Antwort-Struktur abweichen* wird und stattdessen der Logik einer schrittweisen Verständnisklärung folgt – d. h. Äußerungen sind immer auch Grundlagen für die gemeinsame Erarbeitung und Klärung von Bedeutungen, an der die Interviewten beteiligt sind.

Angesichts der grundsätzlichen Asymmetrie von Forschungsbegegnungen ist damit eine *Umkehrung der Rollen* verbunden: Die antwortenden Interviewten werden als alltagsweltliche Expertinnen und Experten des Themas von (nach-)fragenden Forschenden dabei unterstützt, ihre Sichtweise zu entfalten und zu erläutern. Einerseits interessieren sie sich für ihre Expertise und wollen ihrer Perspektive Geltung verschaffen. Das verdeutlichen sie, indem sie ihre *Neugier* für ihre Erfahrungen, Überlegungen und Ansichten unterstreichen und sie dazu ermuntern, *möglichst ausführlich* und in ihren eigenen Worten zu erzählen und zu berichten. Anderseits sichern die Interviewenden ihnen bei Bedarf ihre *Unterstützung* bei der Strukturierungsleistung zu. Sie betonen, dass sie nicht von ihnen erwarten, sich einfach so strukturiert und vollständig zu einem komplexen Thema äußern zu können. Schließlich muss man sich erst einmal Gedanken machen und an alles erinnern.

Sie unterstreichen, dass sie als Interviewende aufmerksam zuhören wollen und dass ihnen dabei bestimmt viele Fragen einfallen werden – zu Dingen, die sie vielleicht nicht verstanden haben, oder zu denen sie gerne noch weitere Details wissen würden. Sie signalisieren den Interviewten damit, dass sie bei dieser Aufgabe der detailreichen Darstellung nicht allein gelassen werden. An dieser Stelle weisen die Interviewenden ausdrücklich darauf hin, dass Klärungsprozesse mit *Widersprüchen und unterschiedlichen Ansichten* verbunden sein können, die sie gemeinsam mit den Interviewten überwinden wollen. Deshalb laden die Interviewendenden die Interviewten dazu ein, ihnen, wenn nötig, auch zu widersprechen und nicht vor Differenzen zurückzuschrecken. Das Interview kann also an manchen Stellen durchaus mit einem *Ringen um Deutungen, Interpretation und Verständnis* verbunden sein, bei dem es aber immer nur um *inhaltliche* Fragen geht. Wir führen diesen Aspekt weiter unten aus, wenn wir die Besonderheiten der verständnisgenerierenden Kommunikationsstrategie der *Konfrontation* diskutieren und veranschaulichen.

Wenn es gelingt, den/die Interviewte/n als *inhaltlich treibende Kraft des Gesprächs* zu etablieren, ist die zentrale Bedeutung längerer Monologe und Passagen im Rahmen dialogischer Kommunikation nicht weiter erklärungsbedürftig. Das gilt auch für die nachfragend-klärende Rolle der Interviewenden im Sinne des *aktiven Zuhörens und Verstehens* (vgl. Kapitel III/4.1). Allerdings kann es nicht schaden, das dennoch zu erläutern. In Box 4.4 machen wir einen Formulierungsvorschlag für ein methodologisches Vorgespräch, das in Abhängigkeit von der teilnehmenden Zielgruppe so oder so ähnlich umgesetzt werden kann, am besten in Form eines Dialogs.

Box 4.4 – Formulierungsvorschlag: Interviewzweck & methodologisches Vorgespräch

Stellen wir uns vor, es handelt sich, wie in der Beispielstudie, um Interviews mit *Jugendlichen*, die bereits über das Forschungsanliegen und formale Rahmenbedingungen aufgeklärt wurden und sich zur Teilnahme bereiterklärt haben.

> „Wie gesagt, genau zu diesem Thema möchte ich mit dir ein Gespräch führen. Ich habe dich dazu eingeladen, weil du damit Erfahrungen gemacht hast, weil du dich damit auskennst und mir darüber berichten kannst.
>
> In erster Linie interessiere ich mich also für *deine* Geschichte, *deine* Erfahrungen und *deine* Meinung dazu. Deshalb will ich jetzt auch nicht einfach eine Frage nach der

anderen stellen, die du mir dann beantwortest. Das machen wir nicht so, weil ich ja gar nicht weiß, was für dich wichtig ist. Vielmehr möchte ich genau das herausfinden und bin neugierig, was *du* zu sagen hast. Ich möchte es dir überlassen, so ausführlich wie möglich über alles zu sprechen, was für *dich* wichtig sind, was *du selbst* erlebt hast und was *du* darüber denkst.

Das heißt, ich werde am Anfang nur ein oder zwei Fragen stellen und *dich* dann mal erzählen lassen. Dabei will ich dich auch nicht unterbrechen, denn so fällt dir vielleicht noch was Wichtiges dazu ein. Ich werde gut zuhören und mir Notizen machen, falls ich dazu noch Fragen haben sollte, oder ich etwas nicht verstanden habe. Also wundere dich nicht, wenn ich mir hin und wieder etwas aufschreibe. Das können wir dann nach und nach durchgehen, wenn das Ok ist. Ich bin mir sicher, dass ich auch noch Fragen haben werde.

Ich weiß, dass das kein einfaches Thema ist. Also lass dir ruhig Zeit, wenn du mal nachdenken musst. Für mich ist alles interessant, was dir dazu einfällt. Und ich werde dich dann später noch fragen, ob ich das alles richtig verstanden habe. Darum geht es, dass ich dich richtig verstehe. Also korrigiere mich bitte gerne, falls du den Eindruck hast, dass ich doch etwas falsch verstanden haben sollte. Es ist wichtig, dass wir das *gemeinsam* richtig hinkriegen.

Also, du erzählst mir erstmal ganz ausführlich, was dir wichtig ist, und dann können wir gemeinsam darüber reden. Ist das OK?"

Das vorbereitende Gespräch beeinflusst das *Vorverständnis der Interviewten* hinsichtlich der Besonderheit der Situation des Interviews und der eigenen Rolle und Gestaltungsmöglichkeiten. Außerdem werden damit kognitive Prozesse ausgelöst, die zu einer *ersten gedanklichen Sortierung und stillen Einstimmung* auf das *Gesprächsthema* führen. Alles, was die Forschenden vorab preisgeben, beeinflusst die Gedanken, die sich die Interviewten zum Thema, zu einer vermeintlichen Frage oder zum Interesse des Gegenübers machen. Deshalb sollten sich die Interviewenden in jedem Fall gut überlegen, was sie vorab mitteilen und was nicht, ohne sie hinsichtlich des Forschungsthemas zu täuschen.

Thematische Fokussierung und die Klärung von Rollen und Konventionen des Interviews etablieren ein temporäres Kooperationsverhältnis, dessen Aufrechterhaltung nach dem vorbereitenden Gespräch auch den Interviewten ein Anliegen geworden sein sollte. Im Kern besteht das *problemzentrierte Arbeitsbündnis* in einer *vertrauensvollen Interviewbeziehung*. Sie ist die Voraussetzung für einen Austausch von Forschungsvorwissen und Alltagswissen, bei dem die Interviewten im laufenden Gespräch einen Teil der *Kontrolle über die Interpretation* ihrer Äußerungen behalten und einfordern können. Ausgehend von Vorinterpretationen und Nachfragen seitens der Interviewenden arbeiten die beiden Beteiligten gemeinsam an validen Interpretationen. Idealerweise ist eine robuste PZI-Arbeitsbeziehung widerstandsfähig gegenüber Missverständnissen und Schwierigkeiten in Kommunikation und Interaktion. Dazu gehören

Fehler der Interviewführung genauso wie falsch verstandene Inhalte oder thematisches Abschweifen. Die dafür nötige *soziale Symmetrie* zwischen den Beteiligten hinsichtlich der Anerkennung von Interpretationsbeiträgen stellt sich meist erst im Laufe der Begegnung ein, wenn die Interviewenden Gelegenheit hatten, ihre Ankündigungen bezüglich ihrer Rolle im Gespräch und der Wertschätzung der Beiträge der Interviewten auch einzulösen. Über das gesamte Interview hinweg ist die Bekräftigung und Aktualisierung eines ausgewogenen Austauschverhältnisses für die Interviewenden mit permanenter Beziehungsarbeit verbunden.

Im nächsten Abschnitt veranschaulichen wir, wie der Austausch kommunikativ durch aktives Zuhören und Verstehen und den Einsatz von PZI-Kommunikationsstrategien angeregt und aufrechterhalten wird.

5. Kommunikationsstrategien der Interviewführung – Offenheit und dialogische Verständnisklärung

Nachdem die Rahmenbedingungen und Besonderheiten der Situation geklärt sind und sich die beiden Beteiligten aufeinander eingestimmt haben, kann nun das eigentliche problemzentrierte Gespräch beginnen. Die inhaltliche Entfaltung der Problemsicht der Interviewten wird mithilfe von Kommunikationsstrategien initiiert und vorangetrieben. In Kapitel III/4 diskutieren wir die konzeptuellen Aspekte von Kommunikationsstrategien und deren Funktion im Rahmen der PZI-Programmatik. In diesem Abschnitt stellen wir sie ausführlicher vor und adressieren damit verbundene Schwierigkeiten und Lösungsvorschläge aus dem Blickwinkel der praktischen Interviewdurchführung.

Zur Rahmung fassen wir vorab kurz zusammen, wie der dialogische Interviewprozess verläuft (vgl. Abbildung 4.4), nachdem die Problemzentrierung vorgenommen wurde und das Arbeitsbündnis zwischen den beiden Beteiligten gebildet ist (5.1.). Nach einer kurzen Reflexion von Ziel, Zweck, Grundlagen und Dilemmata des Interviewgesprächs (5.2.) widmen wir uns ausführlich der Wirkungsweise und Dynamik der PZI-Kommunikationsstrategien als Werkzeuge der produktiven Gestaltung des Interviewdialogs (5.3.).

5.1. Typischer Interviewablauf – Übersicht

Der Gesprächseinstieg erfolgt mithilfe einer erzählungsgenerierenden *Einstiegsfrage*. Sie wird zur Übergabe der inhaltlichen Gestaltungshoheit an die Interviewten offen formuliert und verzichtet, abgesehen von der thematischen Fokussierung, auf weitere Strukturierungen. Diese Art von Frage zur

Stimulation selbstläufiger, monologischer Ausführungen steht im weiteren Interviewverlauf bei Bedarf am Anfang eines jeden thematischen Felds, das exploriert werden soll und im Gesprächsfaden notiert ist. Entsprechend können sich die einzelnen Schritte des Interviewablaufs für jedes Themenfeld wiederholen.

Sofern die Einladung zur Erzählung angenommen wird, folgt (idealerweise) eine *ausführliche Erwiderung*, die bei prozessorientierter oder biografischer Fragestellung die Form eines längeren Monologs oder einer Erzählung annehmen kann. Je nachdem, wie stark sie sich auf den Fragestimulus beziehen, sind die Ausführungen mehr oder weniger ‚eigensinnig' und können die von den Interviewenden angesprochenen Frageinhalte mit selbst gesetzten Prioritäten überlagern (vgl. dazu Box 4.5) Die Entwicklung und Darstellung authentischer Relevanzsetzungen durch die Interviewten ist insgesamt wichtiger als der direkte Rückbezug auf die konkrete Formulierung der Einstiegsfrage durch die Interviewenden. Längere oder kürzere und zögerliche Darstellungen machen wiederum unterschiedliche Reaktionen der Interviewenden im Sinne von Kommunikationsstrategien erforderlich.

Box 4.5 – Fragefokus versus Eigensinn

Die *erzählungsgenerierende Einstiegsfrage* ist zwar offen formuliert, aber nicht ziellos. Die Interviewten werden also nicht irgendetwas erzählen. Die häufig befürchtete Themaverfehlung durch die Interviewten ist im Rahmen von PZIs äußerst unwahrscheinlich, weil die Frage einen großen Teil ihrer Qualität aufgrund der ausführlichen Vorinformationen zum Forschungsanliegen erlangt. Es ist anzunehmen, dass die für eine Stichprobe ausgewählten Forschungssubjekte sich schon nach dem Erstkontakt und der dabei vermittelten *Information über grobe Studieninhalte* und Forschungsinteressen vielfach gedanklich auf das Interview vorbereiten. Mit den thematischen und methodischen Erläuterungen im Kontaktgespräch kann der explizite Bezug der praxisrelevanten Fragestellungen zu ihrer Lebenswelt ihre Erwartungen noch bestätigen und vertiefen. Damit werden auf Seiten der Interviewten Vorüberlegungen angeregt und möglichweise auch schon erste Ideen über subjektiv bedeutsam erscheinende Erzählinhalte ausgebildet. Aufgrund dieses Hineindenkens in die sie selbst direkt betreffende Fragestellung wirkt die offen angelegte Einstiegsfrage (z. B. „*... wie kam es dazu ...*"?) dann wie ein Startschuss dafür, schon einmal das Dringlichste aus ihrer Erlebnis- und Gedankenwelt mit Bezug auf das Thema loswerden zu können. Dieser Freiraum erlaubt es den Interviewten, genau diese zuvor – wie auch immer umfassend – gebildeten Vorstellungen direkt aufzugreifen und in individueller Weise unmittelbar zu entfalten. Sie nutzen also den offenen thematischen Rahmen, um ihn *eigensinnig* auf ihre Sichtweise und je individuelle Art der Rekonstruktion des Themas anzupassen. Sie können also die Chance ergreifen, ihre ganz individuelle ‚Geschichte' zu entwickeln und auszugestalten.

Insgesamt hat die Offenheit der Einstiegsfrage genau genommen die Funktion, die *Individualisierung* des Forschungsthemas zu ermöglichen. Das hat Folgen für den weiteren Verlauf des Interviews. Interviewende können etwa bestimmte *Erwartungen* an die Ausführungen der Interviewten haben und annehmen, dass sie diese zeitlich gliedern. Bezogen auf die Beispielstudie würden sie von den Interviewten dann etwa erwarten, dass sie ihre berufliche Entwicklung von Beginn an schildern und die jeweiligen Etappen von sich aus begründen, beschreiben und bewerten. Da die Interviewten sich aber inzwischen schon gedanklich mit dem Thema befasst haben und sich in ihrer eigenen Vorstellungswelt bewegen, können sich auch ihr Eigensinn und dringliches Mitteilungsbedürfnis ganz anders als erwartet Geltung verschaffen. Das kann etwa der Fall sein, wenn, wie in Beispiel B in Kapitel II, der berufliche Übergang von einem subjektiv herausragenden Ereignis dominiert ist – hier: dem überraschend gelungen Schritt in die Berufswelt (*„ruckzuck rangekommen eigentlich"*, B2). Das Ereignis liegt zwar am Ende des Übergangsprozesses, wird aber in der Darstellung aufgrund seiner Bedeutsamkeit möglicherweise vorweggenommen.

Solche *eigensinnigen Relevanzsetzungen* werden von den Interviewenden nicht unbedingt erwartet. Sie sollten aber auf jeden Fall akzeptiert und sogar als gewollt betrachtet werden, weil sie der problemzentrierten Rahmung, der erwünschten Subjektrolle der Interviewten sowie der Fokussierung der Methode auf die subjektive Bedeutung des Forschungsgegenstands entsprechen. Auf die individuelle Gesprächsgestaltung der Interviewten sollten Interviewende dann flexibel eingehen und die ersten Ausführungen jedenfalls als Ausgangspunkt für weitere Sondierungen aufgreifen. Diese Freiheit der Interviewten, in der Logik ihrer subjektiven Weltsicht und auf der Basis ihrer individuellen Relevanzsetzungen antworten zu können, ist durch die in der Folge thematisch zugespitzten *Fragen* zu Details zugunsten eines vertieften Verständnisses nicht einfach aufgehoben. Legt man die Ausführungen zum grundlegenden Problem des Sinnverstehens (vgl. Kapitel III/1) gerade im Kontext der Dokumentarischen Methode der Interpretation zugrunde, gilt auch hier: Interviewte können auf Fragen immer nur auf ihre Art und ihrer Sicht der Dinge entsprechend antworten und in Abhängigkeit davon, wie sie die Fragen der Interviewenden im Moment eben gerade verstehen (können). Da sie schon im Vorfeld über das Anliegen informiert wurden, bewegen sich die Interviewten thematisch in einem Gedankenfluss, in dem sie (konkretisierende) Fragen dann weitgehend als Konsequenz und Reaktion auf ihre eigenen Ausführungen erkennen können und entsprechend beantworten.

Unter diesen Voraussetzungen stellen für die Interviewten auch *ungeschickt formulierte Fragen* den thematischen Kontext oder den eigenen Erfahrungshorizont nicht in Frage. Die wahrgenommene Ernsthaftigkeit im fortlaufenden Bemühen der Interviewenden um das Verstehen ihrer Erlebniswelt veranlasst sie dazu, selbst zum beidseitigen Verständnis beizutragen. So haben in ihren Augen unzutreffende Zurückspiegelungen und Sinnunterstellungen dann eher *diffusen Aufforderungscharakter* und laden in erster Linie zu einer Überprüfung der Übereinstimmung mit ihren eigenen Vorstellungen ein. Wenn sie von Anfang an ernst genommen werden, besteht die Chance, dass die Interviewten auch gegenüber Irritationen im Gespräch resilient sind. Schließlich können sie dadurch selbstbewusst erwarten, dass sie ihre individuelle ‚Geschichte' ausbreiten und sich dabei als Experten und Expertinnen ihrer Lebenswelt behaupten können. So entwickeln die Interviewten ein Verständnis gerade auch für etwas umständlich oder gar ‚schräg' formulierte Fragen und für die jeweilige Vorläufigkeit der Einblicke der Interviewenden in ihre Lebenswelt. Entsprechend erweitern sie von sich aus ihre Ausführungen, stellen Sachverhalte richtig und tragen auf diese Weise dazu bei, die Vagheit der thematischen Sinnerfassung im Interviewprozess zu reduzieren.

Insgesamt sind valide Antworten für das Gelingen von PZIs also wichtiger als präzise Fragen. Schließlich können Antworten selbst bei einer fokussiert formulierten Frage im doppelten Sinne *eigensinnig* sein: einerseits erweiternd, vertiefend und korrigierend; andererseits vielleicht unvollständig, ausweichend, wiederholend, selbstüberzeugend konstruierend. Für die konkrete Interviewdurchführung gilt jedoch: Diese für den Erkenntnisprozess jedenfalls wertvoll eigensinnigen Ausführungen lassen sich *von den Interviewenden nicht vorwegnehmen.*

Mit der Übergabe der Gestaltung des Gesprächs an die Interviewten beginnt für die Interviewenden eine anspruchsvolle *Phase des aktiven Zuhörens.* Obwohl sie sich dabei zurückhalten und, bildlich gesprochen, zurücklehnen sollen, müssen doch mehrere Aktivitäten kombiniert werden. Die Rahmenbedingungen dafür sind angesichts der Unsicherheit bezüglich der tatsächlichen Dauer des angestoßenen Redebeitrags äußerst herausfordernd. Die Interviewenden müssen, kurz gesagt,

- … *aktiv zuhören* und das mit entsprechenden (körpersprachlichen) Signalen zum Ausdruck bringen;
- … das Gesagte aufnehmen, verarbeiten und gedanklich zu *Vorinterpretationen* weiterspinnen;
- … Themen und Perspektiven für mögliche *Nachfragen* identifizieren und notieren;
- … den Gehalt der besprochenen Aspekte einschätzen und einen *stillen Abgleich* mit dem Gesprächsfaden und vorhandenem Vorwissen vornehmen.

All das sind *innerliche Vorgänge*, die hinter der Fassade des aktiven Zuhörens (und gelegentlichen Notierens) ablaufen. Herausfordernd sind vor allem die zügige Entwicklung von Vorinterpretationen und die Vorbereitung möglicher allgemeiner und/oder spezifischer Sondierungen sowie die Entscheidung für die eine oder andere Kommunikationsstrategie. Schließlich kann sich dadurch angesichts der *Pfadabhängigkeit von Gesprächsbeiträgen* der weitere Verlauf des Interviews erheblich ändern. So sind etwa Verständnisfragen in ihrer gesprächsfördernden Wirkung anders einzuschätzen als Detaillierungs- oder Ad-hoc Fragen. Diesen Aspekt vertiefen und illustrieren wir in den nächsten Abschnitten.

Sobald die Interviewten im Anschluss an die erzählungsgenerierende Frage mit ihren Ausführungen zum Ende gekommen sind, stellen die Interviewenden also ihre erste Nachfrage. Damit leiten sie einen *dialogischen Klärungsprozess* ein, der bei Bedarf für jeden Themenbereich des Problems (wie im Gesprächsfaden dokumentiert) wiederholt wird, jedoch unterschiedlich gestaltet sein kann. Diese Flexibilität von PZIs stellt die größte Herausforderung für die Gesprächsführung dar, weil die Interviewenden gleichzeitig die beiden Anliegen der Generierung von ‚Material' einerseits und von Verständnis andererseits verfolgen. Die Interviewten befinden sich in der Situation, die angebotenen Ausführungen, ihr Vorwissen, den Gesprächsfaden und ihre sich entwickelnden Vorinterpretationen laufend abgleichen zu müssen und auf dieser Grundlage Entscheidungen bezüglich der weiteren Gesprächsgestaltung zu treffen. Das alles muss sehr schnell gehen, denn analog zu Alltagsgesprächen gelten auch hier die zeitlichen Konventionen des Ineinandergreifens von Redebeiträgen der beiden Beteiligten. Die Unmittelbarkeit direkter Begegnungen bietet wenig Spielraum für Rückzug und gedankliche Sortierung. Einmal in Gang gesetzt, kann das Gespräch nicht zeitweise verlassen werden.

Die *Auswahl von Kommunikationsstrategien* und das Adressieren bestimmter inhaltlicher Aspekte folgen keiner strikten Logik oder Reihenfolge. Es hat sich allerdings bewährt, zu Gesprächsbeginn eher erzählungsgenerierend vorzugehen und vor allem für die punktuelle Verständnisklärungen bzw. das Einfordern von Details passende Gelegenheiten abzuwarten. Diffizile, aber für das Verständnis nicht essenzielle Sondierungen etwa von Widersprüchen sollten eher zurückgestellt werden, weil sie sich im Fortgang des Gesprächs manchmal von selbst erledigen.

Die konkrete Abfolge von Schritten, die auf die erste Nachfrage folgen, lässt sich nur schwer antizipieren. Diese Interaktion bildet den Kern des praktisch durchgeführten Interviews zur *diskursiv-dialogischen Rekonstruktion* der Problemsicht der Interviewten. Indem die Interviewten im Laufe des Gesprächs an der Klärung von Vorinterpretationen beteiligt werden, wird ihre alltagshermeneutische Kompetenz dazu benutzt, Interpretations- und Verstehensprozesse gleichzeitig abzukürzen und zu validieren. Die im Folgenden anhand von Interviewausschnitten aus der Beispielstudie ausführlich dargestellten Kommunikationsstrategien sind die wichtigsten Mittel, die für die Gestaltung der problemzentrierten Gesprächsführung zur Verfügung stehen.

5.2. Ausgangspunkte des Interviewgesprächs

Um die Art und Weise zu bestimmen, *wie* Interviewfragen konkret gestellt werden, wollen wir noch einmal reflektieren, was *Ziel* und *Zweck* der Fragen sind, und *wann* sie jeweils eingesetzt werden. Wie andere Verfahren der Datenerhebung, verfolgt auch das Interview das *Ziel*, das Forschungsinteresse der Interviewenden voranzubringen. Den Forschungs*gegenstand* bilden dabei die Handlungen und Orientierungen, die durch die Interviewten als Akteurinnen und Akteure bzw. Expertinnen und Experten ihrer Erfahrungen erinnert und rekonstruiert werden. Der *Zweck* der Interviewfragen besteht darin, die subjektive Sicht der Interviewten auf die untersuchten thematischen Zusammenhänge und auf einzelne Aspekte optimal zur Geltung zu bringen. Durch die Anregung von Erzählungen und im Dialog mit den Interviewten soll eine Materialgrundlage für die Entwicklung neuer Erkenntnisse erarbeitet werden. Diesem Zweck entsprechend wird die beabsichtigte *Wirkung* von Fragen allgemein dadurch erzielt, dass Interviewende immer wieder die *Eigenaktivität* der Interviewten fördern und unterstützen.

Um die Problemsicht der Interviewten inhaltlich zu erschließen und rekonstruktiv zu interpretieren, geht es in der Interviewinteraktion *praktisch* darum,

- … eine ausführliche Eingangserzählung bzw. selbstläufige Äußerung anzuregen, um möglichst offen erste *thematische Einblicke* aus der Sicht der Interviewten zu bekommen;
- … Explikationen anzuregen, um wichtige oder interessante Anknüpfungspunkte für die *Entfaltung der Thematik* zu erschließen;
- … einzelne thematische Aspekte zu detaillieren, um ein *tieferes Verständnis* ihrer Bedeutung zu erlangen;
- … die Rekapitulation einzelner Aussagen anzuregen, um konkrete *Verständnisprobleme* (vor allem inhaltlicher, aber auch akustischer Art) zu lösen;
- … Einzelaussagen aus ihrer Alltagsselbstverständlichkeit zu lösen, um deren Sinngehalt zu ermitteln und *begriffliche Klärungen* voranzutreiben;
- … Explikationen zu hinterfragen, um mögliche *Sinnunterstellungen* aufzuklären und *Missverständnisse* zu vermeiden und auszuräumen.

Das Ausgangsmaterial für vertiefende *Nachfragen* und den voranschreitenden Erkenntnisprozess des Interviewers bildet all das, was im Laufe des Interviews an Aussagen entsteht und in gemeinsamer Anstrengung der Interviewbeteiligten zusammengetragen wird. Das Wissen der Forschenden wird im Prozessverlauf des Interviewens – mit seinen *Redundanzen* in Ausführungen und Antworten auf Nachfragen – schrittweise erweitert, konkretisiert und verfestigt. Die Qualität neuartiger Erkenntnisse hängt jedoch auch davon ab, ob und wie die vielfältigen Kommunikationsprobleme im Interview aufgegriffen und bearbeitet werden. Fehler und Missverständnisse entstehen vor allem dann leicht, wenn, wie in Beispiel B (siehe Kapitel II/2), die Interviewenden mit einer für sie fremden Lebenswelt konfrontiert werden; wenn sie gerade erst dabei sind, sich auf den individuellen Sprachgebrauch einzustellen; oder wenn beide Interviewbeteiligten ein Arbeitsbündnis und eine Atmosphäre des Vertrauens erst noch erarbeiten müssen. Fragen dienen außerdem dazu, im Laufe des Interviews thematische *Lücken* zu füllen, die sich aufgrund der Komplexität der Rekonstruktionen oder erst später erfolgender Erinnerungen ergeben können. Schließlich provozieren Fragen *Antworten* und schaffen dadurch Möglichkeiten, zuvor getätigte Explikationen und Interpretationen korrigieren oder zumindest gemeinsam verhandeln zu können (vgl. hierzu die Ausführungen zur dokumentarischen Methode der Interpretation, Kapitel III/1).

Bei einem Interview handelt es sich um ein komplexes Zusammenspiel interaktiver und thematischer Aspekte im Prozessverlauf. Daher müssen Interviewende immer wieder entscheiden, *zu welchem Zeitpunkt*, und ob überhaupt, es situativ angebracht ist, mit ihren Fragen zu intervenieren. Während sie die Interviewinteraktion am Laufen halten, müssen sie gleichzeitig ständig Lösungen finden für *Dilemmata*, die sich in folgenden Fragen zum Ausdruck bringen lassen:

- Sollte ich nicht gerade am Anfang des Interviews Fragen lieber zurückstellen, weil ich mir nicht sicher bin, ob die Interviewenden die aktive Rolle annehmen werden?
- Ist die Erzählung der Interviewten tatsächlich zu Ende, oder denkt die Person eventuell noch über die Fortführung der Antwort nach? (vgl. Box 4.7)
- Wie dringlich ist die Klärung dieser speziellen Frage für mein Verständnis des Interviewfortgangs? Sollte ich mir nicht besser eine Notiz dazu machen und ihre Beantwortung im späteren Verlauf des Interviews im Auge behalten?
- Sollte ich bei meiner Nachfrage nicht lieber auf einen Aspekt zurückgreifen, von dem ich glaube, dass er für die Interviewte besonders relevant ist und dass er eine außergewöhnlich erzählungsgenerierende Wirkung haben könnte?
- Bin ich mir sicher, dass zwischen mir und der Interviewten eine Gesprächsatmosphäre herrscht, in der meine Frage verständlich ist? Wird mein Gegenüber die Frage als deutliches Interesse akzeptieren, auch wenn sie vielleicht etwas ungestüm wirkt?
- Kann ich wirklich davon ausgehen, dass diese Intervention nicht doch als Unterbrechung seines Gedankenflusses gewertet wird?

Angesichts der Unmittelbarkeit des Austauschs ist es nicht immer leicht, richtig zu reagieren. Im Interview angemessene Entscheidungen treffen zu können, ist auch eine Frage der *Erfahrung und Kompetenz der Interviewenden*, die nur durch eigene Interviewpraxis erworben werden kann. Angesichts der anspruchsvollen methodischen Vorschläge und Vorgehensweisen zur Bearbeitung dieser Unsicherheiten und Zweifel wird deutlich, dass Interviewführung erlernt werden muss. *Schulungen* sensibilisieren dafür, den richtigen Zeitpunkt für

(Nach-)Fragen besser einschätzen zu können. Auch im vorliegenden Buch werden die entsprechend notwendigen Grundlagen vermittelt. Entscheidend für den Kompetenzerwerb ist aber immer noch die eigene *Praxis* des aktiven Interviewens, bei der die programmatischen Vorschläge des PZI und seine verschiedenen Werkzeuge ausprobiert werden können.

5.3. Situativer Einsatz verschiedener Kommunikationsstrategien

Den Prinzipien des PZI entsprechend folgen Fragen grundsätzlich den Erfordernissen des Wissenszuwachses der Interviewenden, ohne aber die Interviewten in ihrer Freiheit zur Darlegung ihrer subjektiven Problemsicht einzuschränken. Nach dem *Warum, Wann* und *Wozu* des Einsatzes von Fragen ist nunmehr zu klären, *wie* Interviewende Fragen stellen, d.h. wie Fragen konkret formuliert, und im Interview problemzentriert eingesetzt werden. Welche *Mittel der Kommunikation* sich für das PZI als geeignet erwiesen haben, um die erwähnten Ziele, Zwecke und das Wann ihrer Anwendung im Interview realisieren zu können, lässt sich am besten an konkreten Beispielen erläutern.

Diese Grundlagen der Verwendung von Kommunikationsstrategien vermitteln wir anhand von Textausschnitten eines Interviews aus der Beispielstudie: *Fallbeispiel C* ist ein Interview mit Emil B. (Pseudonym). Kommunikationsstrategien lassen sich nicht schablonenhaft anhand zusammenhangloser Beispiele darstellen. Die Bedeutsamkeit der Kontextgebundenheit von Aussagen und die Vorteile von Kontextwissen für ihr Verständnis gelten auch und gerade für die Vermittlung kommunikativer Interventionsmöglichkeiten mit strategischem Charakter. Wir illustrieren die PZI-Kommunikationsstrategien daher an insgesamt *sechs Interviewsequenzen*. Auch diese Beispiele sind nicht ohne Makel, erlauben dadurch aber eine vielschichtige und realitätsnahe Darstellung der Dynamik von Abläufen in Interviews.

Die ersten drei Interviewsequenzen (5.3.1.) sind Beispiele für Situationen, in denen es durch die Verwendung erzählungsgenerierender Kommunikationsstrategien in erster Linie um die *Entfaltung der Thematik* und um das Anregen von Anknüpfungspunkten für Sondierungen geht. Die Interviewsequenzen 4 bis 6 (5.3.2.) illustrieren Kommunikationssituationen mit stärker *verständnisgenerierender Dynamik*. Dabei werden komplexe Sachverhalte verhandelt und aufgeklärt sowie abstrakte Zusammenhänge mit konkreten Erfahrungen verknüpft. Den Status der Kommunikationsstrategien im Rahmen der Programmatik von PZIs haben wir bereits in Kapitel III/4 diskutiert. Im Gegensatz dazu und ähnlich wie im hinführenden Kapitel II, entwickeln wir das Argument auch hier aus dem Interviewmaterial heraus. Das heißt, wir verlagern die Perspektive und organisieren die Darstellung entlang des konkret realisierten Dialogs. Wir folgen Schritt für Schritt der (inhaltlichen) Dynamik des Gesprächs und abstrahieren dann davon, um die methodischen Besonderheiten des Interviewausschnitts darzustellen und sie schließlich anhand indikativer Beispiele zusammenzufassen (5.3.3.) und zu kommentieren (5.3.4.).

Im Anschluss an Interviewsequenz 6 fügen wir ergänzend ein Beispiel für die Kommunikationsstrategie der Anregung exemplarischer Erzählungen konkreter Erfahrungsbeispiele ein (Box 4.6). Da Fallbeispiel C dafür als Quelle nicht geeignet ist, müssen wir ausnahmsweise auf ein Interview aus einer anderen Studie zurückgreifen.

Alle Kommunikationsstrategien sind in zwei Übersichten zu erzählungsgenerierenden (Tabelle 4.2) und verständnisgenerierenden Vorgehensweisen (Tabelle 4.3) zusammengefasst und finden sich am Ende von Abschnitt 5.3.3.

5.3.1. Zielgerichtete Pfade zum Wissen – erzählungsgenerierende Strategien

PZI-Kommunikationsstrategien verfolgen immer zwei analytisch unterscheidbare Anliegen, die in der Interviewpraxis ineinandergreifen. Die *thematische Bearbeitung* des Forschungsproblems mit dem Ziel der Produktion einer in sich schlüssigen Materialgrundlage geht Hand in Hand mit der *methodischen Programmatik* der Rekonstruktion der Problemsicht der Interviewten auf dieses Material. In diesem Abschnitt illustrieren wir anhand von drei Interviewsequenzen aus Beispiel C vor allem den ersten Aspekt der thematischen Entfaltung des Forschungsproblems. *Interviewsequenz 1* zeigt einen gelungenen Einstieg verbunden mit einer als ambivalent zu bewertenden ersten Anschlussfrage. Die daran anschließende *Interviewsequenz 2* ist ein Beispiel für einen schrittweisen und offenen Erkenntnisgewinn, der angeregt durch erzählungsgenerierende Kommunikation eigendynamisch zur Klärung von Sinnzusammenhängen führt. Die Vorteile der Etablierung einer (prospektiven) Prozessperspektive, im Gegensatz zu einer (retrospektiven) Rekonstruktionsperspektive werden in *Interviewsequenz 3* veranschaulicht.

Einstieg & Anschlussfrage – Interviewsequenz 1

Die *Eingangserzählung* (C1/2) gibt einen ersten Überblick über den berufsbiografischen Verlauf von Emil B. Sie wird, wie auch bei Patrick M. in Beispiel B (Kapitel II/2), mit einer ***erzählungsgenerierenden Frage*** (C1/1) angeregt, die nicht gerade lehrbuchmäßig formuliert zu sein scheint. Was steckt dahinter, warum funktioniert dieser Einstieg dennoch, und warum ist es kein beliebiger Einstieg?

C1/1	*I (Interviewer): … da musst' Dich da nicht wundern. Äh, Du kannst da einfach da anfangen, wie das dazu gekommen ist, dass Du Dich für Bankkaufmann entschieden hast, dann können wir von da aus dann so weitergehen.*
C1/2	***Emil B.:** Ach ja, das kam eigentlich mehr oder weniger durch meinen Bruder, der hat also auch Bankkaufmann gemacht. Und ich hab' Wirtschaftsschule gehabt und das war eigentlich Bankkaufmann oder Industriekaufmann, je nachdem. Und da mein Bruder den Bankkaufmann gemacht hat und dem's eigentlich recht gut gefallen hat, und ich da doch auch 'n bissel Einblick bekommen hab', wie das läuft, bin ich eigentlich auch zur Bank gekommen. Ich hab' damals fünf Bewerbungen, glaub' ich, losgeschrieben und hab' dann drei Zusagen, also zwei feste Zusagen und die Bank hat sich noch interessiert gehabt für mich, hab' ich's dann bekommen und …*
C1/3	***I:** Drei Zusagen hast Du bekommen?*
C1/4	***Emil B.:** Ja, also zwei feste Zusagen und eine hätt' sich noch interessiert, aber da hab' ich denn die andere Arbeitsstelle schon gehabt. Und, na ja, dann hab' ich halt da abgesagt.*

Die drei Punkte vor dem unvollständigen ersten Satz deuten auf ein Vorgespräch hin, dessen Ende der Interviewer vor dem Starten der Aufzeichnung nicht abgewartet hat. Unvermittelt steigt er mit der saloppen Formulierung *„Äh, Du kannst da einfach da anfangen" (C1/1)* in den inhaltlichen Teil ein. Die Ziele des Interviews und seine Vorgehensweise hat er offenbar davor erläutert und die informelle Art des Interviewers weist darauf hin, dass bereits eine *vertrauensvolle Gesprächsatmosphäre* entstanden ist.

Wie ist die Anschlussfrage des Interviewers (C1/3) zu verstehen und zu bewerten?
Mit seiner Anschlussfrage bleibt der Interviewer gedanklich an der letzten Aussage von Emil B. hängen, weil er ein Verständnisproblem bezüglich der Anzahl der festen Zusagen hat und diesen Punkt klären will. Er möchte seine Vermutung überprüfen, dass *„die Bank" (C1/2)* eine davon ist und Emil B. somit tatsächlich insgesamt drei Zusagen erhalten hat („*… hab' dann drei Zusagen, also zwei feste Zusagen …", C1/2)*. Der Interviewer findet an dieser Stelle die Klärung des Sachverhalts wichtig, um weiter folgen zu können. Er entscheidet sich dagegen, die Frage lediglich zu notieren und für einen späteren Zeitpunkt aufzuheben.

Unseren Empfehlungen entsprechend sollte der Interviewer, nachdem er ihn ausreden ließ, eigentlich zunächst dem roten Faden von Emil B. folgen und eine weitere narrative Sequenz anregen. Stattdessen unterbricht er, greift den Hinweis auf die drei Zusagen auf und formuliert ihn als Frage um: *„Drei Zusagen hast Du bekommen?" (C1/3)*. Durch diesen Wechsel auf die diskursiv-dialogische Ebene bringt er seine Entscheidung zur Klärung eines offenen Sachverhalts mit einer ***verständnisgenerierenden Nachfrage*** zum Ausdruck. Ähnlich der Formulierung der Einstiegsfrage folgt er seiner *Situationseinschätzung*, das Anliegen der Stärkung der Eigenaktivität von Emil B. nicht durch das Unterbrechen seines

Erzählfadens zu konterkarieren. Die Antwort von Emil B. (C1/4) bestätigt, dass er diese Intervention als implizite, der Alltagssprache entnommene Form der Klärung eines Sachverhalts verstanden hat.

Welche methodischen Besonderheiten sind hier auffällig?
Der Einsatz einer bestimmten Fragekategorie in der konkreten Interviewpraxis folgt keinem starren Schema und auch keinem Standardverfahren, sondern ist an die individuellen *Erfordernisse des Verständnisprozesses* angepasst. Auch in Beispiel C trifft der Interviewende situative Entscheidungen für den Verlauf seines Erkenntnisfortschritts. Die Tatsache, dass sich, wie in diesem Beispiel, erprobte Verfahrensrichtlinien durch individuelle Einschätzungen von Interviewenden relativieren können, bleibt allerdings häufig nicht ohne Konsequenzen, wie der unmittelbare Fortgang des Interviews zeigt.

Schrittweiser und offener Erkenntnisgewinn durch erzählungsgenerierende Kommunikation – Interviewsequenz 2

Nachdem der Sachverhalt der drei Bankzusagen geklärt ist, geht der Interviewer der Frage nach, woher oder wie Emil B. die Sicherheit gewonnen hatte, sich vor allem auf Ausbildungsstellen in genau diesem Berufsfeld zu bewerben.

C2/1	***I (Interviewer):*** *Und war das, war das schon so, als Du beschlossen hast: „Ich geh' jetzt in die Wirtschaftsschule, mir ist es klar, ich geh' jetzt Richtung Bank oder Richtung Kaufmännisches!" Oder wie kam das?*
C2/2	**Emil B.:** *Es war eigentlich schon, wie ich in die Wirtschaftsschule gegangen bin, ja, irgendwie ins Kaufmännische rein, ja. Weil, sonst hätte ja nit Wirtschaftsschule gemacht, sonst hätte ich normale Realschule gemacht, aber so hab' ich Wirtschaftsschule gemacht in Bezug auf, darauf, dass ich da 'n ½ Jahr weniger Lehrzeit hab'.*
C2/3	**I:** *Ach so, ja.*
C2/4	**Emil B.:** *Wirtschaftsschule zwei Jahre, Realschule 2 ½ Jahre. Und ich meine, auch die Chancen sind – hab' ich mir sagen lassen von [der] Wirtschaftsschule in die Bank zu kommen, bissel besser als von der Realschule.*

Der Interviewer will mehr wissen über die Entwicklung der Optionen Bank- oder Industriekaufmann (C2/1). Da er in der Eingangserzählung bereits vom Besuch der *„Wirtschaftsschule" (C1/2)* erfahren hat, geht er zeitlich nur einen kleinen Schritt zurück und sondiert den Zusammenhang zwischen dem Schulbesuch und dieser beruflichen Option.

Wie ist die Intervention des Interviewers zu bewerten?
Der Interviewer hat nun mit den Folgen seiner ersten Intervention im Anschluss an die Eingangserzählung (C1/3) zu kämpfen. Schließlich hat er mit der

programmatischen Empfehlung des schrittweisen Verfolgens berufsbezogener Optionen – im Sinne eines allgemein formulierten *„Wie kam es dazu?"* – gebrochen. Außerdem legt er den Fokus auf diese eine Bewerbung von Emil B., die nahe am aktuellen Endpunkt seiner berufsbiografischen Entwicklung liegt. Durch die Verengung der Perspektive will er nunmehr herausfinden, ob das Versenden von Bewerbungen um einen Ausbildungsplatz als Bankkaufmann Grund oder Folge des Besuchs der Wirtschaftsschule war.

Die Anschlussfrage greift diesen komplizierten Zusammenhang auf (C2/1). Emil B. kann damit durchaus etwas anfangen (C2/2), auch weil der Interviewer mit seiner Formulierung stilistisch auf der Ebene der Alltagssprache verbleibt. Indem er Emil B. konkrete Gedanken unterstellt (*„mir ist es klar, ich geh' jetzt Richtung Bank oder Richtung Kaufmännisches", C2/1*), versucht er sich in die damalige Situation des Interviewten und in dessen Perspektive hineinzuversetzen. Dadurch regt er Emil B. an, seine Entscheidung und Handlungen *aus der damaligen Sicht und nicht im Rückblick* aus der aktuellen Situation heraus zu rekonstruieren. Dieser zeitliche Rückverweis hat in Kombination mit der abschließenden Formulierung *„oder wie kam das?" (C2/1)* nun den Charakter einer ***erzählungsgenerierenden Frage***. Das heißt, der Interviewer greift den roten Faden der angebotenen Erzählung wieder auf, welcher durch seine eigene ***Verständnisfrage*** (C1/3) zunächst unterbrochen wurde. Emil B. beantwortet im Gegenzug (C2/2) nicht nur die Frage, ob seine Berufsoptionen vor oder nach der Entscheidung für den Besuch der Wirtschaftsschule im Raum standen. Indem er die konkreten Vorteile des Besuchs der Wirtschaftsschule nennt und auf seine damit verbundene Ausbildungszeitersparnis verweist, unterstreicht er zugleich seine Entschlossenheit zur strategischen Verfolgung seiner beruflichen Pläne.

An diesem Beispiel wird einer der intendierten Effekte von ***Erzählanregungen*** deutlich: Im Gegensatz zu herkömmlichen Verfahren in der Logik eines knappen *Frage-Antwort-Schemas* besteht die Antwort auf Erzählanregungen nicht einfach nur in der Bestätigung, dass die Berufsoption schon vor dem Besuch der Wirtschaftsschule existierte. Vielmehr stellt Emil B. diesen Aspekt *von sich aus in einen größeren thematischen Sinnzusammenhang* – d. h. er kontextualisiert die Details selbst (Grundsätzliches dazu vgl. Box 4.6). Genau darauf setzt das Verfahren. In unserem Beispiel betrachtet Emil B. die kaufmännische Ausrichtung der Wirtschaftsschule gerade auch im Vergleich zum möglichen Besuch der Realschule als passgenau für seine beruflichen Optionen. Zu diesem *Grund* für die schulische Entscheidung gesellt sich zudem der *Vorteil* der verkürzten Lehrzeit.

Und fast nebenbei gibt Emil B. zu erkennen, dass der Besuch der Wirtschaftsschule auch *Konsequenzen* für seine Berufsoptionen hat. Im Gegensatz zur Realschule erhöhen sich durch den Besuch der Wirtschaftsschule die *„Chancen …*

in die Bank zu kommen“ (C2/4), wodurch die Alternative Industriekaufmann an Bedeutung verliert. Die vom Interviewer angesprochene allgemeine Option *„Richtung Kaufmännisches“ (C2/1)* wird mit dem Besuch der Schule zweitrangig. Auf der inhaltlichen Ebene verdeutlicht Interviewsequenz 2 als kurzes Beispiel für den schrittweisen und offenen Erkenntnisgewinn, welche Bedeutung der Ressource Bildung für die Arbeitsmarktchancen von Emil B. auch in seiner Selbstwahrnehmung zukommt.

Welche methodischen Besonderheiten sind hier auffällig?
Mit seiner Sprechweise nimmt der Interviewer Abstand von seiner akademischen Sprachkultur. Durch den *alltagssprachlichen Stil* muss Emil B. sich nicht anpassen und kann bei seinen gewohnten Formulierungen bleiben. Außerdem passt der Sprachstil zur angestrebten vertraulichen Gesprächsatmosphäre. Das wäre selbst dann von Vorteil, wenn der Interviewer aus der Sicht des Interviewten einem fremden Kulturkreis angehörte und für ihn weiterhin ‚einer von der Uni‘ bliebe.

Die zusätzlichen Ausführungen von Emil B. erweitern das Themenfeld der beruflichen Orientierung und zeigen, wie wichtig es gerade am Anfang eines PZI ist, mithilfe ***erzählungsgerierender Fragen*** eine umfassende Materialgrundlage zu schaffen. Aus der kurzen Aussage in der Eingangserzählung – *„Und ich hab' Wirtschaftsschule gehabt und das war eigentlich Bankkaufmann oder Industriekaufmann, je nachdem.“ (C1/2)* – ist durch die Informationen und die Dynamik von Interviewsequenz 2 ein erweiterter und präzisierter Sinnzusammenhang erwachsen. In der Eingangserzählung stehen Wirtschaftsschule und Bank- oder Industriekaufmann noch verbunden durch ein unspezifisches ‚Und‘ nebeneinander. Anhand der zusätzlichen Ausführungen lässt sich das ‚Und‘ nunmehr durch ein ‚Weil‘ ersetzen: *ex ante* Wirtschaftsschule weil *„irgendwie ins Kaufmännische“* (C2/2); *ex post* Bankkaufmann weil Wirtschaftsschule (C2/4).

Der individuelle Freiraum der Gestaltung des Interviews hat positive Auswirkungen. Emil B. kann in der Frage (C2/1) eine *thematische Kontextualisierung* entdecken und nutzt sie, um einen für sich plausiblen Sinnzusammenhang herzustellen, der auch für den Interviewer aufschlussreich ist und in dieser Form nicht vorhersehbar war. Die ***erzählungsgerierende Frage*** hat zugleich eine ***verständnisorientierte Wirkung***. Gerade durch ihre implizite Anregung der Herstellung einer logischen Weil-Verknüpfung erfüllt sie den Zweck, im Laufe des Interviews eine *reiche und in sich schlüssige Materialgrundlage* zu schaffen.

Die Zwischenbemerkung des Interviewers – *„Ach so, ja“ (C2/3)* – ist *nicht als Unterbrechung* zu werten, vielmehr handelt es sich dabei um eine in der Alltagskommunikation übliche Form der Bestätigung des Gehörten. Einem nonverbalen Kopfnicken ähnlich, bringt sie zum Ausdruck, dass der Interviewer den Ausführungen von Emil B. nicht nur aufmerksam folgt, sondern – und dies ist für seine Authentizität wichtig – sie auch *verstanden* hat.

Etablieren einer Prozessperspektive – Interviewsequenz 3

Interviewsequenz 3 schließt wieder direkt an Interviewsequenz 2 an. Anhand dieses Abschnitts können wir den für die Untersuchung biografischer Erfahrungen zentralen *Unterschied zwischen Retrospektion und Prospektion* vertiefen. Interviewzeitpunkt und Fragerichtung sind grundsätzlich so angelegt, dass die Äußerungen von Interviewten zu ihren Erfahrungen *retrospektiv* erfolgen. Der Interviewer kann also die Handlungen und Orientierungen auch nur anhand des Rückblicks von Emil B. und ausgehend vom Standpunkt am Ende der Entwicklung seiner berufsbiografischen Optionen rekonstruieren. Dies erfolgte immer bezogen auf das Endergebnis, wodurch die Thematik mit den jeweiligen Antworten quasi ‚zum Stillstand' kam. Mit seiner Folgefrage (C3/1) in Interviewsequenz 3 versucht der Interviewer Emil B. gedanklich dennoch zeitlich zurück zum Startpunkt seiner beruflichen Überlegungen zu versetzen (Schulbesuch, „*7. Klasse*"), um ausgehend von diesem Startpunkt die Entfaltung einer *prospektiven* Darstellung in der Perspektive des schrittweisen Durchlaufens von Orientierungen anzuregen. Die Erwiderung von Emil B. zeigt, dass er sich auf diese Prozessperspektive einlässt („*von Anfang an*", C3/2).

C3/1	**I (Interviewer):** *Ja. Und so als Du dann in der 7. Klasse warst, überlegt hast, ja, ich will vielleicht so in die kaufmännische Richtung, gab's noch etwas anderes, was Dir vielleicht auch durch 'n Kopf gegangen ist bis dahin?*
C3/2	**Emil B.:** *Ach, so anders als solches, eigentlich nit. Na [bayrisch: „nein"], ich hab' also schon von Anfang an gewusst, irgendwas Kaufmännisches mehr oder weniger, Industriekaufmann oder …*
C3/3	**I:** *Ja. Weißt Du noch da, was Du Dir so erhofft hast zu der Zeit, als Du überlegt hast, ja Kaufmännisches, was haste gedacht, wie wird das werden, oder was ist toll an dem Beruf dann?*
C3/4	**Emil B.:** *Sagen wir so, das Umgehen als solches mit Zahlen, das hab' ich schon immer, weil Mathematik und so war ich schon immer besser als in Sprachen als solches. Und da hat mich das eigentlich schon mehr oder weniger gereizt, und dann ist für mich doch der Bankkaufmann in Frage gekommen, weil ich auch gern mit Menschen umgehen will, und da trifft sich das eigentlich mehr oder weniger grad' optimal, sowohl mit Leuten umzugehen als auch dann mit Zahlen zu arbeiten und überhaupt eigentlich einen gut, einigermaßen gutbezahlten Job und einen ruhigen Job zu haben. Und da ist also m. E. nach der Bankkaufmann grad' das Optimale.*

Auf den ersten Blick erstaunt die Frage nach alternativen Überlegungen („*gab's noch etwas anderes*", *C3/1*) an dieser Stelle. So deuten die bisherigen Ausführungen von Emil B. doch darauf hin, dass er recht entschieden die Berufsoption Bankkaufmann verfolgt hat und die berufliche Orientierung geradlinig verlief. Dennoch gibt es für den Interviewer zwei gute Gründe dafür, nach möglichen beruflichen Alternativen zu fragen.

- Zum einen kann er damit sein *Vorwissen* bezüglich berufsbiografischer Entscheidungsprozesse einsetzen. Er weiß aus früheren Studien, oder auch aus anderen bereits durchgeführten Interviews, dass während der zeitlichen Annäherung an bevorstehende schulische und berufliche Entscheidungsprozesse *häufig mehrere Optionen* bestehen. Üblicherweise werden manche Optionen im Zuge der Konfrontation mit den Anforderungen des Ausbildungs- und Arbeitsstellenmarktes und aufgrund der Einschätzung eigener Qualifikationsvoraussetzungen verworfen oder ausgetauscht. Das hat den Effekt, dass sie in Folge oft nicht mehr aktiv erinnert werden.

- Zum anderen ist der Interviewer mit den *Tücken der retrospektiven Rekonstruktion biografischer Ereignisse* vertraut. Er will nicht ausschließen, dass für Emil B. im Rückblick aus seiner gegenwärtigen Situation als Bankkaufmann – d. h. im Bewusstsein des Erfolgs, alle Hürden für die Option Bankkaufmann überwunden zu haben – frühere Alternativen praktisch irrelevant geworden sein könnten und daher auch nicht länger erwähnenswert sind.

Auch wenn die Aussagen von Emil B. vielleicht gar keinen Anlass zur Annahme ‚vergessener' Berufsoptionen geben, möchte der Interviewer diese naheliegende Verlaufshypothese dennoch aufgrund seines *Vorwissens* über die Bedeutung verschütteter Alternativen absichern. Auf diese Weise lassen sich die bereits gewonnenen Erkenntnisse über den vorberuflich-biografischen Prozess vervollständigen. Aufgrund seiner *Kenntnis der Dynamik von Prozessen beruflicher Umorientierung* greift der Interviewer diese Thematik in Interviewsequenz 3 also erneut auf und adressiert sie alltagssprachlich (*„gab's noch etwas anderes", C3/1)*. Emil B. bestätigt die klare Linie seiner beruflichen Option (*„von Anfang an gewusst", C3/2*) und lässt zugleich seine zielorientierte Flexibilität innerhalb des angestrebten Berufsbereichs erkennen: *„irgendetwas Kaufmännisches mehr oder weniger, Industriekaufmann oder …" (C3/2)*. Der Interviewer knüpft mit seiner Nachfrage an dieser Entschlossenheit von Emil B. an und interessiert sich dafür, in welche Richtung er sich entwickeln wollte, d. h. für seine *Aspirationen*. Bislang weiß er aus dem Gesprächsanfang (Interviewsequenz 1) nur um die Rolle des Bruders als Vorbild für das Ergreifen des kaufmännischen bzw. Bankberufs. Er kennt aber weder den Grund für die positive Einschätzung noch konkrete Praxiserfahrungen – *„das kam eigentlich mehr oder weniger durch meinen Bruder … dem's eigentlich recht gut gefallen hat, und ich da doch auch 'n bissel Einblick bekommen hab', wie das läuft" (C3/2)*.

Für den Interviewer ist es daher naheliegend, Emil B. an dieser Stelle, und wiederum alltagssprachlich-offen, nach seinen Erwartungen, Ideen und Urteilen zu befragen (*„was Du Dir erhofft hast … was haste gedacht … was ist toll …", C3/3*). Das ist *keine beliebige Frage*, die der Interviewer etwa nach einem vielleicht unsicheren und schnellen Blick in den *Gesprächsfaden* formuliert, sondern sie schließt als ***Detaillierungsfrage*** sowohl thematisch als auch zeitlich logisch an die bisherigen Ausführungen von Emil B. zur Option Bankkaufmann an. In seiner ausführlichen Antwort verweist er dann auf vorhandene Qualifikationsvoraussetzungen („*Zahlen*", „*Mathematik*"), seine Vorliebe für den Umgang mit „*Menschen*", ein „*einigermaßen*" gutes Einkommen und einen „*ruhigen Job" (C3/4).*

Trotz des geradlinigen Verlaufs und der anscheinend stimmigen Beurteilung des Ergebnisses, bleibt eine gewisse Unsicherheit bestehen bezüglich der Vermischung von quasi-prospektiv in der Logik des Ablaufs dargestellten Orientierungen (z. B. „*irgendwas Kaufmännisches*", *C3/2)* einerseits und retrospektiven Bewertungen („*aber so hab' ich Wirtschaftsschule gemacht" C2/2)* andererseits. Konkret: es ist an dieser Stelle letztlich nicht klar, ob das Urteil von Emil B. über den Beruf des Bankkaufmanns als „*grad das Optimale" (C3/4)* für ihn generell gilt, oder sich nur aus seinem Blickwinkel als Schüler ergibt. Zwar hat sich der Interviewer bemüht, Emil B. gedanklich in die Situation am Ende der Schulzeit zu versetzen: „*Weißt Du noch da, was Du Dir so erhofft hast zu der Zeit, als Du überlegt hast ...?" (C3/3).* Dennoch sind Verzerrungen der Wahrnehmung durch die *retrospektive Sichtweise* sowie Überlagerung durch später erfolgte praktische Erfahrungen nicht auszuschließen. Im konkreten Fall wird diese Vermischung noch dadurch begünstigt, dass das Interview einer Längsschnittstudie entstammt – d. h., die Daten aus der ersten Befragungswelle wurden ausschließlich retrospektiv erhoben. Eine grundsätzliche Lösung für diese Problematik könnte nur die systematische Kontrastierung prospektiver und retrospektiver Daten in den zeitlich nachfolgenden Interviewerhebungen bieten.

Welche methodischen Besonderheiten sind hier auffällig?
Der Interviewer artikuliert sein Anliegen zu Beginn der Textpassage in Form einer ***erzählungsgenerierenden****, die Breite der Thematik öffnenden* **Nachfrage** nach alternativen Überlegungen: „*gab's noch etwas anderes, was Dir vielleicht auch durch 'n Kopf gegangen ist?" (C3/1).* Hätte er die Frage darauf beschränkt, wäre der relevante Zeitraum für mögliche Berufsalternativen von Emil B. unklar geblieben. Der Interviewer möchte jedoch, dass Emil B. sich in die *Situation* am Ende des Schulbesuchs zurückversetzt. Er fordert ihn also dazu auf, sein *Gedächtnis* zu bemühen und eine erneute Rekonstruktion früherer beruflicher Orientierungen innerhalb der Zeitspanne ab mit dem Besuch der 7. Schulklasse vorzunehmen. Das ist die Intention des ersten Teils – „*Ja. Und so als Du dann in der 7. Klasse warst*" – sowie im Schlussteil der Frage „*... bis dahin?" (C3/1).* An der Antwort (C3/2) kann man geradezu ablesen, welche *Erinnerungsarbeit* Emil B. zur Beantwortung leisten muss. Er entwickelt seine Gedanken schrittweise, angefangen mit einem „*Ach*", das sein Verständnis der Frage dokumentiert. Der Satzteil „*so anders als solches, eigentlich nit*" drückt ein erstes Ergebnis seiner Überlegungen aus, die dann in einem entschiedenen „*Nit*" [bayrisch für: „Nein"] kulminieren und um eine Klarstellung ergänzt werden („*ich hab' also schon von Anfang an gewusst").*

Die Bedeutung dieser Analyse ist an den harmlos erscheinenden drei Pünktchen am Ende der Transkription dieser Aussage („…“, C3/2) von Emil B. zu ermessen. Sie symbolisieren eine *Sprechpause*, deren Einhaltung dem Interviewer wichtig war. Bevor er weitermacht, hält er kurz inne, weil er die Entwicklung der gedanklichen Schritte verfolgt und sicher sein will, dass Emil B. sie auch wirklich abgeschlossen hat. Die Sprechpause steht also für die Berücksichtigung der erforderlichen *Gedächtnisleistung* der Rekonstruktion vergangener Erfahrungen, Handlungen und Orientierungen, die Emil B. für den betreffenden Sachverhalt erst sortieren muss. Daran wird ersichtlich, wie wichtig *Empathie* und *Sensibilität* von Interviewenden für die Interviewten sind: Das Erkennen eines Bedürfnisses der Interviewten danach, die Erinnerungen zu sortieren, ist Voraussetzung dafür, ihnen den zeitlichen Raum für die *Strukturierung von Gedanken* zu überlassen. Interviewende sollten daher gerade auf Signale einer zaghaften Sprechweise und Mimik (z. B. Zögern, Sprechpausen, nachdenkliche Blicke) achten und die damit die verbundene *Denkarbeit* und vermittelte Unsicherheiten, Zweifel ernstnehmen.

Ein Vorteil für die anspruchsvolle retrospektive Rekonstruktionsleistung hinsichtlich vergangener Handlungen und Orientierungen ergibt sich in unserem Beispiel aus der Programmatik biografisch- und damit prozessorientierter Interviews. Demnach ist es grundsätzlich möglich, einzelne Fragen und Aussagen in den übergeordneten *zeitlichen und thematischen Prozesskontext* einzubetten. Die Beachtung dieses methodischen Aspekts resultiert hier in einer reichen Materialgrundlage basierend auf differenzierten Aussagen, die vielfältige Möglichkeiten der Wissenserweiterung mithilfe vertiefender Nachfragen zulassen. Weitere Belege für den Nutzen und die Zweckmäßigkeit der methodischen Empfehlungen und Richtlinien des PZI sind, auch unabhängig von diesem Beispiel, die vielen Rückmeldungen von Studienteilnehmenden am Ende eines Interviews. Viele zeigen sich erstaunt darüber, wie lange und in welchem Umfang sie sich mit der in Frage stehenden Thematik befassen konnten.

5.3.2. Verschlungene Wege zum Verständnis – verständnisgenerierende Strategien

Die Sammlung von problembezogenen Äußerungen im Sinne von Erfahrungen, Handlungen, Orientierungen etc. von Interviewten sowie deren Verknüpfung macht die eine Seite problemzentrierter Forschung aus. Die andere Seite besteht darin, Explikationen interpretativ zu begleiten und in einem *Verständnisklärungsprozess* gemeinsam zu bearbeiten, damit die Wissenserweiterung laufend überprüft werden kann. Dieser Anspruch macht zusätzliche methodische Strategien erforderlich, die anhand von Ausschnitten aus Interviewbeispiel C mit Emil B. veranschaulicht werden. Die längere *Interviewsequenz 4* schließt thematisch an die vorangegangene Textpassage zur Bewerbung für einen Ausbildungsplatz an. Sie illustriert den Prozess des aktiven Verstehens mithilfe der Verknüpfung unterschiedlicher Kommunikationsstrategien zur Entschlüsselung von Zusammenhängen und Verdichtung von Interpretationen. Anhand von *Interviewsequenz 5* diskutieren wir den möglichen Umgang mit Irritationen durch ungeschickte Interventionen seitens des Interviewers sowie erkenntnisreiche Themenwechsel durch den Interviewten. *Interviewsequenz 6* ist schließlich eine Einladung zum kreativen Einsatz von Kommunikationsstrategien. Eine Zurückspiegelung wird hier zur thematischen Anknüpfung an ein wichtiges Thema genutzt, wodurch ihre eigentlich verständnisgenerierende Funktion in den Hintergrund rückt.

Aktives Verstehen durch die Verknüpfung von Kommunikationsstrategien – Interviewsequenz 4

Nachdem der Interviewer die Entwicklung der Option Bankkaufmann sowie deren Begründung und die Rolle der Wirtschaftsschule adressiert hat, schildert Emil B. – ausführlich und durch Nachfragen unterstützt – die zeitlich darauffolgenden Bewerbungsbemühungen um eine Ausbildungsstelle. Er spricht über Bewerbungsschreiben, Einladungen zu Vorstellungsgesprächen und damit verbundene Tests durch die jeweiligen Bankbetriebe. Bevor Interviewsequenz 4 beginnt, dreht sich das Gespräch – in einem hier nicht abgebildeten Interviewabschnitt – um den Besuch einer Fachoberschule. Dieser Ausbildungsaspekt dient ihm als Notanker für den Fall ablehnender Bescheide, er verbindet ihn aber nicht mit einer beruflichen Alternative. Emil B. schließt dieses Thema mit einer Aussage ab, die sein entschiedenes Festhalten am Beruf des Bankkaufmanns unterstreicht: er wäre nach dem Umweg eines Schulbesuchs auf jeden Fall „*beim Thema Bank geblieben*". Nach einem kurzen Blick in seine Notizen kommt der Interviewer daraufhin wieder zum Bankthema zurück.

Zur besseren Nachvollziehbarkeit ergänzen wir diesen längeren Abschnitt um eine zusätzliche Spalte, in denen die weiter unten ausführlich diskutieren Besonderheiten der Interviewführung notiert sind.

C4/1	**I (Interviewer):** *Muss noch mal auf meinen Zettel gucken. … Ja. Hast Du Dich, wie bist Du auf die Lehrstelle gekommen, also auf diese fünf Banken, die Du angeschrieben hast? Also eine war klar, weil Dein Bruder da war. Und die andern, wie bist Du da drauf gekommen?*	• Sortieren • Identifizieren von Wissenslücken • Detaillierungsfrage • Zurückspiegelung
C4/2	**Emil B.:** *Das waren eigentlich die größten Banken, F11 [die folgenden Kennziffern stehen für Bankunternehmen/Kreditinstitute]*	
C4/3	**I:** *F32.*	• Erinnerung • Konfrontation

C4/4	***Emil B.:*** *F32, F85 und F155. Okay, ich mein', F160 ist bei uns nicht so vertreten.*	
C4/5	***I:*** *Ach so. Bei uns gibt's ja noch die ganzen F128 und F7.*	• Ergänzung (lautes Denken) • Konfrontation • Alltagsvorwissen
C4/6	***Emil B.:*** *Ja, okay, F7 sowieso nit, ist ja kei' Bank.*	
C4/7	***I:*** *Ja, ist 'ne F7, stimmt, das ist so was anderes. Ich weiß zwar nicht genau …*	• Detaillierungsfrage
C4/8	***Emil B.:*** *Ja, da, da gibt's schon Unterschiede, erstens mal mit der Bezahlung, mit der Ausbildung. F7 ist kei' Bank. F7 ist für uns keine Bank [lachen]. Aber nichts gegen F7 als solches, aber es ist keine Bank.*	
C4/9	***I:*** *Was ist da eigentlich anders, also zwischendrin, also ich wüsste erstmal nicht jetzt genau die Unterschiede?*	• Verständnisfrage
C4/10	***Emil B.:*** *Also als erstens einmal, die Gehälter sind anders.*	
C4/11	***I:*** *Schlecht oder besser, oder?*	• Detaillierungsfrage
C4/12	***Emil B.:*** *Bissel schlechter, bissel schlechter. Und zweitens mit der Ausbildung, ich möcht', okay, ich möcht' jetzt nit sagen, dass sie schlecht ist, aber sie ist vielleicht nicht ganz so intensiv und fein, wie die vom Bankkaufmann.*	
C4/13	***I:*** *Aha. Und deshalb war das auch 'n Grund für Dich, dass Du Dich dann halt da nicht beworben hast, oder? …*	• Zurückspiegelung • Vorinterpretation
C4/14	***Emil B.:*** *Ja. Sagen wir so, ich hätte so, ich hätt' den Job schon genommen, also wenn, nehmen wir mal an, die andern hätten mir alle abgesagt und F7 [in der Stadt] hätt' mir zugesagt, die F7 [im Umland], dann hätte ich das also auch genommen, nur im Rahmen, dass ich eine kaufmännische Ausbildung hab'. Aber ich hätt' mir dann wahrscheinlich bei irgend 'ner Bank dann schon was gesucht.*	

Der Interviewer nutzt die Gelegenheit eines abgeschlossenen Themas, um seine *Gesprächsnotizen* und den Gesprächsfaden auf offen gebliebene Teilaspekte hin zu überprüfen: *„Muss noch mal auf meinen Zettel gucken. …" (C4/1).* Nachdem er sein Bedürfnis zur gedanklichen Sortierung offen anspricht, folgt eine Gesprächspause („…"). Das *„Ja"* lässt erkennen, dass er sich in der Lesepause Klarheit über den thematischen Fortschritt im Interview verschaffen konnte. Er greift eine notierte Wissenslücke auf und entwickelt sie schrittweise zu einer ***Detaillierungsfrage***. Als erstes formuliert er sein Interesse an den Gründen für die gezielten Bewerbungen bei genau diesen fünf Banken: *„Hast Du Dich, wie bist Du auf die Lehrstelle gekommen, also auf diese fünf Banken, die Du angeschrieben hast?"* Formal handelt es sich dabei um eine Frage, die er aber nicht stehen und in dieser Form beantworten lassen möchte. Sie ist lediglich ein Zwischenschritt seiner Gedankenentwicklung, um eine Spezifizierung vorzubereiten. Mit dem Satz *„Also eine [Bank] war klar, weil Dein Bruder da war"* ***spiegelt*** er Emil B. ***zurück***, dass ihm die konkreten Erfahrungen und Urteile über die Rahmenbedingungen als Motiv für die Bewerbung bei dieser Bank einleuchten – übrigens: Eine ***Zurückspiegelung*** wie diese eröffnet gleichzeitig immer auch eine Chance zur Überprüfung der *Evidenz* und *Interpretation* der Aussage. Unklar sind an dieser Stelle aber die Aspirationen bezogen auf die anderen vier Banken. Deshalb bringt er seinen bis dahin inhaltlich entwickelten Wissensbedarf in der eigentlichen, spezifizierten und *thematisch öffnenden Frage* auf den Punkt: *„Und die andern, wie bist Du da drauf gekommen?" (C4/1).*

In seiner Antwort verweist Emil B. auf die Größe als gemeinsame Eigenschaft der umworbenen Banken. Dieses sehr eindeutig formulierte Auswahlkriterium nimmt der Interviewer zur Kenntnis, er weist von sich aus ergänzend auf eine weitere Bank hin und erinnert Emil B. damit an eine von ihm bereits erwähnte, größere Bank (*„F32"*, *C4/3*). Emil B. bestätigt den Einwurf des Interviewers und dieser Gedächtnisanstoß resultiert in der Nennung weiterer Banken (*„F85 und F155"*). Dieser Einwurf des Interviewers ist zugleich ein Beispiel für die verständnisgenerierende Kommunikationsstrategie der ***Konfrontation*** zur Aufklärung eines Widerspruchs, hier: hinsichtlich einer vielleicht übersehenen Alternative. Der Umstand, dass Emil B. seine Aufzählung mit *„F160" (C4/4)* auf überregional existierende Banken ausdehnt, veranlasst den Interviewer dazu, sich alltagsweltlich zu involvieren. Laut mitdenkend ergänzt er die Aufzählung von Banken um einen Hinweis auf die, in seiner eigenen Region befindlichen Geldinstitute: *„Bei uns gibt's ja noch die ganzen F128 und F7" (C4/5).* An dieser Stelle wird das Interview kurz zu einem allgemeinen Gespräch über Banken, an das Emil B. als ‚Bankenexperte' mit weiteren Details zu seinem Berufsfindungsprozess anschließen kann. Auch diese Aussage, die als *implizite Frage* formuliert ist, hat die Gestalt einer ***Konfrontation***, weil sie (indirekt) eine mögliche Wissenslücke von Emil B. unterstellt. Vor dem Hintergrund des bestehenden Vertrauensverhältnisses ist das unproblematisch. Vielmehr bring diese Intervention auf der Grundlage gesprächsrelevanten Hintergrundwissens einen überraschenden und neuen Gesichtspunkt bei der Auswahl der für Emil B. relevanten Betriebe zum Vorschein: Diese eine spezielle Bank, die der Interviewer aus seinem *Alltagsvorwissen* ins Gespräch einstreut, kommt für Emil B. zunächst nicht als Option in Frage. Er qualifiziert sie vielmehr ab, indem er ihr den Status als Bank grundsätzlich abspricht: *„F7 sowieso nit, ist ja kei' Bank" (C4/6).*

Der Interviewer stellt nunmehr – offengelegt durch sein ***lautes Denken*** – für sich fest, dass es tatsächlich einen Unterschied zwischen dem Typus Bank F7 und anderen Banken gibt: *„Ja, ist 'ne F7, stimmt, das ist so was anderes."* Damit signalisiert er Emil B., dass er in dessen Bewertung von F7 die implizite Unterscheidung nachvollzogen hat. Wie die darauf folgende ***Detaillierung fördernde Nachfrage*** deutlich macht, versteht er aber die einzelnen Unterscheidungskriterien nicht: *„Ich weiß zwar nicht genau ..." (C4/7).* Emil B. fasst diese nicht zu Ende gebrachte Frage des Interviewers als Interesse an den Differenzen zwischen den erwähnten

Banken auf. Allerdings bleibt er mit seinem Hinweis auf Unterschiede in der Bezahlung und Ausbildung eher unverbindlich, weil er gedanklich weiterhin mit der Frage nach der Bewertung von F7 beschäftigt ist. Daher wechselt er das Thema, wiederholt sein Urteil und bekräftigt es lachend aus der Perspektive eines imaginierten Urteilskollektivs („*für uns keine Bank*"). Zuletzt relativiert er diese Aussagen zwar höflich („*Aber nichts gegen F7 als solches*", *C4/8*), aber seine Gesamteinschätzung ist doch deutlich abweisend, wenn er mit Verve gleich drei Mal betont, dass Bank F7 im Grunde nicht als Bank anzusehen ist.

Wie geht es mit der Reaktion des Interviewers weiter? Anhand der Formulierung seiner Anschlussfrage als ***Verständnisfrage*** wird deutlich, wie überrascht er offenbar über diese grundsätzlich negative Bewertung der Bank F7 durch Emil B. ist: zum einen stellt er die Frage quasi doppelt („*Was ist da eigentlich anders … also ich wüsste erstmal nicht jetzt genau die Unterschiede*"); zum anderen verkennt er in diesem Moment offenbar die Bedeutsamkeit der Aussage und relativiert seine Frage mit dem Einschub *„also zwischendrin" (C4/9*). Der Interviewer knüpft damit nicht an das Thema der Unterschiede an, um sie zu ergänzen. Er greift auch nicht die von Emil B. aufgezählten Differenzen in Bezahlung und Ausbildung auf, um die bereits erwähnten Unterscheidungskriterien zu spezifizieren. Stattdessen orientiert er sich an der zum Ausdruck gebrachten Emotionalität und will die Gründe verstehen, die Emil B. zu seinem so eindeutig negativen Urteil veranlasst haben. Daher wendet er eine Kommunikationsstrategie an, die eher auf das *Verständnis in der Sache*, d. h. des abschätzigen Urteils insgesamt, zielt.

Da Emil B. in seiner Antwort die Unterschiede der Banken zunächst an der Bezahlung festmacht und nur darauf hinweist, dass sie jeweils *„anders"* ist, wartet der Interviewer nicht ab, ob auf das *„erstens einmal" (C4/10)* möglicherweise ein Zweitens folgt. Unklar ist an dieser Stelle, ob es als unerwünschte Unterbrechung zu werten ist, dass er Emil B. mit seiner eingeworfenen Zwischenfrage („*Schlecht oder besser, oder?*", *C4/11*) zu einer Bewertung auffordert. Er unterstellt dabei – zutreffend wie sich zeigen wird –, dass von der Bank F7 die Rede ist. Emil B. fühlt sich vom Einwurf des Interviewers offensichtlich auch nicht in seinen Gedanken unterbrochen. Vielmehr entfaltet die ***Detaillierung anregende Frage*** des Interviewers nun ihre Wirkung. Sie führt zur Klärung der Gehaltsfrage („*bissel schlechter*") und zur etwas ausführlicheren Charakterisierung der Andersartigkeit der Ausbildung entlang des vorgeschlagenen Gegensatzpaares ‚besser/ schlechter'. Das schließlich negative Urteil über die Ausbildung – *„vielleicht nicht ganz so intensiv und fein, wie die vom Bankkaufmann" (C4/12)* – spitzt Emil B. durch die klare Grenzziehung mit dem Begriff *„Bankkaufmann"* zu, der für die Beschäftigten der Bank F7 offenbar überhaupt nicht angemessen ist.

Alle bisherigen Sondierungen in diesem Abschnitt zu den Gründen von Emil B., sich bei bestimmten Banken zu bewerben und bei anderen nicht, verdichten sich an dieser Stelle zu einem Erkenntnismoment des Interviewers, den dieser mit einem sprichwörtlichen *„Aha"* zum Ausdruck bringt. In der anschließenden ***zurückspiegelnden Frage*** (*„Und deshalb war das auch 'n Grund für Dich, dass Du Dich dann halt da nicht beworben hast, oder? …", C4/13*) ist sein Interesse an der Klärung einer bestimmten Frage erkennbar: sind die negativen Urteile über die Bank F7 eher allgemeiner Natur, weil Emil B. sie von seinem aktuellen Standpunkt aus fällt; oder waren sie für ihn tatsächlich in der damaligen Bewerbungsphase um einen Ausbildungsplatz handlungsrelevant? Wie bereits in Interviewsequenz 3 will der Interviewer hier erfahren, ob die negativen Urteile als (aus heutiger Sicht) *retrospektiv* oder (im damaligen Handlungskontext) *prospektiv* vorgenommene Bewertungen zu verstehen sind. Dieses Erkenntnisinteresse formuliert er als ***Zurückspiegelung***: er formuliert also seine eigene, aus dem Verständnis der Explikationen von Emil B. naheliegende Schlussfolgerung. Mit dieser verständnisgenerierenden Kommunikationsstrategie konfrontiert der Interviewer Emil B. mit seiner eigenen ***(Vor-)Interpretation***, stellt sie zur Diskussion und gibt dem Interviewten die Gelegenheit, sie bei Bedarf zu korrigieren. Eine Zurückspiegelung erwartet also immer eine Korrektur oder eine Bestätigung, die hier unmittelbar mit einem *„Ja" (C4/14)* erfolgt.

Emil B. belässt es nicht bei dieser knappen Bestätigung, sondern wird durch die Gesprächsdynamik zu einer weiteren Ausführung angeregt, die u. a. eine aufschlussreiche Differenzierung bezüglich seines negativen Urteils über die Bank F7 enthält. Seine Antwort zeigt, dass rückblickende Bewertungen durchaus abweichen können von Einschätzungen, die in der damals relevanten Handlungslogik zukunftsorientiert vorgenommenen wurden. Im Falle des Scheiterns seiner Bewerbungsbemühungen bei priorisierten Banken hätte Emil B. sich vorausschauend im Sinne einer Notlösung auch auf eine Ausbildung bei der Bank, die aus heutiger Sicht eigentlich *„kei' Bank"* ist, eingelassen und *„den Job schon genommen" (C4/14)*. Im Rahmen des Forschungsvorwissens des Interviewers ist diese Aussage als Hinweis auf die zum Zeitpunkt der Studie prekäre Situation des Ausbildungsstellenmarktes zu interpretieren. Zugleich unterstreicht sie die damalige Bereitschaft von Emil B. zu einem flexiblen Umgang mit seinen tatsächlichen Möglichkeiten. Seinem (*retrospektiv*) abwertenden Urteil über die Bank F7 bleibt er insgesamt allerdings treu. Er wertet eine Ausbildung an dieser Bank ab, indem er sie im Unterschied zu der von ihm vollzogenen, höherwertigen Ausbildung als Bankkaufmann bloß als *„eine kaufmännische Ausbildung" (C4/14)* bezeichnet. Konsequent hätte er damals – nun wiederum einer *prospektiven* Handlungslogik folgend – nach einem möglichen Abschluss einer solchen Ausbildung bei Bank F7 versucht, zu einer ‚richtigen' Bank zu wechseln.

An dieser Textpassage wird ersichtlich, wie unvorhergesehene Erkenntnismöglichkeiten zusätzlich aus der Interviewinteraktion hervorgehen können. Methodisch gesehen gleicht das dem Verfolgen eines komplexen und sich ständig weiter verzweigenden *Wegnetzes der Erkenntnis* im Verlauf des Interviews. In diesem Interviewausschnitt werden negative Urteile über alternative Optionen zu Bausteinen für den überraschenden Wissenszuwachs über Aspirationen bezüglich eines bevorzugten Ausbildungsplatzes. Der Abschnitt zeigt, wie sich Urteile an den Rahmenbedingungen des Handelns – hier: an den Bedingungen des Ausbildungsstellenmarkts – relativieren können und wie unterschiedlich sie in retrospektiver bzw. prospektiver Perspektive ausfallen können.

Wie gewinnbringend dieses Netz an Erkenntnissen ist, wird deutlich, wenn wir uns die Informationen zu Beginn des Interviews noch einmal vergegenwärtigen. Zur Erinnerung: in Interviewsequenz 1 sagt Emil B.: *„Ich hab' damals fünf Bewerbungen, glaub' ich, losgeschrieben und hab' dann drei Zusagen, also zwei feste Zusagen und die Bank hat sich noch interessiert gehabt für mich, hab' ich's dann bekommen und ... [...] Ja, also zwei feste Zusagen und eine hätt' sich noch interessiert, aber da hab' ich denn die andere Arbeitsstelle schon gehabt. Und, na ja, dann hab' ich halt da abgesagt" (C1/2–4).* Wäre das Interview an dieser Stelle zu Ende gewesen, hätten wir nur einen kurzen Abschnitt des Wegnetzes beschritten und nicht mehr als die folgenden Informationen gesammelt: fünf Bewerbungen um einen Ausbildungsplatz, zwei feste Zusagen, eigene Absage bei einem weiteren Arbeitgeber und eine erfolgreiche Bewerbung. Die Spezifizierung des Bewerbungsthemas durch die für PZIs typische ***Arbeit am aktiven Verstehen*** hat es ermöglicht, den Erkenntnisfortschritt entlang des zunächst nur angedeuteten Wegnetzes weiterzuspinnen. Metaphorisch gesprochen kann problemzentrierte Verständnisarbeit davon profitieren, sich ‚ins Interview' hineinzuversetzen und die Interviewten einzuladen, darin gemeinsam den Blick in alle (zeitlichen) Richtungen schweifen zu lassen.

Welche methodischen Besonderheiten sind hier auffällig?

Die Vielschichtigkeit dieser Interviewsequenz offenbart sich interpretativ erst, wenn man die verschlungenen Pfade des Bemühens um weiteren Erkenntnisgewinn und um das Erschließen und Überprüfen komplizierter Sinngehalte nachverfolgt. Der komplexen Interaktion entsprechend wechselt der Interviewer in diesem Abschnitt zwischen ***vier verschiedenen Kommunikationsstrategien*** hin und her: Detaillierungsfrage, Verständnisfrage, Konfrontation, Zurückspiegelung (siehe rechte Spalte in Interviewsequenz 4). Der Interviewausschnitt macht deutlich, dass die *Verwendung* von Kommunikationsstrategien *keinem starren Plan* folgt und sie auch nicht in einer vorgegebenen Reihenfolge eingesetzt werden. Beides wäre kontraproduktiv und würde den Informationsfluss und die Erarbeitung gemeinsam geteilter Interpretationen untergraben. Der Einsatz von Kommunikationsstrategien folgt vielmehr ihrem *Klärungspotenzial hinsichtlich des momentanen Bedarfs* in der Interviewsituation als ***Prozess des aktiven Verstehens***. Idealerweise erfolgt ihre Verwendung einerseits abhängig davon, was sich aus ***Vorinterpretationen*** und spontanen interpretativen Ideen (***ad hoc-Ideen***) ergibt und was für einen Wissenszuwachs im weiteren Verlauf des Interviews erforderlich ist. Andererseits orientiert sich die Auswahl von Kommunikationsstrategien an: den *thematischen Angeboten* der Interviewten; wie sie Einzelaspekte momentan erinnern oder für wichtig halten; wie ausführlich oder offen sie formulieren; und wie intensiv sie sich mit den Themen auseinandersetzen wollen. Die Kompetenz zur spontanen Auswahl von Kommunikationsstrategien lässt sich letztlich nur sehr eingeschränkt durch ein einführendes Lehrbuch vermitteln. Um flexibel und dennoch im Sinne des Erkenntniszuwachses agieren zu können, sind vor allem Erfahrungen aus eigener Interviewpraxis nötig.

Zuletzt stellt sich die Frage, ob der Einsatz der Kommunikationsstrategie der ***Konfrontation*** angemessen ist und nicht zur Störung einer vertrauensvollen Gesprächsatmosphäre führt – ob sich also damit das Gespräch nicht unabsichtlich und negativ von der *Inhaltsebene* auf die *Beziehungsebene* (zu den Begriffen vgl. Watzlawick/Beavin/Jackson 2017/1967) verschiebt und eine Verengung von Kommunikationsinhalten mit sich bringt. In unserem Beispiel besteht der konfrontative Charakter der Aussage *„Bei uns gibt's ja noch die ganzen F128 und F7" (C4/5)* darin, dass der Interviewer Emil B. ergänzt und ihm damit Lücken in seiner Aufzählung von Banken vorhält. In der sachlichen Antwort von Emil B. ist eine negative Wirkung der Konfrontation allerdings nicht zu erkennen. Er schildert kurz und knapp, dass es diese Banken durchaus gibt (*„Ja, okay", C4/6*), und merkt an, dass aber auch eine Bank dabei sei, die er als Option ablehnt (*„ist ja kei' Bank", C4/6)*. Anstatt sich für eine mögliche Wissenslücke oder gar ein Versäumnis zu rechtfertigen und damit auf die Beziehungsebene zu wechseln, bleibt Emil B. auf der Sachebene und eröffnet dem Interviewer mit dieser Bemerkung ein spannendes neues Themenfeld.

Der Interviewer kann sich den spontanen Einwurf in diesem Beispiel nur wegen des von Beginn an bestehenden Vertrauensverhältnisses erlauben, für das u. a. die Erläuterungen der Dynamik von Klärungsprozessen im *methodologischen Vorgespräch* (siehe oben) grundlegend sind. Er kann zuversichtlich sein, dass seine methodische Vorgehensweise und inhaltlichen Ergänzungen den Interviewten nicht in Verlegenheit bringen oder einen Rechtfertigungsdruck aufbauen werden. Diese Einschätzung hat sich im Verlauf des Interviews immer wieder bestätigt. Selbst die hier zitierten kurzen Interviewausschnitte lassen ein funktionierendes, *vertrauensvolles Arbeitsbündnis* zwischen den beiden Beteiligten erkennen. Emil B.s Reaktionen zeigen, dass er sich als Gesprächspartner ernst genommen fühlt und auch die Interventionen des Interviewers als Ausdruck eines ehrlichen Interesses an seiner Sichtweise wahrnimmt. Die Vermittlung der Erfahrung *grundlegender Wertschätzung* ist wichtig für den Prozess des aktiven Verstehens und die flexible Anwendung von situativ angemessenen

Kommunikationsstrategien. Wenn Interviewende also die Kommunikationsstrategie der ***Konfrontation*** einsetzen, müssen sie sich einer positiven Gesprächsatmosphäre und eines bestehenden Vertrauensverhältnisses sicher sein, die sich im Zuge des methodologischen Vorgesprächs und in der weiteren Ausgestaltung des Arbeitsbündnisses entwickelt haben.

Irritationen? Ungeschickte Interventionen und wiederholte Themenwechsel – Interviewsequenz 5

Im Anschluss an Interviewsequenz 4 folgt ein Abschnitt, der auf Initiative des Interviewers thematisch in eine andere Richtung geht. Nachdem der Interviewer diese Abschweifung zu Beginn anspricht, kommt die folgende Interviewsequenz 5 dann wieder zum Thema der Ausbildung zurück.

C5/1	***Interviewer:*** *Ich hab' schon wieder dazwischengefragt, kannst einfach weitermachen wie's dann so in der Ausbildung war, ob's da gut war, ob's dann schlecht war."*
C5/2	***Emil B.:*** *Na ja, dann mein Abschluss von der Ding, von der Schule, dann Ferienzeit, da hat mir dann die Bank fürs Einführungsseminar gleich so 'nen 120 Seiten fetten Schinken geschickt so nach dem Motto: Den müssen Sie erstmal schon mal durchgelesen haben und a bissel was können, bevor Sie anfangen. Und, na ja, okay, ich mein', ich hab' ihn mal in die Ecke gelegt [lachen], so nach dem Motto: Ich hab' ihn mal gesehen. Na ja, dann kam die Ausbildung. Es war teilweise stressig, ja, also Berufsschule auch. Aber es war halt nie so stressig, dass ich sagen hab' müssen, ah, ich muss jetzt lernen massenhaft usw. und so fort. Ich hab' das also mehr oder weniger bissel locker genommen. Es ging auch, es war machbar. Also, wenn man da so hört, dass die alle nachmittageweise lernen und Berufsschule und dann nach Hause kommen und lernen, also i weiß nit, ich, entweder ich hab' was richtig gemacht oder sonst was, auf jeden Fall ich bin während der Berufsschulzeit Nachmittag nach Hause gegangen und bin erstmal weggegangen so, Hausaufgaben gab's ja keine, und dann mal ab und zu bissel was gelernt. O. k., ich mein', vor der Schulaufgabe, so ein, zwei Stunden mal hinsetzen, das ist klar. Aber sonst so hab' ich eigentlich da nie allzu viel gemacht für die Berufsschule.*

Der Interviewer beginnt damit, seinen Themenwechsel in Form einer ***Metakommunikation*** selbstironisch zu reflektieren und zu kritisieren: *„Ich hab' schon wieder dazwischengefragt" (C5/1).* Er hatte im Anschluss an die Behandlung der Bewerbungsthematik (Interviewsequenz 4) eine Detaillierungsfrage über eine mögliche Beeinflussung der beruflichen Optionen von Emil B. durch Eltern oder Freunde eingeführt. Im Nachhinein bedauert er diese Intervention und interpretiert die Konsequenzen seiner Entscheidung zu einer *„dazwischen"* gestellten Detailfrage als Behinderung der Entwicklung des roten Themenfadens durch Emil B. Entsprechend bestärkt er ihn nun darin, das Thema wieder aufzugreifen und weiterzuspinnen: *„kannst einfach weitermachen …" (C5/1).* Mit dieser abstrakten ***Erzählaufforderung*** erinnert er Emil B. an seine Rolle als Subjekt und Akteur des Erzählstrangs. Zugleich konkretisiert er das Anliegen an Emil B., seine Erfahrungen in den Ausbildungsjahren zu schildern: *„… wie's* *dann so in der Ausbildung war" (C5/1).* Der Interviewer kombiniert dies mit der Kommunikationsstrategie eines ***thematischen Vergleichs*** anhand eines themenspezifischen Fragerasters. Damit legt er Emil B. nahe, seine Erfahrungen anhand der Kontrastierung gut bzw. schlecht bewerteter Aspekte zu strukturieren: *„ob's da gut war, ob's dann schlecht war" (C5/1).* Der konkrete Verweis auf die Thematik der Ausbildung bietet zugleich einen *Anknüpfungspunkt* für seine Erinnerung der es Emil B. erleichtern soll, seinen eigenen Erzählungsstrang wieder aufzunehmen.

Emil B. greift die thematische Anregung auf und nimmt eine zeitlich-biografische Strukturierung vor. Er rekapituliert die durchlaufenen berufsbiografischen Stationen, ordnet seine Gedanken und findet für sich den geeigneten Beginn der Themenbearbeitung: *„Na ja, dann mein Abschluss von der Ding, von der Schule, dann Ferienzeit, da hat mir dann die Bank fürs Einführungsseminar [...] dann kam die Ausbildung" (C5/2).* Zwar scheint der von der Bank zur Vorbereitung verschickte *„120 Seiten fette Schinken"* ihn etwas überrascht zu haben und wird daher zu einem Aspekt seiner negativen Bewertungen. Allerdings relativiert er dies sofort auf demonstrativ lässige Weise: *„hab' ihn mal in die Ecke gelegt [lachen]" (C5/2).* Nach der knappen Gesamtbewertung der Ausbildung als *„teilweise stressig"* vollzieht er einen *ersten thematischen Wechsel* von seiner Bewertung der Arbeits- oder Lernbedingungen der Ausbildung zum Aspekt des individuellen Zurechtkommens mit den Anforderungen der Ausbildung und der Berufsschule. Er stellt sich als jemand dar, der im Vergleich zu seinen Kolleginnen und Kollegen viel geschickter darin ist, das Verhältnis von Aufwand und Ertrag zu seinen Gunsten zu optimieren: *„Aber es war halt nie so stressig, dass ich sagen hab' müssen, ah, ich muss jetzt lernen massenhaft usw. und so fort" (C5/2).* Emil B. betrachtet es als sein Verdienst, das Maß für seinen persönlichen Einsatz der Sache entsprechend adäquat eingeschätzt zu haben und bilanziert: *„entweder ich hab' was richtig gemacht oder sonst was" (C5/2).* Nachdem er die Begrenzung seines Leistungsaufwands im Nachhinein als angemessen beurteilt hat, unternimmt er einen *zweiten Themenwechsel.* Offenbar kann er sein maßvolles Lernengagement im Rahmen der betrieblichen Ausbildung einfacher am Beispiel der Berufsschule veranschaulichen.

Auch im weiteren Verlauf dieser Interviewinteraktion hält sich der Interviewer zurück und verfolgt nicht nur die Explikationen von Emil B., sondern unterstützt ihn dabei, die angeschnittene Thematik Berufsschule auszubauen. Er *akzeptiert also den Themenwechsel* und begleitet ihn durch aktives Zuhören. In einem *längeren Abschnitt* von eineinhalb Textseiten geht es im Anschluss daran weiterhin um den Lernaufwand, auch um den „der anderen", und die Einschätzung des eigenen Lernerfolgs. Der Interviewer ergreift dabei die Chance, die Aussagen von Emil B. über die Berufsschule ausführlich zu sondieren. Der vom Interviewten vorgenommene Themenwechsel ist nicht gleichzusetzen mit einer

Themenverfehlung, denn er mündet in Ausführungen, die insgesamt für die Gesamteinschätzung seiner Problemsicht äußerst aufschlussreich sind.

Welche methodischen Besonderheiten sind hier auffällig?
Auch wenn ein Eingriff in den Gesprächsablauf von außen betrachtet manchmal als ungeschickt erscheinen mag, verdeutlicht Interviewsequenz 5, dass Detaillierungsfragen von Interviewenden nicht unbedingt wie Unterbrechungen wirken müssen. Solange die *Zwischenfrage* erkennbar verbunden bleibt mit dem Bemühen, den Ausführungen der Interviewten zu folgen, führt sie auch nicht vom Thema weg. Jedenfalls unterstellt der Interviewer dies zu Beginn von Interviewsequenz 5 in seiner expliziten *Selbstkritik*, ohne genau zu wissen, ob Emil B. den thematischen Einschub überhaupt negativ bewertet bzw. ob er in seinem Gedankengang behindert wurde. Aufgrund seiner Befürchtung, die vorangegangene Frage könnte die Arbeitsatmosphäre gefährdet haben, wechselt der Interviewer kurz von der Inhaltsebene des Interviews auf die Beziehungsebene der Kommunikation, um das *persönliche Verhältnis* zwischen den beiden Interviewpartnern zu klären. Das Interview lässt nicht erkennen, ob Emil B. diesen entschuldigend-erklärenden Einwurf akzeptiert, oder einfach übergeht, weil er für das Gespräch praktisch nicht relevant ist. Es ist an dieser Stelle wichtig darauf hinzuweisen, dass *Selbstironie* und der *Wechsel von der Inhalts- auf die Beziehungsebene* sinnvolle Manöver sein können, um mögliche Irritationen durch ungeschickte Interventionen in Interviews aufzulösen.

Der vom Interviewten vorgenommene Themenwechsel gibt Anlass zur Frage, ob es sich dabei im engeren Sinn tatsächlich um einen *Themen*wechsel handelt. Indem der Interviewer nicht darauf besteht, an dem von ihm vorgeschlagenen Thema der Beschreibung guter oder schlechter Seiten der Ausbildung festzuhalten, folgt er in methodischer Hinsicht dem Grundprinzip, die *Relevanzsetzungen des Interviewten* ernst zu nehmen und ihnen den Vorrang zu geben. Auch der zweifache Themenwechsel von Emil B. ist nicht als Verfehlung des breiteren Themas Ausbildung zu bewerten. Schließlich geht es dabei um Handlungen und Orientierungen bezogen auf Anforderungen, die hauptsächlich mit der Berufsschule in Verbindung stehen, welche wiederum mit dem Thema Ausbildung verknüpft ist. Wenn Forschende mithilfe von PZIs in der Problemperspektive der Interviewten herausfinden wollen, was alles wie und womit assoziiert ist, sollten sie in erster Linie den gedanklichen Verknüpfungen der Interviewten folgen und sich von den dadurch entdeckten komplexen Zusammenhängen überraschen und leiten lassen. Das kann auch bedeuten, dass sie eigene Wissensprioritäten zumindest für den Moment aufgeben müssen.

Wie wir anhand der folgenden Interviewsequenz 6 zeigen werden, erlaubt es die Flexibilität des PZI dem Interviewer, zu einem passenden späteren Zeitpunkt auf Lücken in der ursprünglich angeregten Thematik zurückzukommen.

Zurückspiegelung als Anknüpfung an frühere Aussagen – Interviewsequenz 6

Im Anschluss an Interviewsequenz 5 dreht sich das Gespräch ausführlich um die Erfahrungen von Emil B. in der Berufsschule. Dieser Teil endet mit einer Art Bilanz: *„Ja, und so ist man also auch zu seinem Lehrstoff gekommen, ohne allzu großen Aufwand zu treiben und ohne, dass man sagt, man sitzt Nachmittage und lernt, warum?"* Daran schließt Interviewsequenz 6 nun an. Der Interviewer will mehr über die Ausbildung erfahren und greift eine zuvor von Emil B. geäußerte Gesamtbeurteilung auf: *„Na ja, dann kam die Ausbildung. Es war teilweise stressig, ja, also Berufsschule auch" (C5/2).*

C6/1	***Interviewer:*** *Du hast eben, ganz woanders hast Du gesagt, so in der Ausbildung gab's Sachen, die waren stressig und manchmal weniger stressig. Was war denn stressig und was war weniger stressig?*
C6/2	**Emil B.:** *Ja, stressig waren die Schulaufgaben in der Schule, also das war schon, oder die Tests, weil wir haben ja auch immer Tests geschrieben intern, da hat man sich dann schon mal hinsetzen müssen und hat lernen müssen. Das war also schon Stress. Aber so in der Ausbildung, in der Praxis, o. k., im ersten Lehrjahr war ich in 'ner Zweigstelle, da war's natürlich schon so, dass der Azubi nicht um Viere heimgegangen ist oder um halb 5, sondern der ist auch immer bis um Sechse, halb 7, in der normalen Zeit, also am normalen Tag dageblieben, weil's da doch sehr zugegangen ist, sehr viel Arbeit. Und ich mein', ich hab's gern gemacht, weil mir der Job Spaß macht. Und im zweiten Jahr war ich in der anderen Zweigstelle, da ging's dann schon gemütlicher zu a bissel, und wenn wir da halt mal a halbe Stunde Überstunden gemacht hat, dann ist man am nächsten Tag wieder habe Stunde eher gegangen. Das war halt dann wieder die andere Sache. Oder man ist pünktlich um viertel nach 4 rausgekommen. Da war dann nicht so viel los. Aber so war's also im Großen und Ganzen, die Schulung – möcht' ich sagen – war gemütlich, aber wenig Schulaufgaben also geschrieben, bei uns war's doch zwei, drei Tage davor schon so, Nachmittag dasitzen und lernen und so, das war schon …*

Ob der Interviewer nun die fehlenden Details des ursprünglichen Themas notiert oder im Gedächtnis behalten hat, er kommt jedenfalls an dieser Stelle auf sein ursprüngliches Anliegen zurück, mehr über die Zeit der Ausbildung zu erfahren: *„Du hast eben, ganz woanders hast Du gesagt, so in der Ausbildung gab's Sachen, die waren stressig und manchmal weniger stressig" (C6/1).* Diese Aussage kann im Rahmen der Funktionsbestimmung von PZI-Kommunikationsstrategien formal als verständnisgenerierende ***Zurückspiegelung*** interpretiert werden, deren Inhalt Emil B. im Prinzip korrigieren oder bestätigen könnte. An dieser Stelle geht es dem Interviewer aber nicht um die Überprüfung seiner Interpretation. Vielmehr will er auf eine zuvor getätigte Aussage von Emil B. (*„Es war teilweise stressig", C5/2)* zurückkommen, um wieder an seine ursprüngliche Frageintention nach den guten und schlechten Seiten der Ausbildung (C5/1) anzuschließen. Der Interviewer nutzt eine Zurückspiegelung zur Einleitung eines thematischen Rückgriffs und als *Anknüpfungspunkt* für eine neue erzählungsgenerierende

Frage in Form eines ***thematischen Vergleichs*** anhand eines Fragerasters: *„Was war denn stressig und was war weniger stressig?" (C6/1).*

Emil B. betont in Interviewsequenz 5, dass er mit der Berufsschule *„ohne großen Aufwand"* zurechtgekommen gekommen sei, sie *„mehr oder weniger bissel locker genommen"* und *„eigentlich da nie allzu viel gemacht" (C5/2)* habe. Dies scheint auf den ersten Blick ein Widerspruch zu sein. Denn er assoziiert die Schule gleichzeitig mit dem Begriff *„stressig"* (C5/2; C6/2) und kennzeichnet den Arbeitsaufwand im ersten Ausbildungsbetrieb als hoch, was Überstunden zur Folge hatte, *„weil's da doch sehr zugegangen ist, sehr viel Arbeit" (C6/2).* Für Emil B. ergibt sich aus dem Widerspruch jedoch subjektiv kein Problem, weil er – wie er gleich im Anschluss an seine Bewertung des Arbeitsaufwands klarstellt – bewusst eine grundsätzlich positive Haltung gegenüber den schulischen und betrieblichen Anforderungen eingenommen hat: *„Und ich mein', ich hab's gern gemacht, weil mir der Job Spaß macht" (C6/2).* Diese nachsichtige Haltung drückt sich dann auch in der Bewertung der bescheiden ausfallenden Verringerung des Arbeitsaufwandes in der Zweigstelle im zweiten Lehrjahr aus. Er bezeichnet die Situation als *„schon gemütlicher" (C6/2),* weil Überstunden entweder sachlich bedingt entfielen *(„Da war dann nicht so viel los", C6/2),* oder ausgeglichen wurden. Anschließend setzt Emil B. zu einer Gesamtbilanz der Arbeitsbelastungen an: *„Aber so war's also im Großen und Ganzen" (C6/2).* Allerdings relativiert er die Reichweite seiner Bilanz sofort, indem er sie offenbar nur der *„Schulung" (C6/2)* zuschreibt. Wie schon in der Interviewsequenz 5 stellt er auch hier den subjektiv empfundenen Lernaufwand als harmlos dar.

Welche methodischen Besonderheiten sind hier auffällig?

Interviewsequenz 6 beschreibt anschaulich die verständnisklärende Wirkung, die das bloße ***Anknüpfen an frühere Ausführungen*** von Emil B. entfalten kann. Der Interviewer hat in einer zurückliegenden Interviewsequenz Aussagen vermisst, die er einfordert, indem er das themenspezifische ***Frageraster*** ‚stressig/weniger stressig' ins Gespräch einführt. Tatsächlich wird er mit differenzierten und neuen Einsichten belohnt. Er erfährt nicht nur Genaueres über die anstrengenden Arbeits- und Lernbedingen in der Ausbildungsphase, sondern gewinnt überdies ein tiefergehendes Verständnis für den zentralen inhaltlichen Aspekt bezüglich des scheinbaren Themenwechsels der vorangegangenen Interviewphase. In Interviewsequenz 6 greift er eigentlich den für ihn bislang relevanten Gesichtspunkt einer Einschätzung von Belastungen auf. Die Ausführungen von Emil B. drehen sich aber nicht so sehr darum, was für ihn belastend ist. Vielmehr spinnt er den schon zuvor aufgenommenen Faden weiter, bei dem es im Kern um die lebenspraktische Frage der Bewältigung von Leistungsansprüchen geht – d. h. wie er sich praktisch zu ihnen verhält und welche Einschätzungen er damit verbindet.

Eine scheinbare Themenverfehlung wandelt sich so aufgrund der *Beharrlichkeit und Neugier des Interviewers* in überraschende, abduktiv gewonnene neue Erkenntnisse über die berufsbiografischen Handlungen und die Ausbildung von Orientierungen gegenüber der Arbeitswelt.

Box 4.6 – Ergänzung: Anregung exemplarischer Erzählungen konkreter Erfahrungsbeispiele

Für eine weitere erzählungsgenerierende Kommunikationsstrategie – die ***Anregung exemplarischer Erzählungen konkreter Erfahrungsbeispiele*** – gibt es kein Beispiel aus Interview C mit Emil B. Das ist damit zu erklären, dass sich die explizite Anregung der Darstellung routinisierter Erfahrungsbeispiele in diesem Fall erübrigte, weil sich seine Explikationen überwiegend auf einer unmittelbar lebenspraktischen Ebene bewegten. (Im Übrigen geht es auch gar nicht darum, in jedem PZI alle Kommunikationsstrategien zu verwenden, sondern sie eben angemessen einzusetzen.)

Diese Kommunikationsstrategie spielt insbesondere bei der Verwendung des *PZI als Experteninterview* eine wichtige Rolle. Dieser Interviewtyp befasst sich mit der Untersuchung von Expertenwissen, -kompetenzen und -erfahrungen in unterschiedlichen Bereichen, dessen Rekonstruktion und Reflexion im Interview erfahrungsgemäß häufig auf einer abstrakten Ebene verharrt. Die *Anregung einer exemplarischen Erzählung* stellen wir anhand eines Beispiels dar, das der rechtssoziologischen Studie zur Kostenexplosion in Betreuungssachen in Niedersachsen entstammt (Ackermann/Medjedović/Witzel 2004) Die Studie – wir beschreiben sie als beispielhafte PZI-Studie ausführlich in Witzel/Reiter (2012, S. 156–173) – untersuchte die Kostenexplosion im Bereich der rechtlichen Betreuung von Menschen mit Altersdemenz, von schweren Krankenhausfällen, psychisch Kranken und Suchtkranken seit ihrer Einführung im Jahr 1992. Um die Ursachen des Anstiegs sondieren zu können, lag der Fokus der Interviews auf der Entstehung der Kosten in der alltäglichen Verfahrenspraxis. Das PZI wurde im Rahmen eines „systematisierenden Experteninterviews" verwendet, das auf das „aus der Praxis gewonnene, reflexiv verfügbare und spontan kommunizierbare Handlungs- und Erfahrungswissen" (Bogner/Menz 2002, S. 37) abzielt. Im Sinne eines Peer-Forschungsprojekts war das Interview ein *Expertengespräch im doppelten Sinn*: Unterschiedliche Expertinnen und Experten in diesem Arbeitsfeld (z. B. Betreuungsfachkräfte, Richterinnen und Richter, Rechtspflegerinnen und Rechtspfleger) wurden von PZI-geschulten Interviewenden befragt, die selbst Expertinnen und Experten (Richterinnen und Richter bzw. Rechtspflegerinnen und Rechtspfleger) waren, und ihr Vorwissen in die Problemzentrierung der Interviews einbringen konnten.

Die Kommunikationsstrategie der *Anregung exemplarischer Erzählungen konkreter Erfahrungsbeispiele* spielte in dieser Studie eine wichtige Rolle in der Gestaltung des Gesprächs. Wir illustrieren sie einem Formulierungsvorschlag aus dem Gesprächsfaden der Studie (Haase/Witzel/Ackermann/Medjedović 2003, S. 151).

Ein wichtiger Aspekt des Forschungsinteresses bezog sich auf den *praktischen Umgang* der Akteurinnen und Akteure mit den rechtlich gefassten Anforderungsstrukturen. Durch die Fokussierung der Fragen auf die alltagspraktische Ebene konnten Erfahrungen getrennt vom subjektiven Kostenbewusstsein und vom politisch feststehenden Urteil einer übermäßigen Kostensteigerung angesprochen werden. In den Interviews mit beteiligten Richterinnen und Richtern lautete die entsprechende *erzählungsgenerierende Einstiegsfrage* in diese Thematik beispielsweise:

> *„Ich denke, wir können Ihre Vorstellungen am besten auf der Grundlage Ihrer konkreten Arbeit als Betreuungsrichter nachvollziehen, d. h. anhand des Prozesses Ihrer Bearbeitung eines typischen Betreuungsverfahrens. Wie kommt der Fall auf Ihren Tisch oder: Wie fängt so ein Fall eigentlich an? Und wie geht es dann weiter?"*

Dieser Stimulus ist mehr als eine Frage; er beinhaltet zudem einen Vorschlag für den thematischen Erzählrahmen, der für die Interviewten nachvollziehbar an die Erläuterung im Kontaktgespräch anknüpft. Indem er die Breite und Fülle der Thematik zunächst auf einen typischen Fall reduziert, schafft er Übersichtlichkeit und ist für beide Beteiligten eine flexible Gestaltungshilfe zur Organisation des Interviews. Außerdem verweist der Stimulus auf die Prozesshaftigkeit des Gegenstands und damit auf die Möglichkeit der Darstellung entlang des üblichen Ablaufs der Fallbearbeitung. Der Hinwies auf *„Ihre Vorstellungen"* macht deutlich, dass neben dem Fokus auf Handlungen, deren Voraussetzungen und Folgen auch Bewertungen als Ausdruck der subjektiven Sicht der Interviewten auf ihre eigene Praxis relevant sind.

Die Fallbearbeitung wurde im Anschluss daran durchgängig mithilfe der erzählungsgenerierenden Kommunikationsstrategie des *wiederholten thematischen Vergleichs* anhand eines Fragerasters sondiert. Die Interviewenden fragten nach typischen versus untypischen Fällen, nach hinderlichen versus förderlichen Bedingungen, mehr/weniger nützlichen/sinnvollen Regelungen etc.

5.3.3. Kommunikationsstrategien – zusammenfassende Übersicht

Nachdem die Verwendung und Wirkungsweise von Kommunikationsstrategien nun auch anhand konkreter Interviewbeispiele veranschaulicht wurden, können wir sie abschließend als *erzählungsgenerierende Strategien* (Tabelle 4.2) und *verständnisgenerierende Strategien* (Tabelle 4.3) zusammenfassen und gegenüberstellen. Die praxisbasierte Systematisierung an dieser Stelle ergänzt die stärker analytisch-konzeptuelle Unterscheidung in Kapitel III (Tabelle 3.1 und Tabelle 3.2). Sie erfolgt nach den Kriterien der angewandten *methodischen Mittel* und den damit verbundenen *Zwecken* oder *Zielen*, d. h. dem „Um-zu" der methodischen Vorgehensweisen. Wir illustrieren sie anhand kurzer *Textbeispiele* aus den Interviewsequenzen in diesem Abschnitt.

Tabelle 4.2 – Erzählungsgenerierende Strategien – aktives Zuhören

Breite der Thematik öffnende Fragen – Variante A	
Strategie	***Anregung einer Eingangserzählung, Gesprächseinstieg***
Ziel	Abstecken eines problemzentrierten Rahmens, thematische Gesamtschau, erste thematische Einblicke, Stimulation selbstläufiger und eigenwilliger Relevanzsetzungen
Beispiel	*„... Äh, Du kannst da einfach da anfangen, wie das dazu gekommen ist, dass Du Dich für Bankkaufmann entschieden hast, dann können wir von da aus dann so weitergehen."* (C1/1)
Idealtyp. Beispiel	*„Du wolltest ja Bankkaufmann werden. Wie ist es dazu gekommen?"*
Breite der Thematik öffnende Fragen – Variante B	
Strategie	***Anregung von weiteren Erzählungen/Explikationen/Ad-hoc Fragen***
Ziel	Entfaltung der Thematik, Gedächtnisanstoß, Erzeugen wichtiger oder interessanter Anknüpfungspunkte für Sondierungen
Beispiele	*„Und war das, war das schon so, als Du beschlossen hast, ich geh' jetzt in die Wirtschaftsschule, mir ist es klar, ich geh' jetzt Richtung Bank oder Richtung Kaufmännisches, oder wie kam das?"* (C2/1)
	„Ja. Und so als Du dann in der 7. Klasse warst, überlegt hast, ja, ich will vielleicht so in die kaufmännische Richtung, gab's noch etwas anderes, was Dir vielleicht auch durch 'n Kopf gegangen ist bis dahin?" (C3/1)
	„Also eine [Bank] war klar, weil Dein Bruder da war. Und die andern, wie bist Du da drauf gekommen?" (C4/1)
Breite der Thematik öffnende Fragen – Variante C	
Strategie	***Anregung exemplarischer Erzählungen konkreter Erfahrungsbeispiele***
Ziel	Veranschaulichung von komplexen Sachverhalten und Problemstellungen anhand der konkreten Handlungspraxis, Verbinden abstrakter oder theoretischer Explikationen mit der persönlichen Erfahrungsebene, Veranschaulichen der Hintergründe von Meinungen und Urteilen
Beispiel	*„Wie kommt der (typische) Fall auf Ihren Tisch oder: Wie fängt so ein Fall eigentlich an?"* (Box 4.6)
Idealtyp. Beispiele	Schilderung eines Tagesablaufs, einer Episode, einer typischen Vorgehensweise/Situation/Erfahrung
Spezifik der Thematik öffnende Fragen – Variante A	
Strategie	***Erzählungsgenerierende Detaillierungsfragen/Ad-hoc Fragen***
Ziel	Spezifizierung thematischer Einzelaspekte, Zusammenhänge, Kontextbezüge von Handlungen und Orientierungen, Aufbrechen von Alltagsselbstverständlichkeiten
Beispiel	*„Schlecht oder besser, oder?"* (C4/11)
Idealtyp. Beispiele	*„Was passierte da im Einzelnen?", „Woran denkest Du insbesondere?", „Woher wissen Sie das?", „Was meinen Deine Freunde dazu?"*
Spezifik der Thematik öffnende Fragen – Variante B	
Strategie	***Erzählungsgenerierende thematische Vergleiche, Frageraster***
Ziel	Begriffliche Schärfe, Wahrnehmungen und Orientierungen aus Vergleichen und Kontrastierungen
Beispiele	*„Ob's da* [in der Ausbildung] *gut war, ob's dann schlecht war."* (C5/1)
	„Was war denn stressig und was war weniger stressig?" (C6/1)
Weitere Beispiele	Fragen nach typischen vs. untypischen Fälle, hinderlichen vs. förderlichen Bedingungen, nützlichen/sinnvollen vs. weniger nützlichen/sinnvollen Regelungen, früherer vs. heutiger Situation

Tabelle 4.3 – Verständnisgenerierende Strategien – aktives Verstehen

Zurückspiegelung von Aussagen	
Strategie	***Zusammenfassung von Aussagen als Interpretationsangebot***
Ziel	Kognitive Strukturierung für beide Gesprächsbeteiligten, Überprüfung von Vorinterpretationen, Gewährleisten von Gegenevidenz
Beispiele	*„Und deshalb war das auch 'n Grund für Dich, dass Du Dich dann halt da nicht beworben hast, oder? …" (C4/13)*
	„Du hast eben, ganz woanders hast Du gesagt, so in der Ausbildung gab's Sachen, die waren stressig und manchmal weniger stressig." (C6/1)
Weitere Beispiele	*„So wie ich Sie verstanden habe, …"*
Verständnisfragen	
Strategie	***Nachfrage nach dem Sinngehalt***
Ziel	Tiefe der Thematik öffnend, Aufklärung über thematische Aspekte, Sinngehalt von Begriffen, Hinterfragen von Explikationen, Lösen akustischer Verständnisprobleme
Beispiele	*„Drei Zusagen* [von Bewerbungen bei Banken] *hast Du bekommen?" (C1/3)*
	„Was ist da eigentlich anders, also zwischendrin, also ich wüsste erstmal nicht jetzt genau die Unterschiede?" (C4/9)
Weiteres Beispiel	*„Sie sprachen eben von …, das habe ich nicht (ganz) verstanden."*
Konfrontationen	
Strategie	***Provozierender Einwurf, konfrontierende Frage***
Ziel	Aufklären/Verdeutlichen von Ambivalenzen, widersprüchlichen Aussagen, Ausklammerungen. Herausfordern, Herauslocken von Meinungen und Gegenargumenten
Beispiel	*„Bei uns gibt's ja noch die ganzen* [Banken] *F128 und F7" (C4/5)*

5.3.4. Flexible Reise zur Erkenntnis – ein Fazit

In den vorgestellten Beispielen nutzt der Interviewer Anknüpfungspunkte aus dem Interview und eigene Ideen für detaillierende und klärende Nachfragen, die einen differenzierten Einblick in die berufliche Bewerbungsphase ermöglichen sollen. Um sein Verständnis der Thematik sukzessive zu erweitern und zu konsolidieren, kommt eine Auswahl unterschiedlicher Kommunikationsstrategien zum Zug, die den Anforderungen des komplexen und verschlungenen Verlaufs der Interaktion gerecht werden. Sie sind in Tabelle 4.4 zusammenfassend abgebildet. Mal hört der Interviewer zu, mal regt er eine Erzählung an; mal ist für ihn eine Detaillierung oder eine Klärung angebracht; mal stellt er eine solche Nachfrage zurück und notiert sie lediglich; mal sichert er eine Vermutung ab; mal hat er angesichts der angebotenen Explikationen eine spontane Frageidee. Und immer wieder bekommt die Entfaltung der Thematik dadurch neue, zum Teil überraschende Wendungen. Denn auch der Interviewpartner arbeitet sich immer mehr in die Thematik hinein, erinnert sich und sieht sich durch die Ernsthaftigkeit des Interesses des Interviewers und seine akzeptierende Haltung ihm gegenüber darin bestärkt, seine Sichtweise ausführlich und unbekümmert zu entfalten.

Tabelle 4.4 – Kommunikationsstrategien im PZI

Erzählungsgenerierende Strategien (aktives Zuhören)	Verständnisgenerierende Strategien (aktives Verstehen)
• Breite der Thematik öffnende Fragen (z. B. Anregungen von Erzählungen) • Spezifik der Thematik öffnende Fragen (z. B. Detaillierungsfragen, thematische Vergleiche)	• Zurückspiegelung von Aussagen • Verständnisfragen • Konfrontationen

Die Verwendung von bestimmten *Kommunikationsstrategien* folgt keiner externen Logik, sondern ist *situativ* und *abhängig von der produktiven Gemengelage des Verständigungsprozesses* beider Interviewbeteiligten. In der Beispielstudie schrauben sich die Interviewenden dabei schrittweise in die Besonderheiten der Fälle hinein. Sie verschaffen sich Einblick in die individuelle biografische Entwicklung der Interviewten und vertiefen und überprüfen ihr Wissen zu Einzelaspekten ihrer Handlungen und Orientierungen, Denk- und Ausdrucksweisen. Den fortschreitenden Erkenntnisprozess gestalten sie zusammen mit den Interviewten und stützen sich dabei auf die im *Gesprächsfaden* komprimiert abgebildeten Konturen des themenbezogenen Vorwissens. Auch das Einbringen von Alltagswissen kann den Prozess voranbringen. Eine positive *Gesprächsatmosphäre* fördert das *Vertrauen* und die *Offenheit*, doch recht persönliche Aspekte der eigenen Lebenswelt preiszugeben. Idealerweise fühlen sich die Interviewten, wie in unserem Beispiel Emil B., wohl dabei, individuelle Erfahrungen und Sichtweisen preiszugeben und ausführlich darzustellen. Sie schätzen die thematische Neugier der Interviewenden, und ihre spontanen Antworten verdeutlichen, dass sie deren Haltung und Aktivitäten als unterstützend wahrnehmen. Das gilt auch für mögliche *konfrontative Fragen*, die die Aufmerksamkeit z. B. auf Dinge richten, die sie im Moment von sich aus gar nicht erinnern würden.

6. Idealtypische Interviewsituationen – Varianten des interaktiven Austauschs

Die Doppelrollen von Interviewenden als lernende Expertinnen/Experten und von Interviewten als Objekte und Subjekte von Forschung diskutieren wir ausführlich in Kapitel III/4.1 (vgl. Abbildung 3.5). In diesem Abschnitt beschreiben wir jeweils aus der Perspektive der beiden Gesprächsbeteiligten, wie diese Rollen in verschiedenen Interviewsituationen realisiert werden. Anhand von vier Situationen der Interviewinteraktion unterscheiden wir Gegebenheiten und Abläufe der diskursiv-dialogischen Interaktion sowie die dabei relevanten kommunikativen Besonderheiten und Rahmenbedingungen: (1) die Interaktionssituation zu Beginn des Interviews; (2) die Annäherung an eine produktive Interaktion; (3) ergebnisorientierte diskursiv-dialogische Interaktion; und schließlich (4) Abschluss und Nachbereitung des Interviews.

Die Unterscheidung ist *analytisch* und wird hier aus Gründen der Steigerung der Trennschärfe idealtypisch vorgenommen, weil die Grenzen in der Interviewpraxis verschwimmen. Die beiden Situationen am Anfang (1) und am Ende (4) des Interviews rahmen den Gesamtverlauf der Interaktion, die durch situativ unterschiedliche Arrangements von Sondierungen und Explikationen geprägt ist. Die Situationen beschreiben *jeweils methodische Schwerpunkte* eines zielorientierten kommunikativen Austauschs der beiden Beteiligten. Sie repräsentieren Stufen der Erarbeitung der Forschungsthematik, je nachdem ob es darum geht, das thematische Verständnis eher zu erweitern und zu detaillieren, oder aber mithilfe vertiefender Kommunikationsstrategien an einer Art thematischer Sättigung zu arbeiten. Damit eng verbunden ist die jeweilige Ausprägung des *Arbeitsbündnisses*, das eine entscheidende Rolle für den beidseitigen Arbeits- bzw. Kommunikationsstil spielt.

Der reale Verlauf der Interviewinteraktion, die sich als ein besonderer kommunikativer Findungsprozess einstellt, kann die konkrete Dauer der einzelnen Situationen beeinflussen. Die Interaktion kann mit eigensinnigen thematischen Darstellungs- und Ausdrucksformen verbunden sein, wodurch es vor allem in den Situationen 2 und 3 zu unterschiedlichen Abfolgen sowie zu Überschneidungen oder Wiederholungen kommen kann. Diese Flexibilität der Interviewverlaufs hängt davon ab:

- wie komplex oder emotional belastend die Forschungsthematik insgesamt oder hinsichtlich einzelner Aspekte ist;
- wieweit es Interviewenden gelingt, ein Vertrauensverhältnis herzustellen, dauerhaft aufrechtzuerhalten und gegebenenfalls Störungen in der Gesprächsatmosphäre zwischen den Beteiligten lösen zu können;
- und wie es Interviewenden gelingt, sich in ihrer Interviewgestaltung auf besondere soziale und individuelle Merkmale der Interviewten einzustellen (z. B. Handikaps, besondere Lebenslagen, Sprachhürden, soziale Distanz).

Zum Beispiel: Dem Kommunikationsstil von bildungsfernen Interviewten gerecht zu werden, erfordert besondere Aufmerksamkeit für Andeutungen und Details von Formulierungen. Diese Art der kleinteiligen Kommunikation mündet erfahrungsgemäß häufiger in Dialogphasen und manchmal sogar in Phasen eines eigentlich nicht gewünschten raschen Wechsels von Fragen und Antworten. Diese Phasen können aber ebenso schnell wieder in Abschnitte mit selbstläufigen Monologen übergehen.

Diese vier Situationen sind *erfahrungsbasierte Idealkonstruktionen des interaktiven Austauschs.* Insbesondere die Situationen 2 und 3 beschreiben *keine festgelegten Phasen*, wie das etwa im Konzept des narrativen Interviews der Fall ist, das in frühen Darstellungen ein striktes Ordnungssystem für das Interviewgespräch mit phasenspezifischen Kommunikationsregeln vorschlägt (Schütze 1977, 1983). Angesichts der Abstufungen der typischen Interaktionssituationen im PZI wird trotz aller Variationen ihres realen Ablaufs grundsätzlich die Herstellung eines „Erzählbogens" angestrebt (Mey/Mruck 2020, S. 320; vgl. Mey 2000). Die folgende Darstellung der vier idealtypischen Situationen soll eine das Thema der Interviewführung abschließende Orientierung über den erwartbaren Gesamtverlauf eines Interviews aus der jeweiligen Sicht und Aufgabenstellung der Gesprächsbeteiligten verschaffen. Auch hier werden bereits diskutierte Aspekte aufgegriffen und perspektivisch in einen neuen Zusammenhang gebracht.

6.1. Situation 1 – Einstieg und Interaktion zu Beginn des Interviews

Zu Beginn des Interviews stehen Interviewende vor der Herausforderung, den Einstieg so zu gestalten, dass die *Realisierung des programmatischen Anspruchs der Einstiegsfrage* gelingt. Praktisch stellt sich die Frage: *Wie leiten Interviewende das Interview am besten ein?* Die konkrete Umsetzung ist entscheidend für die Anschlussmöglichkeiten, die sich den Interviewten in der Beantwortung der ersten erzählungsgenerierenden Frage eröffnen. Daraus ergeben sich wiederum die Optionen zur weiteren Gestaltung des Interviews, denn Interviewende müssen entscheiden, wie sie mit den ersten Ausführungen der Interviewten umgehen wollen. Eines der Ziele des Intervieweinstiegs besteht darin, die *Subjektrolle* der Interviewten zu stärken und sie als treibende Kräfte des Erkenntnisfortschritts zu etablieren. Entsprechend der Erläuterungen im Rahmen des Vorgesprächs werden die Interviewten daher gleich zu Beginn mithilfe einer erzählungsgenerierenden Kommunikationsstrategie angesprochen, die den Weg für eine *Eingangserzählung* frei machen soll. In Beispiel B (Patrick M.) in Kapitel 2 lautet sie etwa:

> ***I (Interviewer):*** *Du hast ja Maschinenschlosser gelernt. Wie ist es eigentlich dazu gekommen, wenn du noch mal so zurückgehst, Schulzeit und so? (B1)*

Die besondere Bedeutung der Einstiegsfrage besteht in ihrer Funktion der Absicherung einer doppelten *Weichenstellung* für das Interviewgespräch. Im Sinne der Realisierung der Problemzentrierung wirkt sie auf beide Gesprächsbeteiligten sowohl in *thematischer* als auch *methodischer* Hinsicht (vgl. Tabelle 4.5).

Tabelle 4.5 – Situation 1: Aspekte des Einstiegs

Problemzentrierung	
inhaltlich	*methodisch*
Interviewende	
• Einblick in subjektiv relevante Aspekte • Überblick über thematische Breite • Zeitliche/dramaturgische Gliederung • Keine kleinteilige inhaltliche Klärung	• Bestätigung des Vorgesprächs • Prototypisches Kommunikationsangebot • Niederschwelliger Einstieg • Ausgangspunkte weiterer Detaillierungen • Zurückhaltung
Interviewte	
• Fokussierung der Thematik • Erleichterung des Einstiegs • Thematisch breite Erzählanstöße • Stärkung der subjektiven Sichtweise	• Bestätigung des Vorgesprächs • Chance zu freier Explikation • Bekräftigung der Alltagssprache • Stärkung der Subjektrolle

Aus Sicht der Interviewenden …

… hat die Einstiegsfrage den Charakter eines thematischen und methodischen *Signals* an die Interviewten. Als ein prototypisches Kommunikationsangebot, das auf das gesamte Interview ausstrahlen soll, lädt sie die Interviewten dazu ein, ausführlich über subjektiv relevante Ereignisse und Handlungen zu berichten, Bewertungen vorzunehmen und zu argumentieren. Interviewende öffnen ein Fenster zur subjektiven Problemsicht der Interviewten und verbinden damit die Erwartung, einen ersten *Überblick* über die in Frage stehende Thematik zu erhalten. Dieser kann mehr oder minder kurz und ausschnitthaft sein, oder bereits die Quintessenz der individuellen Erfahrungen enthalten. Die Interviewenden setzen darauf, keine beliebigen Antworten zu bekommen, sondern Ausführungen, die, selbst wenn sie kurz ausfallen sollten, immer auch Ansatzpunkte bieten, das *Interview in Gang halten* zu können. Sie vertrauen darauf, dass auch die Interviewten das Gespräch über ihre erste Reaktion hinaus fortsetzen und weitere Erläuterungen anbieten wollen. Meistens liefert die Interaktion Hinweise darauf, dass dem auch so ist.

Ein Zeichen für diese Kooperationsbereitschaft besteht etwa in der *Gesprächspause*, mit der die erste Erzählung gewöhnlich endet (vgl. Box 4.7). Sie lässt eine Erwartung der Fortführung des Interviews erkennen. Es sind nämlich in der Regel die Interviewten, die nach ihren ersten Ausführungen innehalten und sich, bildlich gesprochen, fragend an die Interviewenden zu richten scheinen: „*Das war's fürs Erste. Das reicht wohl noch nicht? Kann man damit etwas anfangen? Ich brauche jetzt mal eine Rückmeldung, wie es weitergehen soll! Ich könnte ja weitererzählen, bin mir aber nicht sicher, ob ich das tun soll.*“

Box 4.7 – Woran erkennen Interviewende das Ende einer Erzählsequenz oder einer Äußerung?

Ob Erzählsequenzen oder Antworten zu Ende sind und anschließende Fragen daher nicht als Unterbrechungen wirken, ist nicht immer eindeutig, außer sie werden mit einer klar erkennbaren *Coda* oder *Abschlussfrage* (z. B. *„So, das war's."*) beendet. Die angemessene Einschätzung einer *Sprechpause* fordert von Interviewenden eine sensible und den Interviewten aufmerksam zugewandte, selbstkritische Haltung. Sie müssen dem Verhalten der Interviewten, ihrer Gestik, Mimik und sprachlichen Intonation entnehmen, ob ein Gedanke fürs Erste abgeschlossen ist, oder ob sie sich noch in einem Denkprozess befinden und eine Fortführung vorbereiten.

Die Absicht zur Fortsetzung einer Erzählung können an Kürzeln wie *„ja"*, *„und"*, *„ähm"* abgelesen werden. Auch Mimik und Körperhaltung (z. B. ein Blick nach oben oder in die Ferne), können darauf hinweisen, dass die Person noch nachdenkt. Die Ankündigung des Endes einer Erzählsequenz, können wir uns bildlich so vorstellen, dass die Interviewten sich zurücklehnen und die Reaktion der Interviewenden auf das Gesagte abwarten. Körpersprachlich ist das nicht immer mit einem tatsächlichen Zurücklehnen verbunden. Allerdings sind es körpersprachliche Gesten, die anzeigen, dass sie eine Rückmeldung darüber bekommen wollen, ob ihre Aussagen den Erwartungen der Interviewenden entsprochen haben, i. S. v. *„Haben Sie verstanden, was ich meine?"* Bei der Identifizierung dieser Gesten können Interviewende auf ihr Alltagswissen vertrauen. Denn auch in alltäglicher Kommunikation vergewissern sich die Gesprächsbeteiligten laufend, ob das jeweilige Gegenüber der Erzählung folgt, den geschilderten Sachverhalt nachvollziehen kann oder einen Kommentar abgeben möchte.

Gerade zu Beginn eines Interviews können *deutliche Gesprächspausen* noch zwei andere Bedeutungen haben. Einerseits können sie ein Hinweis darauf sein, dass die Interviewten abwarten und sich noch unsicher sind hinsichtlich der Gestaltung ihrer aktiven Rolle im Interview. Abhängig von ihrem sozialen Hintergrund haben sie möglicherweise die Befürchtung, zu lange gesprochen zu haben und warten auf eine Ermunterung zum Weitererzählen. Andererseits sind Gesprächspausen zu Beginn des Interviews möglicherweise Zeichen dafür, dass die Interviewten trotz des *methodologischen Vorgesprächs* noch in der Vorstellung verhaftet sind, Interviews würden aus präzisen Fragen und knappen Antworten bestehen. Die Botschaft der Pause besteht dann gleichsam in einer fragenden Aufforderung i. S. v. *„Was wollen Sie noch wissen? Fragen Sie doch, schließlich sind Sie der/die Fragenstellende!"*

Im Zweifel empfehlen wir in solchen Situationen gerade zu Beginn des Interviews das zu tun, was in Alltagsgesprächen vielleicht *nicht* üblich ist: die eine oder andere Sekunde zu warten, die Pause auszuhalten und das Gegenüber körpersprachlich und mithilfe kurzer Anregungen zweifelsfrei zu ausführlichen Antworten einschließlich längerer Denkpausen zu ermuntern.

Im Unterschied zu anderen Interviewsituationen sehen Interviewende im Rahmen des Gesprächseinstiegs von Verständnisfragen ab. Sie werden nur in absoluten Ausnahmefällen verwendet, etwa wenn ein Teil der Ausführungen akustisch verloren gegangen ist, aber wichtig sein könnte, um dem Fortgang des Gesprächs überhaupt folgen zu können. Stattdessen halten Interviewende am Ziel der offenen Sammlung von weiteren grundlegenden Äußerungen fest und bestätigen damit gleichzeitig die Subjektrolle der Interviewten. Sie bestärken die Interviewten in ihrem Eindruck, dass das Angebot eines offenen Raums für Explikationen nach wie vor gilt. *Eine weitere erzählungsgenerierende Aufforderung* überzeugt die Interviewten, dass sie ihre Vorstellungen und Erfahrungen sehr viel ausführlicher entwickeln können, als sie es zunächst vielleicht vermutet hätten.

Für Interviewende stellt sich an dieser Stelle die Frage, *wie* der Fortgang des Interviews gestaltet wird und *woran sie sich dabei orientieren* sollen. Die Grundlage bildet die *immanente Struktur der Thematik*, die eine Aneinanderreihung von Erfahrungen, Reflexionen und Deutungen enthält. Im Fall berufsbiografischer und anderer prozessorientierter Fragestellungen liegt als Struktur eine zeitliche Gliederung der Ausführung vor. Alternativ können Themen etwa über Kausalzusammenhänge oder subjektive Prioritäten strukturiert sein.

Die zeitlichen Marker einer *biografischen Struktur* wollen wir anhand von Beispiel B (Patrick M.), das in Kapitel II/2 ausführlich dargestellt ist, und mithilfe einer verkürzten Skizze der darin enthaltenen Eingangserzählung veranschaulichen (B1–B2).

I (Interviewer):	*Du hast ja Maschinenschlosser gelernt. Wie ist es eigentlich dazu gekommen, wenn du noch mal so zurückgehst, Schulzeit und so?*
Patrick M.:	*Also* ***in der Schulzeit****, da hab' ich …*
	Dann *… hab ich's versucht, auf jeden Fall Praktikum …*
	… ***und da*** *…* ***nach der Schule*** *wollt' ich so 'n BGJ machen …*
	Sagte mein Vater bei der F448 würden noch welche gesucht, so Metallberufe. ***Da*** *hab' ich mich beworben …*
	Dann *konnte ich da sofort anfangen. Ich hatte noch im Test eben alles gemacht …*

So ähnlich wie in diesem Beispiel werden Ereignisse, Aktivitäten, Erfahrungen und Reflexionen von Interviewten häufig in eine *zeitliche Reihenfolge* gebracht. In diesem Fall erfolgt das nach dem Muster:

> „Zuerst hatte ich mir überlegt … dann wurde aber … daher suchte ich … doch dann passierte Folgendes … letztlich habe ich dann … usw."

Wenn Interviewende einer solchen Eingangserzählung als aktiv Zuhörende gefolgt sind, können sie an dem zuerst geschilderten Handlungsschritt (hier: Schulzeit) anknüpfen und die angebotene zeitliche Ordnung nutzen, um den weiteren

Fortgang des Interviews zu organisieren. Durch den Rückgriff auf bereits erwähnte Erfahrungen versuchen sie weitere Ausführungen anzuregen, um zunächst das Blickfeld thematisch zu erweitern. Diese Variante wurde vom Interviewer in Beispiel B mit Patrick M. gewählt, indem er genau den als erstes erwähnten Aspekt aufgreift: *„Wenn du noch mal so zur Schule zurückgehst. Du hast gesagt, du hast 'nen Praktikum gemacht als Tischler. Das hat dir da nicht so gefallen?" (B3).*

Eine alternative Anschlussmöglichkeit besteht darin, auf einen thematischen *Höhepunkt* der Schilderung zurückzugreifen, in Berufsbiografien z. B. auf das Ergreifen einer zufälligen Gelegenheit oder unverhofften Chance. In diesem Fall kann das Gespräch von der Emotionalität, die mit der Pointe einer erzählten Geschichte verbunden ist, profitieren und die Interviewten narrativ beflügeln. Auch das wäre in Interviewbeispiel B mit Patrick M. möglich gewesen. Hier besteht der thematische Höhepunkt am Ende seiner Eingangserzählung etwa in der glücklichen Fügung, eine duale Ausbildungsstelle ergattert zu haben (*Patrick M.: „Ich hatte noch im Test eben alles gemacht, ruckzuck rangekommen eigentlich." B2*). Auch diesen Aspekt hätte der Interviewer also als produktive Anschlussoption aufgreifen können.

Diese methodischen Alternativen zu erkennen und die damit einhergehenden Gabelungen und alternativen Entwicklungsmöglichkeiten des Gesprächs abschätzen zu können, erfordert seitens der Interviewenden eine gewisse Sensibilität für verbale und nonverbale Äußerungen. Interviewerfahrung ist dafür ebenso hilfreich wie in Interviewschulungen vorgenommene *sequenzielle Analysen* von Interviews, um schrittweise mögliche bzw. realisierte Anschlüsse zu identifizieren. Um genau diese Dynamik der Interaktion in Interviews geht es uns in den ausführlichen Beispieldiskussionen in den Kapiteln II und IV.

Aus Sicht der Interviewten …

… ist ein solcher Verlauf des Interviewbeginns eine *Bestätigung* dessen, was ihnen im (methodologischen) Vorgespräch zu den Zielen und Inhalten mitgeteilt wurde. Die thematische Zuspitzung durch die Interviewenden – eventuell in Form einer eher saloppen Formulierung wie in Beispiel B (*„Du hast ja Maschinenschlosser gelernt."*) – können sie als formloses Angebot betrachten, einen offenen *Einstieg in die Rekonstruktion ihrer ganz eigenen Erfahrungen* zu finden. Ihre Erinnerung an die Thematik wird in Form einer spontanen Formulierung angeregt und nicht durch eine präzise oder elaborierte Frage, wie in einem Fragebogen, den sie vielleicht schon mal ausgefüllt haben. Zusätzlich zur inhaltlichen Rahmung setzt diese Art der alltagsähnlichen Formulierung auch ein Signal für die sprachliche Auseinandersetzung mit dem Thema. Durch den Verzicht auf formal-sprachliche Konventionen können die Interviewten die Interviewenden in erster Linie als Personen wahrnehmen, die Stichworte geben für den *Entwurf einer offen ausgestalteten Explikation.* Der Verdacht der Sprach-Polizei liegt dagegen fern und somit haben die Interviewten keinen Anlass dazu, nicht in ihrer gewohnten Ausdrucksweise zu kommunizieren. Das bedeutet: sie können unterschiedlich ausführlich und differenziert argumentieren, oder so wie sie es eben ihren Bedürfnissen und Möglichkeiten entspricht; sie können ruhig oder vielleicht doch etwas aufgeregt sein und in ihrem Gedächtnis suchend noch etwas vorsichtig zögern, weil sie den Interviewenden noch nicht recht vertrauen; sie können stocken und nachdenken, einen Satz neu anfangen oder das Gesagte korrigieren. Der Einstieg soll für sie eine Entlastung sein; und über die Wirkung ihrer Art der Kommunikation auf die Interviewenden sollen sie entweder gar nicht nachdenken müssen oder sich sagen können: *„Das alles wird ja wohl kein Problem sein!"*

Auch anhand der methodisch reflektierten *Formulierung der Einstiegsfrage* können die Interviewten erkennen, dass ihnen zu Beginn des Interviews eine aktive Rolle übertragen wird. Sie eröffnet ihnen einen *Freiraum zur eigenwilligen Explikation ihrer Gedanken* (vgl. Box 4.5), den sie individuell gestalten können. Im besten Fall begreifen sie bereits in der Anfangsphase, dass wirklich sie selbst und ihre *eigene Sichtweise* im Mittelpunkt des gesamten Interviews stehen, und zwar genau so, wie es bereits im Vorgespräch zugesichert wurde. Der Beginn eines PZI sollte diesem Interaktionsideal auf der Basis einer offenen Eingangsfrage entsprechen. (Unüberlegte) Unterstellungen wie im folgenden Beispiel (vgl. Box 4.8) sollten dabei vermieden werden.

Box 4.8 – Negativbeispiel für eine Einstiegsfrage

„Wie haben Sie sich für diesen Beruf entschieden?"
Diese unscheinbare und ebenso einfach formulierte Frage ist keine adäquate Alternative, weil sie die besondere Bedeutsamkeit individueller Entscheidungen unterstellt und damit *nicht offen* ist. Anders gesagt: sie priorisiert die durch Forschungsvorwissen motivierte Vorannahme der Relevanz von Aspekten der rationalen Entscheidungstheorie. Das ist irreführend. Denn solange sich die Interviewten noch nicht geäußert haben, ist unklar, welchen Stellenwert eigene Entscheidungen in der Berufsbiografie tatsächlich hatten, oder ob der Berufswahlprozess überwiegend entscheidungsbasiert war. Die Frage nach Wegen in einen bestimmten Beruf ist eine nach individuellen Umgangsweisen mit qualifikatorischen und arbeitsmarktbezogenen Rahmenbedingungen im Verlauf des Berufsfindungsprozesses. Es ist eine Frage, für deren ergebnisoffene empirische Klärung theoretische Unterstellungen wenig hilfreich sind.

Das Problem für das Interviewgespräch besteht nun darin, dass die implizite Unterstellung aktives Entscheidungsverhalten zur Norm macht. Die Interviewten könnten sich dazu veranlasst sehen, diesem normativen Anspruch Folge zu leisten und ihre tatsächlich realisierte Auseinandersetzung mit ihren Berufsoptionen (nachträglich) an das Kriterium der rationalen Entscheidungsfindung anzupassen. Die Frage könnte sie also dazu veranlassen, in der letztendlich realisierten Berufsoption eine entscheidende (und entschiedene) Weichenstellung fürs Leben sehen zu müssen, die nach besonders gut abgewogenen Begründungen verlangt. Mit entsprechend *konstruierten Argumenten* würden sie vermeiden wollen, als Akteurinnen bzw. Akteure zu erscheinen, die ihr Handeln und deren Folgen nicht selbstverantwortlich reflektiert hatten. Ihre Antwort wäre damit im Sinne sozialer Erwünschtheit (im Rahmen des Gesprächskontexts) verzerrt.

Im Folgenden skizzieren wir zwei Interaktionstypen, die zu unterschiedlichen Zeitpunkten oder in Abhängigkeit von der gerade besprochenen Thematik relevant werden können. Die nächste beschreibt das gemeinsame Herantasten an einen produktiven Austausch über ein Thema. Danach widmen wir uns dem Ideal eines Austauschs, der geprägt ist von zugespitzter Problemzentrierung.

6.2. Situation 2 – Annäherung an eine produktive Interaktion

In dieser Interviewsituation lernen beide Beteiligten, sich im Rahmen des PZI zueinander ‚ins Verhältnis zu setzen' und in einen produktiven Austausch zu treten (siehe Tabelle 4.6). Man kann es als einen Prozess des *Herantastens an die sich beidseitig eröffnenden Chancen der Interviewinteraktion* beschreiben. Dabei offenbaren sich die unterschiedlichen Erwartungshaltungen und die in Kapitel III/4.1 geschilderten widersprüchlichen Rollen schrittweise im Kommunikationsprozess. Das Ziel ist es, Erwartungen und Widersprüche so zur Geltung zu bringen, dass sie sich zu einer gemeinsamen Ausgestaltung des *Arbeitsbündnisses* im Interview zusammenfügen.

Interviewende lösen die im Vorgespräch erläuterten Ziele und Vorgehensweisen praktisch ein, indem sie sich an den individuellen Besonderheiten der Interviewten und ihren Umgangsweisen mit der Interviewsituation orientieren. Sie stehen am Anfang eines iterativen Erkenntnisprozesses, den sie am besten durch geeignete *offene und relativ breite Erzählanregungen* voranbringen können. Bevor vertiefende Sondierungen beginnen, liefern diese Erzählanstöße eine solide Basis für:

- das Verständnis der groben Zusammenhänge von Ereignissen und Erfahrungen;
- eine erste Einschätzung des Stellenwerts einzelner Handlungen und Handlungsfolgen;
- grundlegende Rahmenbedingungen von problembezogenen Handlungen.

Für die Interviewten ist es eine Art Testsituation, in der sie den eher ungewöhnlichen bzw. ungewohnten Kommunikationsstil mit ihren eigenen Erwartungen an die Begegnung abgleichen. Im Sinne der *Problemzentrierung* geht es für sie darum, das Angebot zur Mitgestaltung des Gesprächs umzusetzen und das für sie und die Interviewenden Erzählenswerte ihrer Geschichte zu identifizieren und interaktiv zu entfalten.

Solche Situationen der interaktiven Annäherung können im Laufe von Interviews mehrmals nötig sein. Sie sind typisch für *Übergänge* zwischen inhaltlich unterschiedlichen Aspekten oder zwischen Schilderungen von emotional mehr oder weniger belastenden Erfahrungen. Auch die Anforderungen an die Gestaltungs- und Strukturierungsfähigkeit der Interviewten können sich im Laufe eines

Gesprächs ändern. Übergänge wie diese können auf beiden Seiten mit *Unsicherheiten* verbunden sein, auf die wir hier eingehen wollen.

Tabelle 4.6 – Situation 2: Aspekte der Annäherung an eine produktive Interaktion

Problemzentrierung	
inhaltlich	*methodisch*
Interviewende	
• Worum geht's? • Herantasten an das Thema • Erste thematische Strukturierung • Aufgreifen gesetzter Themen	• Aktives Zuhören • Bewältigung von Unsicherheiten • Bestätigung des Arbeitsbündnisses • Bekräftigung des problemzentrierten Interviewstils
Interviewte	
• Gewöhnung an Situation und Doppelrolle • Fokussierung der Thematik • Erleichterung des Einstiegs • Thematisch breite Erzählanstöße • Entfaltung der subjektiven Sichtweise	• Bestätigung des Vorgesprächs • Chance zu freier Explikation • Bekräftigung der Alltagssprache • Stärkung der Subjektrolle • Festigung des Vertrauensverhältnisses

Aus Sicht der Interviewenden …
… realisieren sie das thematische Anliegen der Problemzentrierung in dieser Situation, indem sie sich auf die *Entfaltung* und den *Ausbau der Thematik* konzentrieren, anfangs eher erzählungsgenerierend als diskursiv-dialogisch. Der komplexe Gesamtzusammenhang von Äußerungen der einzelnen Interviewten ist für sie zunächst nicht nur neuartig, sondern auch noch recht unübersichtlich und lässt nur schrittweise eine Struktur erkennen. Salopp ausgedrückt lernen sie in dieser Situation erst einmal langsam, *worum es* in den jeweils individuellen Fällen überhaupt *geht.*

Aus methodischer Sicht konzentrieren Interviewende sich vor allem auf das *aktive Zuhören*. Die Grundlage bildet der thematische Gehalt der mithilfe der Erzählaufforderung („*Erzählen sie doch bitte einmal!*") im ersten Schritt geschaffen werden konnte. Da nun die Interviewten die Entfaltung des Themas in ihrer Subjektrolle voranbringen, sind die Interviewenden in dieser Phase weitgehend befreit von dem Druck, selbst Fragen stellen zu müssen. Falls es funktioniert, können sie sich zurücklehnen und in aller Ruhe die thematische Entwicklung in der angebotenen Breite und Tiefe mitverfolgen. ‚Zurücklehnen' und ‚in aller Ruhe' meinen allerdings nicht kognitive Untätigkeit. Im Gegenteil, die nach außen hin passive *Haltung von Lernenden* einzunehmen, ist gleichzeitig mit stillem Stress verbunden, die thematische Ausdifferenzierung im Blick zu behalten und Entscheidungen für Anschlussfragen vorzubereiten. Typische Fragen, die Interviewende dabei im inneren Dialog beschäftigen, sind zum Beispiel:

- *„Was kann ich thematisch abhaken, weil die Ausführungen dazu für mich ausreichend verständlich und kohärent sind?"*
- *„Treffen vorläufige Klärungen nur für einen bestimmten Aspekt zu? Sollte ich mir dabei noch unklare Aspekte erst einmal merken, Fragen einklammern und schauen, ob die Interviewten in den weiteren Ausführungen auf dieses Detail zurückkommen?"*

Die Herausforderung dieser Situation besteht für Interviewende darin, die eigenen *Zweifel* an der Sinnhaftigkeit des Festhaltens an ihrer Zurückhaltung zu *bewältigen*. Sie müssen permanent entscheiden, ob es für das Verständnis des Gehörten weiterhin wirklich hilfreich ist, sich auf das Zuhören zu beschränken. Selbstzweifel äußern sich in Gedanken wie diesen:

- *„Ich bin mir gar nicht sicher, ob ich das richtig verstanden habe. Sollte ich nicht doch mal genauer nachfragen? Aber wann? Wie wichtig ist mir das jetzt eigentlich?"*
- *„Soll ich auf eine passende Gelegenheit warten, oder ist das jetzt eine Art Notfall, weil ich sonst befürchten muss, die späteren Ausführungen nicht richtig nachvollziehen zu können? Ach, das ist eher doch kein zwingender Anlass für eine Unterbrechung!"*
- *„Mein Gegenüber ist doch gerade so schön im Erzählfluss. Ich sollte wohl lieber auf eine eindeutige Pause warten!?"*
- *„Alles klar. Auch diese Lücke in der Erzählung ist geschlossen. Ich glaube, dass ich den Zusammenhang jetzt doch verstanden habe."*
- *„Ach so! Gut, dass sich mein Verständnisproblem gelöst hat!"*
- *„Das versteh ich immer noch nicht. Sobald die Erzählung beendet ist, nutze ich die Gelegenheit, um verständnisgenerierend nachzufragen."* (z. B., „Sie sprachen eben von …, das habe ich jetzt nicht genau verstanden.")
- *„Ja, jetzt habe ich es verstanden! Am besten spiegele ich das gleich in meinen Worten zurück."* (z. B., „So wie ich Sie verstanden habe, sind/haben/wollten Sie …").
- *„Die Abfolge von Ereignissen und Argumenten ist so kompliziert, oder in einigen Punkten oder bei einem bestimmten Sachverhalt so unübersichtlich, dass ich mir nebenher besser Notizen mache."*

Schon eine Erwiderung wie ein kurzes *„Ach so!"* ist eine nützliche Rückmeldung. Sie signalisiert Aufmerksamkeit und das Bemühen, ‚am Ball zu bleiben'. Sie bestätigt den Interviewten, dass sie verstanden werden. Da es im PZI ja um einen dialogischen Erkenntnisfortschritt geht, sollte auch ein so kurzes Signal authentisch sein. Die Verwendung bekräftigender Ausdrücke (z. B. *„Ja, genau!"*) oder nonverbaler Gesten (z. B. Kopfnicken) mit dem rein formalen oder abstrakt methodischen Zweck, eine Erzählung aufrechtzuerhalten, ohne sie tatsächlich aufmerksam zu verfolgen, ist nicht nur aus ethischen Gründen problematisch. Eine solche Verhaltensweise könnte auch nachteilige Konsequenzen haben und das Arbeitsbündnis ganz konkret belasten. Das wäre dann der Fall, wenn Interviewende im weiteren Gesprächsverlauf der Heuchelei überführt werden, weil sie plötzlich Rückfragen stellen, die sich auf vermeintlich ratifizierte Inhalte beziehen und dem zuvor vorgetäuschten Verständnis widersprechen.

Die Situation der gemeinsamen Annäherung an einen produktiven Austausch kann mit *Hürden* und *erschwerenden Bedingungen* einhergehen, die direkt mit den *interviewten Personen selbst* in Verbindung stehen können. Zum Beispiel erschweren regionale Dialekte oder *eigenwillige Sprechweisen* das Zuhören und Verstehen. Manche Formen der Alltagskommunikation kennen Interviewende gar nicht, oder haben sich im Laufe ihrer schulischen und akademischen Laufbahn davon entfremdet. Die Interviewten fallen aber möglicherweise gerade dann stärker darauf zurück, je entspannter und vertrauter ihnen die Interviewsituation erscheint. Für Interviewende ist das ein *Dilemma*, denn genau eine solche Situationsdeutung versuchen sie ja eigentlich zu erreichen. In diesem Fall kann die Konfrontation mit Besonderheiten der fremden Sprechkultur Abhilfe schaffen. So hatten sich etwa einige der Interviewenden der Beispielstudie zur Vorbereitung mit dem speziellen Sprachgebrauch Jugendlicher vertraut gemacht, indem sie an einem Seminar zur außerschulischen Jugendbildung teilgenommen hatten. Falls die Verständnisschwierigkeiten unüberwindbar sind, sollten sie transparent gemacht werden, damit sie das Gespräch nicht belasten. Für die Interviewten wird häufiges verständnisklärendes Nachfragen dadurch nachvollziehbar.

Es kommt vor, dass sich Interviewte nur stockend oder *auffallend leise* artikulieren. Das kann bei den Interviewenden zu Verunsicherung führen. Falls sich die möglichen Ursachen dafür auf Persönlichkeitsmerkmale zurückführen lassen, ist es nicht nötig, sie aufzuklären. In diesem Fall führt manchmal bereits eine akzeptierende und den Interviewten freundlich zugewandte Haltung zu Verbesserungen. Fühlen sich die Interviewten sichtlich unwohl und die Gründe dafür scheinen in der Interviewsituation selbst zu liegen, ist ein *Wechsel von der Inhaltsebene* des Interviews *auf die Beziehungsebene* (Watzlawick et al. 2017/1967) angebracht. Um möglichen negativen Folgen für das Arbeitsbündnis zwischen den Gesprächsbeteiligten zuvorzukommen, können Interviewende das Problem ansprechen und gemeinsam an einer Lösung arbeiten.

Manche Gespräche erreichen einen Punkt, an dem Interviewte angesichts spontan mitgeteilter persönlicher Details das Gefühl bekommen, sich zu stark geöffnet zu haben. Sie sind verunsichert, ob die *zugesicherte Vertraulichkeit* der bereitgestellten Informationen auch wirklich gewährleistet ist. Falls das der Fall sein sollte, ist es auch hier ratsam, die Verständnisarbeit im laufenden Gespräch zu unterbrechen und die Verunsicherung zu bearbeiten. Allerdings sollten Interviewende nicht einfach die Standardbemerkungen aus dem aufklärenden

Vorgespräch wiederholen, sondern individuell auf die zu diesem Zeitpunkt vielleicht konkreten Vorbehalte und Sorgen eingehen.

Weitere Stolpersteine im Interview resultieren gelegentlich aus den *Rahmenbedingungen.* So können Besonderheiten des Kontexts die Interviewatmosphäre belasten und die Kommunikation der Gesprächsbeteiligten so stark beeinflussen, dass der Austausch unergiebig wird. Es kommt vor, dass zentrale Aspekte, die mit Organisationen und zugehörigen Personen und Interaktionen assoziiert sind, auf das Gespräch abfärben. Findet beispielsweise ein Interview im schulischen Umfeld statt, sind Jugendliche aufgrund der schulischen Leistungs- und Testkultur erfahrungsgemäß *voreingenommen* und kommunizieren entsprechend zurückhaltend. Falls sich diese Problematik aus erhebungstechnischen oder inhaltlichen Gründen nicht vermeiden lässt, können erneute Erläuterungen über Art und Zweck des Interviews Abhilfe schaffen. Daher verweisen Interviewende auch in dieser Situation auf das Prinzip der Vertraulichkeit und bekräftigen ausdrücklich, dass forschungsfremde Personen, wie in diesem Fall Lehrer und Lehrerinnen, die Interviews weder zu Gesicht bekommen noch über Inhalte informiert werden.

Sofern die direkte oder indirekte *Teilnahme Dritter* am Interview unausweichlich ist, sollten Interviewende versuchen, deren mögliche Einflussnahme auf die Interviewten zumindest zu minimieren. Diese Problematik entsteht z. B., wenn junge Erwachsene das Interview in ihrem familiären Umfeld durchführen wollen oder entspannter sind, wenn ein Elternteil oder ein/e Freund/in anwesend ist. Es kann gute Gründe dafür geben und die Entscheidung ist jedenfalls zu respektieren. Oft lösen sich mögliche Bedenken auf, sobald die Gründe offengelegt werden. Das kann im *Vorgespräch* erfolgen oder im Rahmen der persönlichen Vorstellungsrunde unmittelbar vor dem Interview. Dann informieren die Interviewenden auch diese dritten Personen explizit über Sinn und Zweck des Gesprächs. Je nach Situationseinschätzung können sie darauf hinweisen, dass es im Interview in erster Linie um die sehr persönlichen Überlegungen der zu Interviewenden gehen soll. Dritte Personen werden gebeten, sich entsprechend zurückzuhalten.

Wir haben in solchen Situationen die Erfahrung gemacht, dass etwa Partner und Partnerinnen oder Elternteile eine Zeitlang am Interview teilnehmen und sogar kurz ihre Sicht auf die Thematik einbringen. Allerdings verlassen sie meist den Raum, sobald sie sich von der Vertrauenswürdigkeit der Interviewenden überzeugen konnten. Tatsächlich kann die *Anwesenheit Dritter* sogar *förderlich* sein. Im Rahmen einer biografischen Studie hatte eine junge Frau zum Beispiel darum gebeten, ihre beste Freundin zum Interview mitbringen zu dürfen. Das narrativ angelegte PZI wurde von ihr dann dazu genutzt, ihre Lebensgeschichte gleichzeitig auch ihrer zuhörenden Freundin zu erzählen. Diese erwiderte die Freundschaftsgeste in einem weiteren Interview. Es lässt sich nicht ausschließen, dass es bei solchen Konstellationen zu Formen der Selbstzensur kommt. Diese beiden Interviews waren jedenfalls äußerst ergiebig und inhaltlich aufschlussreich. Forschungsfragen und -kontexte, welche die Anwesenheit Dritter wahrscheinlich oder sinnvoll machen könnten, erfordern die sensible Suche nach einer Lösung und einen angemessenen Umgang damit.

Aus Sicht der Interviewten …

… ist diese Situation eine Gelegenheit *mit der Rahmensetzung* durch die Interviewenden und mit ihrem speziellen Interviewstil *vertraut zu werden* und sich in die Aufgabe der Rekonstruktion der eigenen Erfahrungen einzufinden. Die *Gewöhnung an* die unvertraute *Rolle* eines Untersuchungs*objekts*, das sich gleichzeitig als *Subjekt* des Interviews begreifen soll, bedarf der Überwindung widersprüchlicher Anforderungen, deren Tragweite vielleicht nicht von Beginn an klar ersichtlich ist. Dieser Schritt gelingt nicht automatisch. Unter Umständen bleiben viele unterschiedliche Aspekte der Situationswahrnehmung während des laufenden Interaktionsprozesses ungeklärt im Raum stehen und können die praktische Ausgestaltung des Arbeitsbündnisses behindern.

Auch in thematischer Hinsicht haben die Interviewten in der Regel *keine wirkliche Vorstellung* davon, worin eigentlich das wissenschaftliche Interesse bestehen soll. Sie fragen sich, wie und warum ausgerechnet sie mit Erzählungen ganz individueller Erfahrungen, mit persönlichen Überlegungen und Wertungen dazu beitragen könnten, dieses Interesse voranzubringen. Zum Beispiel könnte Patrick M. solche oder so ähnliche Gedanken gehabt haben:

> „Das soll wirklich zum Anliegen des Interviews etwas beitragen, wenn ich erzähle, wie ich mich darüber gefreut habe, dass es mir gelungen ist, einen Ausbildungsplatz zu bekommen? Das war doch nur mein ganz persönliches Ziel!“

Solche Zweifel lösen sich häufig im Verlauf des Gesprächs auf. Das liegt u. a. daran, dass die problemzentrierte Formulierung von Fragen konsequent auf *alltagsweltliche Erfahrungen* abzielt. Die Interviewten lernen, dass ihre Ausführungen nicht nur wohlwollend zur Kenntnis genommen werden und dann im Raum stehen bleiben. Wenn ihre Beiträge im Laufe des Gesprächs aufgegriffen, hinterfragt und vertieft werden, lernen sie eine Form des aktive Zuhörens kennen, die ihre Gedanken auf eine Art würdigt, die weit über ein bloßes Alltagsgespräch hinaus geht. Dadurch können sich die Interviewten zunehmend von Erwartungen lösen, die sie vielleicht ursprünglich mit (abstrakten und elaborierten) Fragen aus dem Bereich der Forschung in Verbindung gebracht haben. Die anhaltende Problemzentrierung des Gesprächs etabliert sie *immer wieder* als thematische Expertinnen/Experten und bekräftigt sie darin, sich weiterhin an ihrer eigenen, konkreten *Erfahrungsebene* zu orientieren.

Die *Flexibilität problemzentrierter Kommunikation* und der Wechsel zwischen Monologen und Dialogen verschaffen auch den Interviewten einen Gestaltungsspielraum und schränken sie in ihrem *eigenen Stil der Explikation* nicht ein. Es besteht für sie keine Veranlassung, ihre *Sprachgewohnheiten* anzupassen. Denn auch die Interviewenden sind nicht um Präzision bemüht und haben keine Scheu vor Schwächen der Alltagssprache wie etwa Wiederholungen von Satzteilen, kleinen Denkpausen oder Korrekturen von Grammatik und Begriffen. Stattdessen erfahren sie die Akzeptanz ihrer kommunikativen Eigenheiten und erhalten sogar noch Unterstützung bei der Ausgestaltung des Interviews.

Die idealtypische Situation der Annäherung und Fokussierung der Arbeitsbeziehung kann im Laufe eines Interviews mehrmals vorkommen. Sie wiederholt sich etwa bei Themenwechseln, die eine erneute Rückversicherung der Grundlagen der Zusammenarbeit und der Akzeptanz der Interviewenden erfordern. Dies ist insbesondere bei sehr persönlichen, im Fall von Enttäuschungen und Misserfolgen sogar emotional belastenden Aspekten der Fall. Solche Situationen sind immer auch ein Testfall für eine erneute Herstellung und *Festigung des Vertrauensverhältnisses* der beiden Gesprächsbeteiligten.

Der *Rückfall in ein Frage-Antwort-Schema* ist in dieser und in den anderen Situationen jedenfalls zu vermeiden, weil die damit möglicherweise verbundenen Interpretationsprobleme der Interviewten schwer abgeschätzt und neutralisiert werden können (vgl. Box 4.9).

Box 4.9 – Probleme des Frage-Antwort-Schemas für die Interviewten

Wenn Interviewende Fragen nicht spontan und im Sinne des Gesprächskontexts angemessen formulieren, sondern lediglich eine Frage nach der anderen abarbeiten, folgen sie dem *Muster eines Frage-Antwort-Schemas* (vgl. Kapitel II; Cicourel 1974; Witzel/Mey 2004). Dieses Schema ist in erster Linie mit standardisierten Erhebungsverfahren verbunden, stellt aber auch in jenen qualitativen Interviewverfahren ein Problem dar, die sich im Sinne einer „Leitfadenbürokratie“ (Hopf 1978) stark an vorformulierten Fragen eines Leitfadens orientieren und Gefahr laufen, den Anspruch der Offenheit qualitativer Forschung aufzugeben. Schablonenhafte Frageformulierungen können für die Interviewten gravierende Interpretationsprobleme mit sich bringen, wenn sie nicht anschlussfähig sind an den Sinnkontext ihrer eigenen Lebenswelt – d. h. wenn die Fragen also für die Interviewten schlichtweg ‚keinen Sinn‘ machen und deshalb subjektiv belanglos sind. Das Dilemma für die Interviewten besteht dann darin, dass solche ungeschickten Formulierungen von ihnen aber dennoch genau diese sinnhafte Auseinandersetzung mit den Fragen der Interviewenden einfordern. Das ist selbst dann der Fall, wenn die Interviewten Fragen schlecht, gar nicht oder ganz anders verstehen als sie von den Interviewenden gemeint sind.

Verständnisprobleme dieser Art können dazu führen, dass sich die Interviewten in einer solchen Situation nicht mehr unbefangen in ihren eigenen Darstellungs- und Sprachwelten bewegen können. Vielmehr sind sie vom Inhalt abgelenkt und müssen sich auf die Fragen bzw. Fragformulierungen der Interviewenden konzentrieren, weil sie sonst gar nicht in der Lage wären, zu antworten. Die unerbittliche Dynamik des Frage-Antwort-Schemas drängt Interviewte dazu, sich neben der Vorbereitung der inhaltlichen Ausgestaltung ihrer Antworten auch noch mit Orientierungsfragen wie diesen auseinandersetzen zu müssen:

- *„Was hat denn die Interviewende mit ihrer Frage überhaupt gemeint? Was will sie denn eigentlich von mir wissen?"*
- *„Was soll ich tun, wenn ich gar nicht verstehe, warum die Interviewende gerade diese Frage stellt?"*
- *„Worin besteht eigentlich der thematische Zusammenhang dieser Frage, d.h. wieso stellt die Interviewende gerade jetzt eine solche Frage?"*
- *„Wie stehe ich da, wenn ich zu erkennen gebe, dass mir der (Hinter-)Grund der speziellen Frage gar nicht klar ist?"*
- *„Steckt nicht hinter der Frage eine ganz andere, bewusst verdeckte Absicht?"*

6.3. Situation 3 – Ergebnisorientierte, diskursiv-dialogische Interaktion

Für die dritte idealtypische Interviewsituation ist ein *prozesshaft entfaltetes Kommunikationsgeschehen* charakteristisch, das mit einer *zugespitzten Problemzentrierung* verbunden ist und einen inhaltlich ertragreichen Austausch erlaubt (siehe Tabelle 4.7). Alle möglichen Einschränkungen, die für die anderen Situationen kennzeichnend sind, spielen hier keine Rolle. Der Kommunikationsprozess wird von beiden Beteiligten entsprechend ihrer Möglichkeiten gestaltet, ihre Rollen im Interview sind geklärt, der kommunikative Findungsprozess ist abgeschlossen und das tragfähige Vertrauensverhältnis ist deutlich spürbar. Das verleiht den Interviewenden die nötige Ruhe und Konzentration für die problemzentrierte Vorgehensweise und erlaubt den Interviewten eine gewisse Unbekümmertheit und Offenheit in der Erläuterung ihrer Problemsicht.

Tabelle 4.7 – Situation 3: Aspekte der diskursiv-dialogischen Interaktion

Zugespitzte Problemzentrierung	
inhaltlich	*methodisch*
Interviewende	
• Analytische Bearbeitung von Themen • Aufmerksamkeit für scheinbare Nebensächlichkeiten und Alltagsselbstverständlichkeiten • Erweiterung und Vertiefung des Wissens • Bewältigen von Komplexität • Thematische Klärungen • Umsetzung von Ad-hoc-Ideen	• Aktives Verstehen • Balance von Monolog und Dialog • Ad-hoc Klärungen • Nutzung des Arbeitsbündnisses
Interviewte	
• Unterstützte Themenentfaltung • Erläuterungen und Differenzierungen • Selbstvergewisserung • Positive Bilanzierung (Inhalte)	• Volle Annahme der aktiven Rolle • Vertrauensvoller Austausch • Schrittweise Rekonstruktion • Positive Bilanzierung (Interaktion)

Aus Sicht der Interviewenden …

… ist diese Situation offen für Interventionen, die *kaum Einschränkungen* unterliegen. Durch konzentriertes Zuhören verbunden mit differenzierenden Gesprächsanregungen ist eine solide *Wissensgrundlage* vorhanden, die nun vertieft werden kann. Einzelaspekte sind grob nachvollziehbar, ihre komplexen Zusammenhänge aber noch nicht entschlüsselt. Interviewende beschränken sich nicht mehr auf die Anregung von Erzählungen, sondern beginnen die Einzelaspekte gemeinsam mit den Interviewten *diskursiv zu bearbeiten*. Zwar überwiegen *verständnisgenerierende Kommunikationsstrategien* in dieser Situation. Das bedeutet aber nicht, dass die Rolle als eher passive und erzählungsfördernde Zuhörende, die für die beiden anderen Situationen charakteristisch ist, ganz aufgeben werden muss.

Außerdem können Interviewende ihre Aufmerksamkeit nun auch auf eher *beiläufig erwähnte Aspekte* und *Alltagsselbstverständlichkeiten* richten, welche die Interviewten von sich aus nicht weiter ausführen würden, weil sie im weiteren Gesprächsverlauf quasi abgehakt wurden und nunmehr weniger bedeutungsvoll erscheinen. Gerade diese beiläufigen Aspekte sind dagegen wichtige Ansatzpunkte zur dialogischen Wissenserweiterung, bei der Interviewende wesentlich fokussierter vorgehen können. Erzählungsgenerierende Nachfragen haben im Vergleich dazu zwar den Vorteil größerer Ergebnisoffenheit: sie können lange Erzählpassagen auslösen, die Fragen aufwerfen und gleichsam ohne weiteres Zutun implizit Antworten liefern. Allerdings ist diese selbstklärende Dynamik monologischer Ausführungen ambivalent, weil lange narrative Phasen auch die Gefahr bergen, dass *Ge*hörtes zu *Über*hörtem wird.

Wichtig ist in dieser Interaktionssituation vor allem der Wechsel der Interviewenden in die *Ausführung einer aktiv verständnisklärenden Rolle*, die deutlich über die Formulierung erweiternder und differenzierender Fragen hinausgeht. Auf der Grundlage des inzwischen empirisch untermauerten Vorwissens können Interviewende zusehends thematische Klärungen in Form von *Ad-hoc-Fragen*, *Verständnisfragen* und *Konfrontationen* anregen. Im Zentrum stehen dabei: auffallende thematische Lücken, stereotypische Aussagen und Andeutungen, Redundanzen als Hinweise auf besondere Relevanzen, Abstraktionen als mögliche Vermeidungsstrategien sowie Widersprüchlichkeiten. Zu diesem Zeitpunkt ist das Gespräch von einem gefestigten und vertrauensvollen *Arbeitsbündnis* getragen. Daher sind Interviewende gegenüber den Interviewten selbst dann keinem *Erklärungsdruck* ausgesetzt, wenn sie belastende persönliche Probleme ansprechen oder auf außergewöhnliche Aussagen hinweisen.

Aus Sicht der Interviewten …

… befreit das etablierte produktive und atmosphärisch angenehme *Arbeitsbündnis* vom Zweifel am ernsthaften Interesse der Interviewenden und ihrer strukturierten Neugier an der eigenen Lebenssituation. So sehr sie sich bemühen, ihre

Problemsicht möglichst umfassend zu präsentieren, sind sie doch häufig überfordert, die Details in Bezug auf komplexe Fragestellung nachvollziehbar zu organisieren und zu vermitteln. Deshalb schätzen sie die Unterstützung durch die Interviewenden bei der Erläuterung und Sortierung ihrer Erfahrungen sowie der dialogischen Klärung von Zusammenhängen.

Die inzwischen *entspannt-produktive, aber konzentrierte Atmosphäre* trägt dazu bei, dass sich die Interviewten in den Bann des für diese Situation charakteristischen Austauschverhältnisses ziehen lassen. Sie sehen sich ernstgenommen als Expertinnen/Experten von Themen, die offenbar über ihre individuelle Situation hinaus gesellschaftliche Relevanz haben. Das wird schließlich zweifelsfrei als Anlass für *dieses* Interview anerkannt. Nachgespräche mit Interviewten zu PZIs zeigen, dass das Arbeitsbündnis vor allem deshalb so ertragreich sein kann, weil sie die Gelegenheit des ausführlichen und vertrauensvollen Austauschs über eine sie persönlich betreffende Problematik mit einem verständigen Gegenüber als äußerst befriedigend erleben. Im *Rückblick* auf das gesamte Gespräch drücken viele ihr Erstaunen darüber aus, so ausführlich und intensiv über sich selbst berichtet zu haben, wie sie es selbst in ihren Familien oder mit Freunden nicht getan hätten.

Manchen Interviewten bietet das Gespräch die Möglichkeit zu *Selbsterfahrung und Selbsterkenntnis*. Obwohl der Zweck eines PZI niemals therapeutischer Natur ist, kann ein qualitatives Interview Gemeinsamkeiten mit gesprächstherapeutischen Interaktionen haben (Reiter 2021). Sie erleben die Interviewenden als akzeptierende und empathische Begleitung in einem Prozess der schrittweisen Erinnerungsarbeit und Rekonstruktion von Details und komplexen Zusammenhängen, die nicht einfach spontan abrufbar sind. Damit erfahren die Interviewten, dass ihre ausführlichen Darstellungen tatsächlich erwünscht sind und erwartet werden. Die Art der Gestaltung des dialogischen Austauschs hat großen Anteil daran, wie das Gespräch von ihnen bewertet wird. Gelegentlich sprechen sie Interviewende darauf an, dass ihnen die Teilnahme *Spaß* gemacht hat und sie sehr zufrieden sind mit der Zusammenarbeit und mit der Unterstützung, die sie erfahren haben. Manche staunen sogar über die (methodische) Vorgehensweise der thematischen Sondierung und Strukturierung. Einige würdigen die positive Erfahrung in dem eigentlich akademisch motivierten Interview indirekt, indem sie sich im Anschluss daran besorgt zeigten, ob denn ‚die von der Uni' damit wirklich zufrieden sein werden – schließlich habe man doch nur miteinander gesprochen. Ein solcher Zweifel der Interviewten an der Qualität der besprochenen Inhalte ist Ausdruck dafür, wie sehr sie die Begegnung mit der Person (des/der Interviewenden) verbinden und in erster Linie als *positive private Erfahrung* wahrnehmen. Und das, obwohl das Interview im Sinne einer professionellen Forschungsbegegnung als Job durchgeführt wurde. Gleichzeitig fragen sich die Interviewten, ob das Ergebnis der ‚Arbeit' ihres Gegenübers tatsächlich dem wissenschaftlichen Anspruch und Erkenntnisauftrag gerecht wird.

6.4. Situation 4 – Abschluss und Nachbereitung des Interviews

Es gibt eine Reihe von Anzeichen dafür, dass ein Interview ausklingt und zu Ende geht. Gesprächspausen werden länger, die Sätze kürzer. Der erzählerische Spannungsbogen ist erschöpft und beide Gesprächsbeteiligten haben das Gefühl einer gewissen *thematischen Sättigung* und oft auch einer Ermüdung. Das Wesentliche scheint erfragt oder gesagt worden zu sein. Auch diese Interviewsituation beinhaltet typische Aspekte für beide Seiten (vgl. Tabelle 4.8).

Tabelle 4.8 – Situation 4: Aspekte des Interviewabschlusses

Ausklang	
inhaltlich	*methodisch*
Interviewende	
- Thematische Sättigung - Gesättigtes Verstehen - Suche nach Anschlussmöglichkeiten - Abgleich mit Gesprächsfaden, Notizen	- Offene Abschlussfragen - Informeller Austausch - Geduldige Aufmerksamkeit für Neues - Achtsamkeit für emotionale Befindlichkeit - Klären offener Fragen (Ethik, Datenschutz) - Beenden des Interviews, Dank & Feedback - Postskript
Interviewte	
- Thematische Erschöpfung - Thematische Bilanzierung - Thematischer Abschluss - Gelegenheit für finale Ideen	- Längere Pausen - Fragende Mimik, Entspannung/Müdigkeit - Rückfragen - Bilanzierung der Interaktion - Ev. Diskussion eigener Befindlichkeit

Aus Sicht der Interviewenden …

… wird das Nachlassen der Dringlichkeit von Fragen immer deutlicher. Sie ertappen sich dabei, dass sie Mühe haben, noch Ideen für produktive Fragen entwickeln zu können. Sie nutzen den Blick in den Gesprächsfaden wie eine Art Übersprunghandlung, um sich zu überlegen, ob und wie sie das Gespräch fortsetzen können. Unsicherheit macht sich breit, weil auch das Mitteilungsbedürfnis der Interviewten zu erlahmen scheint. Es mag sein, dass sie im gedanklichen Rückblick auf das bisherige Interview noch Themenaspekte im Gesprächsfaden oder Detailfragen in Notizen identifizieren, deren Diskussion für eine Bestätigung oder Abrundung des erreichten Erkenntnisstands hilfreich sein könnte. Und manchmal stellen sie auch noch halbherzig ein paar letzte Fragen, obwohl sich eigentlich schon das Gefühl einer für sie komplett erscheinenden *Gestalt* der in Frage stehenden Thematik – d.h. ein *gesättigtes Verstehen* der subjektiven Sichtweise ihres Gegenübers hinsichtlich des Problems – eingestellt hat, sodass zumindest in diesem Moment keine Unklarheiten mehr bestehen. Wenn der kontrollierende und suchende Blick in Gesprächsfaden und Notizen dann doch keinen Anlass für neue Fragen erbringt, werden Interviewende dies häufig selbst zum Ausdruck bringen. Sie wenden sich an die Interviewten und fragen: *„Gibt es denn noch etwas, was Sie mir erzählen wollen, was ihnen noch wichtig ist?"* Wenn die Interviewten deutlich verneinen, bedanken sich die Interviewenden für die Bereitschaft zur Teilnahme am Interview.

Während sie ihre Materialien einsammeln und das Aufzeichnungsgerät abschalten, sollten die Interviewenden weiterhin aufmerksam bleiben und den anschließenden Ablauf verfolgen, in dem verschiedene Interaktionsvarianten möglich sind. Häufig entsteht zuerst einmal eine längere Pause, in der sich beide Seiten zurücklehnen und vielleicht zufriedene Blicke austauschen. Diese Pause wird der Interviewende ernst nehmen und – das ist erfahrungsgemäß sehr wichtig – nicht einfach unterstellen, dass es sich um ein Signal für das Ende des Interviews handelt. Es ist wichtig, erst einmal geduldig abzuwarten, was passiert, um den Interviewten die Chance zur eigenen Gestaltung der Übergangsphase bis zum Ende des Interviews zu geben. Manchmal kann anhand einer nachdenklichen Mimik erkannt werden, dass die Interviewten eine *Denkpause* eingelegt haben, in der sie, auf das Interview zurückblickend, möglicherweise ein Bedürfnis nach weiteren Ausführungen entwickeln. Dabei kann es um zuvor vergessene Details, neue thematische Aspekte oder spontane Einfälle gehen. Mitunter nehmen Interviewte aber auch nur abschließende Bilanzierungen ihrer Erfahrungen vor, mit denen sie das Interview zu Ende bringen, das Thema sozusagen für sich ‚abhaken' und zu lockerem Plaudern übergehen. Vielleicht leiten Interviewte sogar noch eine neue Interaktionsphase ein, die deutlich zeigt, dass der Prozess der Auseinandersetzung mit ihrer ‚Geschichte' immer noch nicht abgeschlossen ist. In Erwartung neuer Erkenntnisse gehen Interviewende auch an dieser Stelle selbstverständlich auf alle überraschenden Äußerungen der Interviewten ein. Sie können sich entscheiden, ein vielleicht bereits deaktiviertes Aufnahmegerät wieder anzustellen oder Einzelheiten im Postskript (siehe unten) zu vermerken.

Vor allem, aber nicht nur, in stärker biografisch ausgerichteten Interviews kann bei den Interviewten das Bedürfnis nach Feedback durch die Interviewenden entstehen und nach persönlichen Einschätzungen oder Beurteilungen verschiedener Aspekte ihrer geteilten Erfahrungen und Überlegungen. Dabei dreht es sich meist um Lebens- oder Problemlagen, die aus der eigenen Entwicklungsgeschichte resultieren. Auch aus *forschungsethischen Gründen* sind Interviewende besonders achtsam für Schilderungen prekärer oder belastender Situationen (z. B. Probleme mit Misserfolgserlebnissen, Traumatisierungen oder Depressionen etwa aufgrund von Fluchterfahrungen oder Missbrauch). Dabei stellt sich die Frage, ob das empathische Verhalten und sensible Vorgehen der Interviewenden für einen professionellen Umgang damit ausreichen. Qualitative Interviews verfolgen in der Regel keinen therapeutischen Zweck und die meisten sozialwissenschaftlichen Interviewenden haben keine Kompetenz zur Durchführung von Beratungsgesprächen oder therapeutischen Interventionen. Sie sollten aber darauf vorbereitet sein, am Endes des Interviews bei Bedarf adäquate professionelle Unterstützung zumindest vermitteln zu können. Das ist ein Weg, forschungsethischen Anforderungen zum Schutz der Interviewten gerecht zu werden und zugleich die eigenen Möglichkeiten realistisch einzuschätzen und sich selbst vor emotionaler Überforderung zu bewahren (Reiter 2021).

Sollten in dieser Phase seitens der Interviewten keine Andeutungen für weitere thematische Ausführungen zu erkennen sein, können die Interviewenden das Interview beenden, wenn auch sie selbst ihren Erkenntnisgewinn als ‚runde Sache' beurteilen. Diese Einschätzung kann mit dem befriedigende Gefühl einhergehen, erfolgreich in die Rolle der Interviewten geschlüpft zu sein und hinsichtlich des Themas ein komplettes Bild vom Gegenüber vor Augen zu haben. Das ist der Moment, wenn sich beide Gesprächsbeteiligten von den Anstrengungen eines konzentrierten Gesprächs entspannen können. Erfahrungsgemäß eher von den Interviewenden ausgehend, kann diese Situation in ungezwungenes Plaudern über Themen übergehen, die über das Forschungsinteresse im engeren Sinn hinausreichen. Zwei Beispiele sollen das illustrieren.

Im Fall von Jill F., einer Friseurin, erkundigt sich die Interviewerin nach ihrem Hintergrund:

> *„**I:** Du kommst gar nicht jetzt hier aus X (Großstadt) oder bist hier gar nicht groß geworden?"*

Jörg K., ein Kfz-Mechaniker, teilt Zukunftspläne:

> *„… sagen wir mal, meine privaten Pläne sind eigentlich 'n richtig schönes gemütliches Einfamilienhaus haben, so, weiß nicht, hab' hier keins gesehen, aber 'n richtig schönes Haus, gemütlich zu haben und toll eingerichtet, modisch, toll eingerichtet und 'n schönes Auto vore (Dialektausdruck für „vor der") Tür haben und irgendwann mal, vielleicht kommt's ja auch mal, daß mir eine übern Weg läuft, 'ne tolle Freundin haben, vielleicht 'ne Ehe (I. lacht) mal so, mit 30 oder sowas heiraten und Kinder kriegen oder sowas."*

Im Anschluss an jedes Gespräch fertigen Interviewende ein *Postskript* (kurz für: Postkommunikationsbeschreibung) an. Als *„postinterview description"* von Cicourel (1974, S. 84) eingesetzt, hat es im Rahmen des PZI (Witzel 1982, S. 92 f.) eine besondere Bedeutung, die darüber hinausgeht, was üblicherweise mit der in einem Interviewprotokoll vorgenommenen Beschreibung von Kontext und Ablauf des Interviews assoziiert wird. Im Sinne der Selbstfürsorge und Stressbewältigung erfüllt es einerseits die Funktion eines *„self-debriefing"* (Wengraf 2001, S. 142) der Interviewenden. Andererseits ist das Postskript eine praktische Konsequenz der methodologischen Reflexion des Einflusses der Interviewenden als Bestandteil der Untersuchungssituation. Mit ihren Vorannahmen, Gefühlen, Zweifeln, selektiven Blicken und Persönlichkeitsmerkmalen beeinflussen die

Interviewenden Kontext, Inhalt, Ablauf und Ergebnis des Gesprächs in vielerlei Hinsicht. Jedoch wird dieser Einfluss zumeist weder in den Aufzeichnungen noch Transkripten ausreichend erfasst. Vieles, was vor und während dem Interview geschieht, wird nicht festgehalten. Das gilt auch für die Zeit nach dem Beenden der Aufzeichnung, denn der Austausch mit den Interviewten wird – wie beschrieben – schließlich nicht einfach abgebrochen, sondern führt häufig zu spontanen, thematischen Nachträgen.

Das Postskript wird unverzüglich und unmittelbar nach dem Interview verfasst oder aufgezeichnet, damit die Eindrücke der Interviewenden noch möglichst frisch sind. Dies ist besonders wichtig, wenn bald danach die Durchführung eines weiteren Interviews ansteht, denn das Eintauchen der Interviewenden in einen neuen Fall wirkt sich erfahrungsgemäß negativ auf das Gedächtnis aus und kann Details überlagern. Der Eindruck der besonderen Umstände des vorangegangenen Interviews ist dann häufig wie weggewischt. *Ohne Selbstzensur* notieren Interviewende also alles, was wichtig erscheint hinsichtlich der Zeit …

- *vor* (Planung, Kontaktaufnahme, Erwartungen);
- *während* (nonverbale Aspekte, Gefühle, Beobachtungen, Irritationen, Gedanken, Verhältnis zu den Interviewten, Prozess, Arbeitsbündnis);
- *nach* dem Interview (informeller Austausch, Fragen, Hinweise).

Ein Postskript kann den gesamten Ablauf des Gesprächs in Form von Notizen nachzeichnen, es kann besonders wichtige Passagen zusätzlich kommentieren, oder auffällige non-verbale Aspekte, Störungen von außen und die (evtl. zeitweilige) Teilnahme oder Eingriffe Dritter festhalten. Interviewende können darin Anmerkungen zur wahrgenommenen Qualität des Gesprächs notieren, oder bereits erste spontane Interpretationen vornehmen. Falls die Mittel begrenzt sind und mehr Interviews geführt werden als verarbeitet werden können, sind diese Informationen hilfreich für die Auswahl von Interviews für Transkription und weiterführende Analysen. Ausführliche Postskripte sind besonders für das Analyseteam dann unentbehrlich, wenn die Interviews nicht von den Forschenden selbst geführt werden. In all diesen Fällen beinhalten Postskripte Eindrücke und Hintergrundinformationen aus erster Hand. Sie sind Zeugnisse der Authentizität der Begegnung und helfen den Interviewenden dabei, Details zu erinnern, die sonst bald aus dem Gedächtnis verschwinden würden. Sie ermöglichen es den Interviewenden, sich auch nach längerer Zeit unmittelbar in die Interviewsituation zurückversetzen zu können. Sobald das Anfertigen eines Postskripts nach jedem Interview zur Routine geworden ist, sensibilisiert es die Wahrnehmung der Interviewenden für die Rahmenbedingungen von Äußerungen, die von beiden Beteiligten im Laufe des Gesprächs geschaffen werden. Damit wird es schließlich auch zu einem Mittel der kritischen Reflexion der Gesprächsführung und der Verbesserung von Interviewkompetenzen.

Aus Sicht der Interviewten …

… sind viele Aspekte der wahrgenommenen inhaltlichen Erschöpfung und Beendigung des Interviews ähnlich wie aus der Sicht der Interviewenden. Dies betrifft insbesondere die Frage der thematischen Sättigung. Insgesamt mag die Abwicklung des Ausstiegs für die Interviewten aber weniger wichtig sein, weil sie am Ende eines langen Interviews einfach müde sind oder sich gedanklich schon anderen Dingen zuwenden. Sollte das offensichtlich sein, kann das Interviewende kurz und knapp gehalten werden, wie in den folgenden Beispielen.

Im Fall von Anne E., einer Einzelhandelskauffrau, ist der Abschluss unspektakulär:

> *„**I:** … Ja, da sind wir dann durch. Wunderbar. Bedanke ich mich sehr herzlich.*
> ***A:** Gern geschehen …“*

In der Transkription des Interviews mit Ina Anette F., einer Friseurin, und einer Ergänzung aus dem Postskript wird ersichtlich, dass sie sich gedanklich schon auf den Weg in den elterlichen Betrieb macht, der sich ein Stockwerk höher im Hause befindet, in dem das Interview geführt wurde:

> *„**I:** Gut, dann könnten wir ja auch ruhig jetzt mal abbrechen und dann …*
> ***A:** … kann ich wieder nach oben (wohl ungeduldig, weil sie in wieder in den elterlichen Betrieb gehen will).“*

Das Gegenteil ist der Fall, wenn Interviewte – ähnlich wie die Interviewenden – noch voll unter dem Eindruck der soeben rekonstruierten, d. h. wiederbelebten Ereignisse und gedanklich wiedererlebten Erfahrungen in ihrer geschilderten Lebenswelt stehen. Dazu kann es kommen, wenn die intensive Reflexion subjektiv relevanter Inhalte und Erfahrungen gleichermaßen intellektuell anregend wie emotional aufwühlend ist. Im Rahmen der intensiven Befassung mit für sie bedeutsamen Aspekten haben sich die Interviewten im Gespräch selbst einen Spiegel vorgehalten und fühlen sich daher manchmal persönlich besonders betroffen. Das kann der Grund sein für das Bedürfnis der Interviewten danach, die Interviewthematik nicht nur abzurunden, sondern auch um eine Art finale Aussprache mit den als verständnisvoll erlebten Interviewenden zu ergänzen. Auch wenn diese Phase durch eine lockere Atmosphäre charakterisiert ist, kann es im Nachgang zur umfangreichen und detaillierten thematischen Auseinandersetzung auch weiterhin frei flottierende Gedanken der Interviewten geben, die es wert sind, von den Interviewenden festgehalten zu werden.

Trotz aller Erläuterungen im Eingangsgespräch kann der Rückblick auf den Interviewprozess Interviewte in dieser Phase auch dazu veranlassen, noch einmal Zweifel am Zweck des Interviews zu äußern bzw. Fragen zur seiner Verwendung zu stellen. Zum Beispiel fragt Emil B. aus unserem Fallbeispiel C gegen Ende des Gesprächs: *„Und was schließt (man) jetzt so aus meinen Antworten …?“* Falls Interviewte an dieser Stelle *forschungsethisch und datenschutzrechtlich relevante Bedenken* zum Umgang mit ihren persönlichen Daten äußern, begnügen sich Interviewende nicht mit formalen Zusicherungen von Schutz und Anonymität. Vielmehr gehen sie bei Bedarf auch noch einmal auf diese Bedenken ein und Aktualisieren das für das Interview unabdingbare Vertrauensverhältnis zwischen den Gesprächsbeteiligten. Dabei können sie sich direkt auf Ablauf und Inhalte der Forschungsbegegnung beziehen und damit eine Brücke bauen zwischen der Sammlung von persönlichen und oft sehr intimen Aussagen und ihrer Bearbeitung im Rahmen weiterer Schritte des Forschungsprozesses.

Abschließend sollen Interviewte noch einmal die Gelegenheit bekommen, Fragen zu stellen, die möglicherweise durch das Interview ausgelöst wurden – zum Projekt, zur eigenen Person, zur weiteren Vorgehensweise etc. Vielleicht hat sich im Laufe des Interviews auch ihr Verständnis von Forschung verändert. Daher geben wir ihnen an dieser Stelle noch die Möglichkeit, ihre nunmehr auch *empirisch informierte Einwilligung* zur Nutzung ihres Interviews auf der Basis der Erfahrung zu aktualisieren.

7. Anmerkungen zur Auswertung

Dieses Buch ist der Interviewdurchführung gewidmet. Die Auswertung von PZIs ist ein eigener Arbeitsschritt und kann im Prinzip mit allen Ansätzen der qualitativen Textanalyse vorgenommen werden, sofern sie dem Forschungsziel dienen. Darstellungen der im deutschsprachigen Raum in den Sozialwissenschaften gebräuchlichsten Analyseansätze – Dokumentarische Methode, Grounded Theory, Inhaltsanalyse, Konversationsanalyse, Narrationsanalyse, Objektive Hermeneutik – finden sich etwa in Kleemann/Krähnke/Matuschek (2013), Kruse (2014) und Przyborski/Wohlrab-Sahr (2014). Ein pragmatischer Vorschlag zur fokussierten und softwareunterstützten Interviewanalyse findet sich bei Kuckartz/Rädiker (2020). In diesem Abschnitt wollen wir in aller Kürze veranschaulichen, wie eine Auswertung von PZIs mithilfe heuristisch-analytischer Rahmenkonzepte erfolgen kann. Der Prozess orientiert sich allgemein an dem theoriegenerierenden Ansatz der Grounded Theory nach Strauss/Corbin (1996). Ein problemzentriertes Auswertungsverfahren im Sinne eines umfassend ausgearbeiteten Ansatzes gibt es nicht. Ausführlichere Darstellungen von Grundlagen und praktischen Erfahrungen finden sich in Witzel (1996) und Witzel/Reiter (2012, S. 99–118).

In diesem letzten Abschnitt des Buchs skizzieren wir anhand der Beispielstudie, wie Auswertung und Interpretation von PZIs so vorgenommen werden *können*, dass sie dem Prinzip der Problemzentrierung im Sinne eines *Dialogs zwischen den Perspektiven der Forschenden und der Interviewten* gerecht werden. Die Darstellung hat lediglich den Charakter einer stark komprimierten Illustration eines Arbeitsschritts, der wesentlich umfangreicher und voraussetzungsvoller ist, als es hier erscheinen mag. Dieser kurze Einblick kann die für eine tatsächliche Datenauswertung nötige Aneignung von Kenntnissen nicht ersetzen. Außerdem geben wir (nochmal) zu bedenken, dass die Beispiele aus einer Studie stammen, die über mehrere Jahre von einem Team erfahrener Forschender durchgeführt wurde und daher nicht mit Qualifizierungsarbeiten von Einzelpersonen vergleichbar ist. So wird hier etwa wieder das ARB-Schema relevant, dessen Entwicklung auf mehreren Erhebungswellen basiert. Dennoch sollten die skizzierten Beispiele und Arbeitsschritte Anregungen und Ideen zur Bearbeitung eigener Interviews im Sinne des problemzentrierten Ansatzes bieten.

Das Interviewgespräch ist eine Gelegenheit zur Entwicklung und dialogischen Klärung von Vorinterpretationen – d. h. die Interviewten werden dazu eingeladen, erste Interpretationen der Interviewenden im laufenden Gespräch zu kommentieren, zu ergänzen und zu validieren. Dieses Prinzip des Dialogs im Rahmen der Datenerhebung findet in der Auswertung seine Fortsetzung, mit dem Unterschied, dass die Forschenden ihre Interpretationsarbeit von nun an ohne die physische Teilnahme der Interviewten und nur noch im *Austausch mit den Daten* fortsetzen. Durch die problemzentrierte Verständnisklärung und die gemeinsam vorgenommene Vorinterpretation, so die Annahme, ist die Problemsicht der Interviewten in den transkribierten Interviews auf eine Weise repräsentiert, die ihre weiterführende interpretative Verarbeitung weitgehend ohne zusätzliche Sinnunterstellungen möglich macht. In der Beispielstudie bezieht sich das etwa auf die Rekonstruktion der Berufsbiografie.

Die Auswertung entlang der Forschungsfragestellung erfolgt anhand *empirisch begründeter Interpretationen*, die im Zuge der Analyse revidiert, schrittweise untermauert und schließlich im Sinne von Forschungsergebnissen generalisiert werden. Die Grundlage dafür bildet das nunmehr vorliegende Gesamtmaterial – dazu gehören: Interviewtranskripte, interpretative Wissensbestände aus Interviews und Postskripten sowie alle weiteren Interpretationsbefunde auf der Basis der Forschungsfragen, der sensibilisierenden Rahmenkonzepte (wie dem ARB-Modell), der Themenbereiche des Gesprächsfadens und der Stichprobenkriterien. In allen Phasen der Auswertung ist das *Interviewmaterial die primäre Quelle* des Erkenntnisfortschritts, der mithilfe sensibilisierender Vorwissensbestandteile in Richtung Ergebniskonsolidierung vorangetrieben wird.

Je nach Fragestellung und Auswertungsziel können mehr oder weniger Schritte nötig und sinnvoll sein. Zur Veranschaulichung der Vorgehensweise im Rahmen der Beispielstudie unterteilen wir den Prozess im Folgenden grob in vier Phasen (vgl. Abbildung 4.5).

Abbildung 4.5 – Auswertungsprozess

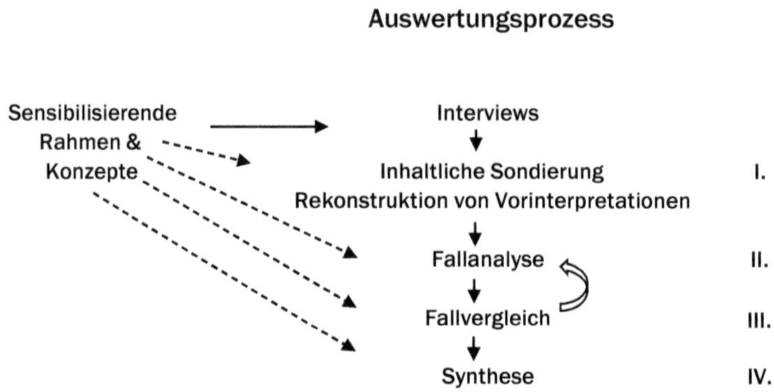

Die inhaltliche Sondierung der Interviews geht einher mit der Rekonstruktion von Vorinterpretationen, die im Rahmen der Gespräche entwickelt wurden (I.). Im Zuge der *vertikalen* Auswertung von Informationen über einzelne Interviewte werden ausführliche Fallanalysen erstellt (II.). Systematische Fallvergleiche bilden den Kern der anschließenden *horizontale* Analyse (III.). Die Synthese der Ergebnisse kann in einem eigenen Schritt erfolgen und zum Beispiel in biografischen Einzelfallrekonstruktionen oder der Entwicklung empirisch begründeter Konzepte und Typen münden (IV.).

7.1. Inhaltliche Sondierung und Rekonstruktion von Vorinterpretationen

Der erste Schritt der inhaltlichen Sondierung und Rekonstruktion der Vorinterpretation besteht in einer offenen und sensibilisierend-theoriegeleiteten Analyse des gesamten Interviewmaterials. Für die Kodierung transkribierter Interviews empfehlen wir die Verwendung einer qualitativen Datenanalysesoftware (QDA-Software) in Kombination mit passenden Kodierverfahren (vgl. Saldaña 2021). Für die *Suche nach zentralen Themen* in Einzelinterviews eignet sich vor allem das Verfahren des *offenen Kodierens* (Strauss/Corbin 1996). In diesem Schritt erfolgt außerdem eine Rekonstruktion der in Einzelinterviews mit der Unterstützung der Interviewten geleisteten Vorinterpretation. Um die komplexen Interaktions- und *wechselseitigen Interpretationsprozesse* in der Analyse berücksichtigen zu können, sollten die Interviews vollständig transkribiert sein.

Wie im Folgenden anhand von Beispiel B aus Kapitel 2 illustriert, produziert die deskriptive Analyse einen Überblick über relevante Inhalte und den Verlauf eines berufsbiografischen Erfahrungsausschnitts (Tabelle 4.9).

Tabelle 4.9 – Allgemeine Kodierung: Beispiel B – Patrick M.

ARB-Modell		In-Vivo
Einstiegsfrage	***I (Interviewer):*** *Du hast ja Maschinenschlosser gelernt. Wie ist es eigentlich dazu gekommen, wenn du noch mal so zurückgehst, Schulzeit und so?*	
Aspiration 1 – Handwerk *Realisation 1 – Tischler* *Bilanz 1 – Tischler* *Aspiration 2 – Metallberuf (BGJ)* *Realisation 2 – BGJ-Stelle* *Aspiration 3 – Metallberuf (Lehre)* *Realisation 3 – Metallberuf (Lehre)*	**Patrick M.:** *Also in der Schulzeit, da hab' ich immer schon gedacht, irgendwie 'nen handwerklichen Beruf zu machen. Dann war ich schon als Tischler, hab' ich's versucht, auf jeden Fall Praktikum gemacht. Das gefiel mir nicht so recht, hab' ich gedacht, mal was mit Stahl oder so was, wollt' ich machen und da hab' ich mich dann erstmal nach der Schule wollt' ich so 'n BGJ* [Berufsgrundbildungsjahr] *machen, Metallbau, hatte auch schon 'ne Stelle da. Sagte mein Vater, bei der F448* [Kennziffer für einen anonymisierten Betrieb] *würden noch welche gesucht, so Metallberufe. Da hab' ich mich beworben, bin auch, hatte drei Bewerbungen bei der F448, haben sie so ausgelost, wo ich hinkam, so was am dichtesten dran war. Dann konnte ich da sofort anfangen. Ich hatte noch im Test eben alles gemacht, ruckzuck rangekommen eigentlich.*	***„'nen handwerklichen Beruf"*** ***„Tischler", „Praktikum"*** ***„mal was mit Stahl"*** ***„so'n BGJ", „Metallbau"*** ***„so Metallberufe"*** ***„ruckzuck rangekommen"***
Zurückspiegelung – Vorinterpretation	***I:*** *Wenn du noch mal so zur Schule zurückgehst. Du hast gesagt, du hast 'nen Praktikum gemacht als Tischler. Das hat dir da nicht so gefallen?*	
	Patrick M.: *Nee.*	
Verständnisfrage	***I:*** *Warum hat dir das nicht so gefallen?*	
Bilanz 1 – Tischler	**Patrick M.:** *Also ich war so in 'nem kleineren Betrieb und also ich hab' auch nicht viel machen dürfen. So musste ich mehr mit Möbel schleppen und so was. Und wenn ich mal so'n büschen* [norddeutsch für „ein bisschen] *getischlert hab' oder so, dann gefiel mir das auch nicht richtig. Ich weiß nicht, das war irgendwie nicht so für mich gedacht. Holz, ne.*	***„nicht viel machen dürfen"*** ***„Möbel schleppen"*** ***„nicht so für mich gedacht. Holz, ne"***
Vorinterpretation	***I:*** *So vom, das Material Holz gefiel dir nicht so?*	
Bilanz 1 – Tischler	**Patrick M.:** *Ne, das war nicht mein Fall.*	***„nicht mein Fall"***
Ad hoc-Frage	***I:*** *Gab's da noch in der Schulzeit, noch andere Überlegungen, was vielleicht in Frage hätte kommen können?*	
Aspiration 4 – Lokführer *Realisation 4 – Lokführer* *Bilanz 4 – Lokführer*	**Patrick M.:** *Jo, ich hatte mir ja noch überlegt, so Lokführer zu werden. aber ich weiß nicht, hatte mein Vater mir abgeraten. Ich mein', ich hab' erstmal gedacht: Maschinenschlosser, das führt ja auch schon dahin. Dann wollte ich mir das noch mal überlegen bis Ende der Lehre, aber dann wurde das doch nichts mehr.*	***„so Lokführer"*** ***„Maschinenschlosser"*** ***„dann wurde das doch nichts mehr"***

Dieses Beispiel beinhaltet zwei grundlegende Varianten der Kodierung und Bedeutungszuweisung. Die *linke Spalte* enthält Kodierungen der Antworten anhand des sensibilisierenden ARB-Modells, das hier *deduktiv* und konzeptbasiert an die Daten herangetragen wird. Zusätzlich könnten hier Schlüsselkategorien aus dem Gesprächsfaden oder anderen Quellen des Forschungsvorwissens zugewiesen werden. Dieser deskriptive Schritt strukturiert das Material nach inhaltlichen Kategorien und bereitet die thematisch orientierte Analyse vor. In diesem Fall erleichtert die Verwendung des ARB-Modells auch die zeitliche Strukturierung der berufsbiografischen Daten, die im Rahmen der *Vorinterpretation* im Laufe des Interviews rekonstruiert wurden. Die *rechte Spalte* enthält In-Vivo Codes zu beruflichen Optionen sowie zu Erfahrungen damit. In-Vivo Codes sind knappe und bezeichnende wörtliche Zitate und Begriffe, die *induktiv* aus dem realisierten Interview stammen. Sie geben Einblick in die alltagssprachliche Repräsentation wichtiger Aspekte. Im Rahmen des Interviews regen sie zu Vorinterpretationen an, die nachfragend geklärt werden können; im Rahmen der Auswertung sind sie offen für weiterführende Interpretationen, die in Form von Memos festgehalten werden können.

Die Illustration anhand dieses kurzen Ausschnitts macht deutlich, dass bereits wenige Kodierungen zu erheblicher Unübersichtlichkeit führen können. Software zur qualitativen Datenanalyse erleichtert diesen Arbeitsschritt erheblich und kann weit mehr als nur zwei Kodierebenen verarbeiten und je nach Bedarf selektiv abbilden. Parallel zur Kodierung lassen sich damit längere spontane *Interpretationen* in Form von Memos festhalten und auch die in den nachfolgenden Schritten vorgenommene thematisch-vergleichende Datenanalyse wird ohne großen Aufwand ermöglicht. In Kühn und Witzel (2000a) findet sich eine ausführliche Beschreibung der *inhaltlichen Sondierung und Erstellung eines Kategoriensystems* für die längsschnittliche Beispielstudie. Falls die Verwendung von Software zur qualitativen Datenanalyse geplant ist, sollte dies integraler Bestandteil des Forschungsdesigns sein (Friese 2022).

7.2. Fallanalyse

Nach der Kodierung werden die Informationen aus den Einzelinterviews im zweiten Schritt der *vertikalen*, einzelfallbezogenen Analyse zu *Falldarstellungen* verdichtet und bei Bedarf mit einer *biografischen Chronologie* kombiniert. Mithilfe von Fallzusammenfassungen, sog. Fallsynopsen, werden in diesem Schritt:

- im Interview verstreute Informationen thematisch bzw. chronologisch geordnet;
- Einschätzungen von Erfahrungen und relevanten Situationen in ihrer inhaltlichen oder biografischen Bedeutung sortiert;
- Lücken sichtbar gemacht.

Dadurch können besonders relevante Aspekte identifiziert und zusätzlich im Rahmen einer thematisch fokussierten Analyse *zentrale Themen fallspezifisch* vertieft werden. Dies dient der einzelfallbezogenen Vorbereitung des vierten Schritts der Synthese und Darstellung der Ergebnisse. Falldarstellungen sind auch in Längsschnittstudien unverzichtbar, da für weitere Erhebungswellen jedes einzelne Interview individuell und personenbezogen vorbereitet werden muss. Hilfreich sind dafür außerdem kurze, im Zuge der Auswertung verfasste Protokolle zur Beschaffenheit des vorliegenden Interviewmaterials, etwa zu Besonderheiten einzelner Fälle und zu Unklarheiten und offen gebliebenen Fragen, die in einem nächsten Erhebungsschritt geklärt werden können. Außerdem empfehlen wir, sprachliche Besonderheiten in Falldarstellungen oder Notizen festzuhalten.

Die biografischen Daten aus Interviews unserer Beispielstudie lassen sich zeitlich organisieren, zum Beispiel indem die implizite Zeitstruktur des ARB-Schemas genutzt wird (vgl. Übersicht Tabelle 4.10).

Tabelle 4.10 – Berufsbiografische Chronologie: Beispiel B – Patrick M.

Station 1 – Handwerklicher Beruf: Tischler

Aspiration – In der Schulzeit interessiert er sich für einen „*handwerklichen Beruf*".

Realisation – Er macht ein „*Praktikum*" als „*Tischler*".

Bilanzierung – Tischler „*gefiel (ihm) nicht so recht*", weil er in dem „*kleinen Betrieb*" „*nicht viel machen*" durfte. Er musste „*Möbel schleppen*" und auch wenn er gelegentlich „*getischlert*" hat, „*war das nicht so für (ihn) gedacht. Holz, ne.*"

Station 2 – Metallberuf: Berufsgrundbildungsjahr (nicht realisiert)

Aspiration – Nach den schlechten Erfahrungen im „*Holz*"-Beruf will er lieber „*mal was mit Stahl oder so*" machen und hat „*nach der Schule*" die Zusage für eine „*Stelle*" im Bereich „*Metallbau*" im Rahmen eines „*BGJ*" (Berufsgrundbildungsjahr).

Realisation – Diese Stelle tritt er nicht an, weil er sich auf Vorschlag seines „*Vaters*" erfolgreich auf eine Lehrstelle bei einer Firma bewirbt.

Station 3 – Metallberuf: Lehrstelle

Aspiration – Sein Vater empfiehlt die Bewerbung bei einer Firma, bei der „*noch welche gesucht*" werden, „*so Metallberufe*".

Realisation – Er schreibt „*drei Bewerbungen*". Angesichts mehrerer offener Stellen wird eine Stelle „*ausgelost*" und nach einem „*Test*" kann er „*sofort anfangen*". Insgesamt ist er „*ruckzuck drangekommen eigentlich*".

Station 4 – Lokführer (nicht realisiert, möglicherweise schon vor Station 3 relevant)

Aspiration – „*Lokführer*" ist ein zweiter handwerklicher Beruf, der ihn in der Schulzeit interessiert hat und den er sich „*noch überlegt*" hat.

Realisation – Diese Option bestand „*bis Ende der Lehre*", wird aber nicht realisiert – „*dann wurde das doch nichts mehr*". U. a. hat ihm sein Vater davon „*abgeraten*".

Bilanzierung – Diese nicht realisierte Option hätte an seine realisierte Ausbildung zum Maschinenschlosser anschließen können („*das führt ja auch schon dahin*").

Problemzentrierte Forschung ist programmatisch daran orientiert, Interpretationen – im Interview und danach – grundsätzlich empirisch begründet vorzunehmen und konsequent am Material zu orientieren. Obwohl viele Aspekte im Zuge des Gesprächs gemeinsam mit den Interviewten *vorinterpretiert* werden, erfolgt die analytisch-systematische Interpretation im Rahmen der Auswertung, also erst nach dem Gespräch. Die bis dahin erarbeiteten, interpretativen Aussagen haben dabei den Status vorläufiger Interpretationen, sog. *Deutungshypothesen*. Grundsätzlich können Interviewausschnitte unterschiedliche Interpretationen provozieren, deren Gültigkeit (Validität) im Zuge eines Prozesses der *Validierung* bestimmt wird. Wie alle qualitativ-interpretativen Verfahren verwendet auch der problemzentrierte Ansatz Validierungsstrategien, die zumindest für die Schritte der Fallanalyse und des Fallvergleichs vorgenommen werden.

Die *Validierung am Text* verwendet das zu einem Fall verfügbare Datenmaterial als Referenzgrundlage. Deutungshypothesen werden auf der Basis einzelner Interviews oder fallbezogener Informationen überprüft, revidiert oder verworfen. Konzeptuell bedeutet diese Strategie eine Fortsetzung der bereits im Interview begonnenen dialogischen Rekonstruktion der Problemsicht der Interviewten. Der direkte Austausch im Interview von Vorwissen und Alltagswissen zur Entwicklung und Klärung von Vorinterpretationen wird in der Phase der Auswertung zur Prüfung und Schärfung von Interpretationsvarianten ersetzt durch die Suche nach *Evidenzen und Gegenevidenzen* im Material. Dabei handelt es sich um Nachweise, die vermutete Zusammenhänge im Material bestätigen oder entkräften. Evidenzklärung ist verbunden mit einer zweiten Strategie der *diskursiven Validierung* von Deutungshypothesen innerhalb des Forschungsteams oder einer Gruppe von interessierten Personen. Das bedeutet, dass Interpretationsangebote und Vorinterpretationen der für einen Fall oder Arbeitsschritt verantwortlichen Forschenden in der Gruppe diskutiert werden. Das Ziel ist die Erarbeitung möglichst plausibler, gemeinsam geteilter und empirisch begründeter Interpretationen. Diese zweite Strategie der Validierung im Austausch mit mehreren Personen, die zumindest punktuell auch für Qualifizierungsarbeiten vorgeschlagen wird, hat eine lange Tradition und ist mittlerweile fixer Bestandteil hochwertiger qualitativ-interpretativer Sozialforschung (Reichertz 2013). Einzelfallanalysen münden nicht selten in elaborierten Fallinterpretationen, sog. Fallhypothesen, deren Gültigkeit im nächsten Schritt der *kontrastierend-fallvergleichenden Analyse* systematisch überprüft werden kann. Daraus ergibt sich gleichsam eine dritte Validierungsstrategie.

7.3. Fallvergleich

Bereits mit der Durchführung des zweiten Interviews wird die fortlaufende Einschätzung des gesammelten Datenmaterials zur Bearbeitung der Forschungsfragen um eine Vergleichsperspektive ergänzt. Diese begleitet den gesamten

Forschungsprozess zunächst implizit und ohne ständig und ausdrücklich reflektiert zu werden. Spätestens in diesem dritten Schritt des *Fallvergleichs* wird der Abgleich von Informationen quer über alle Interviews hinweg zur dominanten, nunmehr *horizontalen* Auswertungsperspektive. Jeder weitere Fall wird vor dem Hintergrund zuvor analysierter Fälle verarbeitet und ist Anlass für ein immer wieder kritisches Hinterfragen sich entwickelnder Schlussfolgerungen. In dieser Phase verläuft der ergebnisorientierte Suchprozess *iterativ*: Die Konfrontation vorläufiger Interpretationen mit neuen Daten aus weiteren Fällen kann die Re-Analyse bereits verarbeiteter Fallinformationen erforderlich machen. Fallvergleiche können sich auf die Gesamtheit von Fällen beziehen (z. B. auf ganze Biografien) oder Einzelaspekte (z. B. Erfahrungen in der Schule oder im Ausbildungsbetrieb) aufgreifen und thematisch fokussiert bearbeiten. Um diesen Prozess effizienter zu gestalten und nicht immer das gesamte Datenmaterial bearbeiten zu müssen, werden *systematische Fallkontrastierungen* vorgenommen. Die Auswahl von Fällen für den Vergleich erfolgt etwa nach sozialstrukturell relevanten Kategorien wie Gender, Wohnort oder Berufsgruppenzugehörigkeit oder nach dem Kriterium größter oder kleinster Ähnlichkeit. Letzteres bedeutet, dass entweder sehr ähnliche oder sehr unterschiedliche Fälle verglichen werden, wodurch Gemeinsamkeiten und Differenzen besser erkennbar werden. Die *Analyse fallübergreifender zentraler Themen* wird zunächst anhand der Teilstichprobe vorgenommen. Kernkategorien werden dabei zu vorläufigen Konzepten verdichtet und anschließend in einem Prozess *selektiven Kodierens* aller Fälle weiterentwickelt (vgl. Strauss/Corbin 1996).

7.4. Synthese und Darstellung der Ergebnisse

Fallvergleiche treiben die Konsolidierung von verallgemeinerbaren Erkenntnissen voran und bilden einen wichtigen Zwischenschritt in Richtung *Synthese und Darstellung der Ergebnisse*. Biografische Einzelfallrekonstruktionen, die Rekonstruktion von thematisch strukturierten Merkmalsräumen sowie die Entwicklung empirisch begründeter Konzepte und Typologien gehören zu den Varianten der Zuspitzung und Darstellung von Ergebnissen problemzentrierter Forschung. Auch sie sind Produkte der ‚Bremer Schule' empirischer Sozialforschung und haben ihren Ursprung u. a. in der Verarbeitung von PZIs im Rahmen des Sonderforschungsbereichs 186 zu Übergängen Jugendlicher in die Arbeitswelt (Kluge 1999; Kelle/Kluge 2010).

Wir beschränken uns hier auf die Illustration der Schritte der Entwicklung einer *empirisch begründeten Typologie*, wie sie im Rahmen der Beispielstudie zu Übergängen Jugendlicher entstanden ist (Abbildung 4.6).[4] Der qualitative

4 Für weitere typisierende oder einzelfallorientierte Ergebnisdarstellungen problemzentrierter Forschung aus kleineren Forschungsprojekten siehe zum Beispiel Reiter (2010, 2012, 2013, 2019) und Zinn (2004).

Teil der Längsschnittstudie umfasste drei Wellen und ermöglichte einerseits die Untersuchung einzelner Lebenslaufsequenzen – z. B. den Übergang in das Erwerbssystem nach Abschluss der dualen Ausbildung. Andererseits erlaubte das Studiendesign die Analyse von Zusammenhängen über mehrere berufsbiografische Stationen hinweg sowie die Entwicklung einer echten qualitativen Längsschnitttypologie, deren Dimensionen den gesamten Untersuchungszeitraum abdecken (Witzel 2020). Im Rahmen der Analyse der ersten beiden Wellen wurden Muster des Biografie- und Übergangsmanagements entwickelt, die mithilfe der dritten Welle überprüft und verfeinert werden konnten. Forschungspraktisch wurden durch den iterativen Charakter der Vorgehensweise Primär- mit Sekundäranalysen verknüpft (Medjedović/Witzel 2010) – d. h. die Interviewdaten wurde mehrmals mit unterschiedlichen Schwerpunktsetzungen, die zum Teil nicht zur ursprünglichen Fragestellung gehörten, analysiert. Die qualitative Analyse von Interviews über alle Untersuchungswellen hinweg resultierte schließlich in einer *Typologie berufsbiografischer Gestaltungsmodi*.

Abbildung 4.6 – Auswertung zur Entwicklung einer Typologie

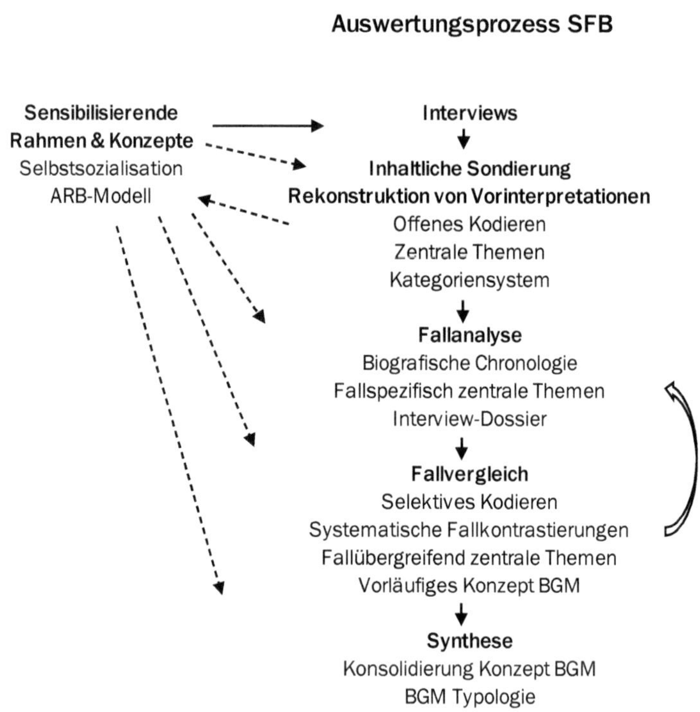

Zum Abschluss unserer Anmerkungen zur Auswertung von PZIs skizzieren wir im Folgenden in Anlehnung an Witzel und Kühn (2000) das schrittweise Vorgehen bei der Erarbeitung dieser Typologie auf der Basis von PZIs aus drei Wellen der qualitativen Längsschnittstudie. Die Entwicklung der Typologie stützt sich auf konzeptuelle Bausteine, die wir im Rahmen der *sensibilisierenden Vorwissensbestände* (vgl. Kapitel III/3) bereits ausführlicher vorgestellt haben. Kurz gesagt, die Übergänge Jugendlicher in die Berufswelt werden als Prozesse der Selbstsozialisation (Heinz 1988) betrachtet, die auf der Basis von Handlungen und Handlungsbegründungen rekonstruiert und empirisch beobachtet wurden. Mithilfe eines *heuristischen Handlungsmodells*, das berufsbiografische Stationen anhand der drei Kategorien der Aspiration, Realisation und Bilanzierung (ARB) untersucht (Witzel 2001), wurden berufsbezogene Handlungen und individuelle Sinnzuschreibungen rekonstruiert und im Längsschnitt auf ihre Beständigkeit hin überprüft. Das Modell erlaubte die Offenlegung der Dynamik berufsbiografischen Handelns von Jugendlichen in spezifischen Lebenslagen und sozialen Kontexten. Dadurch wurden Brüche und Kontinuitäten oder Widersprüche zwischen individuellen und institutionellen Erwartungen und Anforderungen sichtbar sowie Erfolge und Frustrationen und der Umgang damit im weiteren Berufsverlauf.

Eine erste Version des Konzepts der berufsbiografischen Gestaltungsmodi (BGM) resultierte aus der *systematischen Fallkontrastierung* im Rahmen des Fallvergleichs. Das Konzept wurde an einer kleineren Stichprobe der ersten Welle weiterentwickelt und schließlich durch die Analyse der Daten aller drei Wellen im Sinne einer *Forschungssynthese* konsolidiert. Bis zu seiner endgültigen Ausarbeitung hatte das vorläufige Konzept den Status einer *Deutungshypothese*, die sich noch an den Daten bewähren musste. Schließlich wurde das Konzept in mehreren Validierungs- und Kodierungsschritten auf sechs berufsbiografische Gestaltungsmodi reduziert (Kühn/Witzel 2000b). Das Ergebnis ist eine *Typologie berufsbiografischer Gestaltungsmodi*, die beobachtete Umgangsweisen Jugendlicher mit der Übergangserfahrung verdichtet und zu habituellen Orientierungs- und Handlungsmustern zuspitzt (vgl. Witzel/Kühn 2000). Die zwei Modi *Betriebsidentifizierung* und *Lohnarbeiterhabitus* sind mit einer eher geschlossenen Biografiegestaltung assoziiert, die sich am Erhalt von erreichten beruflichen Statusarrangements orientiert. Im Gegensatz dazu gehen die Modi *Laufbahnorientierung* und *Chancenoptimierung* einher mit einer ergebnisoffeneren Biografiegestaltung in Verbindung mit Karriereambitionen. *Persönlichkeitsgestaltung* und *Selbständigenhabitus* sind zwei Modi, die Selbstverwirklichung und Autonomiegewinn in den Mittelpunkt stellen.

Im Anschluss an die qualitativ-interpretative Auswertung und Synthese der Ergebnisse konnten die gebildeten Typen im Rahmen des Mixed-Methods Projekts in der vierten Welle des standardisierten Untersuchungsteils auf ihre *quantitative Relevanz* untersucht werden (Schaeper/Witzel 2001). Damit wurde in einer Umfrage die Verbreitung der Typen unter Jugendlichen untersucht. Die gesammelten PZIs wurden über die gesamte Projektlaufzeit hinweg in einer Datenbank gepflegt. Neben der Verwendung im Rahmen der Hauptstudie war dadurch auch die Durchführung von thematisch fokussierten *Sekundäranalysen* möglich (Medjedović/Witzel 2010). Aufgrund der Offenheit und Sorgfalt ihrer Durchführung und der begleitenden Dokumentation (Gesprächsfäden, Postskripte etc.) waren die qualitativen Interviews trotz thematischer Fokussierung im Ergebnis reichhaltig genug, um für die weitere Sekundärnutzung im Archiv für Lebenslaufforschung aufbereitet werden zu können (Opitz/Witzel 2005). Inzwischen wurden diese Interviews vom Forschungsdatenzentrum *Qualiservice* (https://www.qualiservice.org/de/) als direkte Nachfolgeorganisation an der Universität Bremen übernommen und werden auf Anfrage für Sekundäranalysen bereitgestellt (vgl. Box 4.10).

Box 4.10 Nachnutzung der mit dem PZI erhobenen Interviews

Forschende haben am Ende einer empirischen Interview-Studie häufig das Gefühl, dass ihre Interviews eine thematische Breite und Tiefe besitzen, die noch viele weitere, nicht ausgeschöpfte Analysemöglichkeiten bieten. Eine professionelle Archivierung und Aufbereitung der aufwendig gewonnenen primären Forschungsmaterialien in einem Forschungsdatenzentrum (FDZ) eröffnet ein weites Spektrum für deren Sekundärnutzung durch andere Wissenschaftlerinnen und Wissenschaftler in themenverwandten Forschungsbereichen (Witzel/Medjedović/Kretzer 2008; Medjedović/Witzel 2010; Medjedović 2020).

Zum Beispiel können im Rahmen einer Sekundärnutzung aufbereiteter Forschungsmaterialien ausgewählte Aspekte eines abgeschlossenen Forschungsprojekts vertiefend in anschließenden Studien analysiert werden. Besonders interessant ist auch die mögliche Kombination von Forschungsdaten aus mehreren Untersuchungen oder mit eigens erhobenen Daten für komparative Studien, wie etwa Zeitvergleiche oder Vergleiche einzelner thematischer Aspekte. Archivierte Forschungsmaterialien bieten ebenso das Potenzial für Ideen zukünftiger eigener Forschung und können als Basis dienen, diese vorzubereiten und zu planen.

Die Transparenz der Forschungsprozesse, die durch die Sekundärnutzung von Forschungsmaterialien entsteht, kann darüber hinaus methodische, forschungsethische und inhaltliche Diskurse in der Scientific Community und den Nachvollzug von Forschungsergebnissen unterstützen. In der Lehre ermöglichen Sekundärdaten aus Beispielstudien ein forschungsnahes und anwendungsorientiertes Lernen. Für Qualifikationsarbeiten bieten archivierte Forschungsmaterialen eine gute Datenquelle, die hilft, mit Herausforderungen wie engen Zeitfenstern oder unzureichender unterstützender Infrastruktur umzugehen.

Wenn Forschungsmaterialien aus der Primärforschung für die Sekundärnutzung archiviert und aufbereitet werden sollen, empfiehlt sich die Kontaktaufnahme zu einem FDZ. Schon in der Planungsphase eines Forschungsprojektes macht es Sinn, sich durch ein FDZ beraten zu lassen. Dadurch lässt sich von Anfang an ein Forschungsdatenmanagement etablieren, das die Anforderungen an die Forschungsmaterialien für eine spätere Sekundärnutzung berücksichtigt. Eine gute Kontextualisierung der Forschungsmaterialien – also bspw. die Bereitstellung von Informationen zu verwendeten Forschungsmethoden oder zur Auswahl der Forschungsteilnehmenden – gewährleistet erst die sinnvolle Nachnutzung. Auch müssen juristische Voraussetzungen, etwa im Sinne des Datenschutzes, erfüllt werden, um eine Archivierung und Sekundärnutzung zu ermöglichen. Durch die frühzeitige Involvierung eines FDZ kann vermieden werden, dass am Ende eines Forschungsprozesses ein Berg an zusätzlichen Aufgaben für die Archivierung entsteht, der im Nachhinein schwer zu bewältigen ist. Die vorbereitenden Aufgaben für die Archivierung benötigen allerdings zusätzliche zeitliche und personelle Ressourcen im Forschungsprojekt. Die Experten und Expertinnen in den FDZ können bereits im Rahmen der Vorbereitung des Projekts dabei unterstützen, die notwendigen Fördermittel zu beantragen.

Die Interviewdaten, die wir in diesem Buch verwenden, sind im FDZ Qualiservice an der Universität Bremen archiviert. Auf der Homepage von Qualiservice (https://www.qualiservice.org) stehen weitere Informationen sowie vielfältige Materialien zur Archivierung und Sekundärnutzung zum Download bereit.

Glossar wichtiger PZI-Begriffe

Das Glossar versammelt Kurzbeschreibungen von zentralen Konzepten, die eine Orientierung im PZI-Begriffsuniversum erleichtern und Zusammenhänge besser nachvollziehbar machen sollen. Diese Begriffsbestimmungen beziehen sich auf den Kontext des problemzentrierten Ansatzes und haben keinen Anspruch auf allgemeine Gültigkeit.

Aktives Verstehen: Analytisch unterscheidbarer Aspekt der *problemzentrierten Interinterview*führung. Pro-aktives Vorantreiben des Erkenntnisfortgangs durch interaktive Klärung von Deutungen und *Vorinterpretationen* im Laufe des Interviews mithilfe verständnisgenerierender *Kommunikationsstrategien* zur diskursiv-dialogischen Validierung von Wissensbestandteilen.

Aktives Zuhören: Analytisch unterscheidbarer Aspekt der *problemzentrierten Interinterview*führung. Konzentriertes, zugewandtes und zurückhaltendes Zuhören, das begleitet ist von non-direktiven, produktiv-unterstützenden Signalen der aufmerksamen Rezeption und Verarbeitung von Ausführungen der Interviewten durch körpersprachliche oder verbale Gesten. Wird eingeleitet durch erzählungsgenerierende *Kommunikationsstrategien* und begleitet selbstläufige Ausführungen.

Arbeitsbündnis: Temporäre Arbeitsbeziehung zwischen Interviewenden und Interviewten basierend auf Vereinbarungen zu thematischer Fokussierung, Rollen der Beteiligten und Ablauf der Interviewkommunikation, welche im Rahmen des *methodologischen Vorgesprächs* geklärt werden. Rahmen zur interaktiven Klärung von *Vorinterpretationen* und Erweiterung von *Vorwissen*beständen.

Dokumentarische Methode der Interpretation: Universeller Modus der Bewältigung kommunikativer Vagheit in Interaktionen in Alltag und Forschung durch Bearbeitung und Entschlüsselung der Vieldeutigkeit und *Indexikalität* kontextgebundener Äußerungen und Dokumente. Im Alltag: routinemäßige Nutzung der eigenen Erfahrung zum Verstehen von Handlungen und Aussagen und zur Erhaltung der Handlungsfähigkeit in Situation durch die Vorbereitung angemessener Anschlusshandlungen und -äußerungen. In der Forschung: Nutzung von *Vorwissen* zur systematischen Exploration von Alltagsselbstverständlichkeiten und zur Eingrenzung ihrer Bedeutungsvielfalt. (Nicht zu verwechseln mit dem Auswertungs- und Interpretationsverfahren der Dokumentarischen Methode im Rahmen des Ansatzes der praxeologischen Wissenssoziologie nach Bohnsack 2017).

Frage-Antwort-Schema: Strikt festgelegte Organisationsform von Fragebögen und strukturierten Leitfadeninterviews, bei der vorformulierte Fragen nacheinander abgearbeitet und pointierte Antworten gesucht werden. Widerspricht dem Prinzip der Offenheit qualitativer Forschung, weil das flexible thematische und kommunikative Steuern, Ergänzen und Korrigieren in Abhängigkeit vom Gesprächsverlauf und von Relevanzsetzungen der Interviewten verhindert wird. Im PZI Vermeidung thematischer Engführung und übermäßiger Strukturierung durch die Verwendung eines *Gesprächsfadens* und offener, erzählungsgenerierender sowie verständnisgenerierender *Kommunikationsstrategien.*

Gegenstandsorientierung: Abstimmung von Forschungsdesign, Methode und praktischer Umsetzung der Forschungsinteraktion auf Fragestellung, Beschaffenheit des Forschungsgegenstands und Forschungssubjekte. Im Gegensatz zur Instrumentenorientierung normativ-deduktiver Forschung, die theoretische Vorannahmen unmittelbar in messtechnisch machbare Instrumente umsetzt. Gesprächsführung und *Kommunikationsstrategien* sind auf die subjektive Sicht des Gegenstandes fokussiert, folgen den individuellen Darstellungs- und Ausdrucksweisen der Interviewten (z. B. Reflektiertheit, Eloquenz) und können mehr oder weniger stark dialogisch ausgerichtet sein.

Gesprächsfaden: Gedächtnisstütze für das Interviewgespräch und Orientierungsrahmen, der den gesamten Problembereich entsprechend dem verfügbaren *Vorwissen* in thematische Felder organisiert und Fragerichtungen zur begrifflichen Klärung des *Problems* vorschlägt, ohne ausformulierte Standardfragen zu enthalten und ohne das Interview weder in Struktur und Ablauf zu definieren noch in inhaltlicher Breite einzuschränken (Abgrenzung zum *Frage-Antwort-Schema*). Dient im Unterschied zu konventionellen Interviewleitfäden lediglich als Hintergrundfolie zur Realisierung des Anliegens der *Problemzentrierung*, die abhängig von Person und Situation auf flexible und *gegenstandsorientierte* Frageformulierung angewiesen ist.

Indexikalität: Begriff zur Bezeichnung der Kontextgebundenheit, Vieldeutigkeit und Vagheit von (non/verbalen) Äußerungen, Handlungen und Dokumenten und des damit verbundenen situativen Verweisungszusammenhangs. Bearbeitung und Reduzierung der Vagheit und des Sinnüberschusses von Äußerungen als Anlass *problemzentrierter Interviewführung.*

Kommunikationsstrategien: Kommunikative Vorgehensweisen bei der Durchführung *problemzentrierter Interviews* zur systematischen Rekonstruktion der Problemsicht der Interviewten durch *aktives Zuhören* und *aktives Verstehen.* Ziel der vorwissensbasierten Entwicklung und Bearbeitung von *Vorinterpretationen* und ihrer diskursiv-dialogischen Validierung durch die Kombination von erzählungsgenerierenden Kommunikationsstrategien der allgemeinen Sondierung (Gesprächseinstieg bzw. thematischer Einstieg, Detaillierungsfragen, Fragen nach konkreten Erfahrungsbeispielen, Ad-hoc Fragen, wiederholter thematischer Vergleich) und verständnisgenerierenden Kommunikationsstrategien der spezifischen Sondierung (Zurückspiegelung, Verständnisfragen, Konfrontationen).

Methodologisches Vorgespräch: Metakommunikation zur Vorbereitung der Interviewten auf die thematischen Zielsetzungen, kommunikativen Besonderheiten des Gesprächs und auf ihre Rolle als Subjekte und Objekte des Erkenntnisprozesses mit dem Ziel der Etablierung eines temporären *Arbeitsbündnisses.* Erleichtert die Gesprächsführung und schafft ein robustes Vertrauensverhältnis, das Probleme aufgrund von Interviewfehlern entschärft, weil beide Beteiligten wissen, worum es geht und den produktiven Fortgang des Gesprächs über Irritationen hinweg unterstützen können.

Personalunion von Forschenden/Interviewenden: Ideal der Verschmelzung inhaltlicher, methodischer und methodologischer Kompetenz zur Umsetzung der Anforderungen *problemzentrierter Interviews.* Kompensation durch umfassende Interviewschulung.

Postskriptum: Postkommunikationsbeschreibung unmittelbar im Anschluss an das Interview zur Registrierung von Anmerkungen zu nicht aufgezeichneten Auffälligkeiten vor, während und nach dem Interview – z. B. Besonderheiten der Kontaktaufnahme, Eindrücke zu Situation und Ablauf, non-verbalen Aspekte, Emotionen und *Vorinterpretationen.* Sekundäreffekt der Selbstfürsorge und Stressbewältigung.

Problem: Wissenschaftlich, gesellschaftlich und subjektiv relevante Problemstellung, die Interviewte direkt betrifft, und zu der sie sich auf der Basis alltagsweltlicher bzw. biografischer Erfahrungen umfassend äußern können und wollen. Thematischer Fokus der *Problemzentrierung.*

Problemzentrierung: Kernprinzip des *problemzentrierten Interviews* und Grundanliegen fortlaufender Klärung des Problemverständnisses. Thematische und *vorwissen*basierte Zentrierung auf ein *Problem*feld von wissenschaftlicher Bedeutung und alltagspraktischer Verankerung und Relevanz. Methodische Zentrierung mittels *Kommunikationsstrategien* und auf Basis eines *Arbeitsbündnisses* auf Untersuchungssubjekte, die in lebensweltlichen Kontexten handeln und aufgrund ihrer Problembewältigung darüber Auskunft geben können und wollen. Fördert die Selbstverständigung der Interviewten durch Selbstreflexion und

Verhältnisreflexion und erleichtert den Interviewten die strukturierte Artikulation eigener Relevanzsetzungen. Schrittweise Zuspitzung der Kommunikation auf das Forschungsproblem sowie die Entwicklung, Validierung und Revision von *Vorinterpretationen* und Vorverständnis entlang thematischer Linien, damit Einflussnahmen durch die Interviewenden auch für die Interviewten zu förderlichen Bedingungen für die Klärung subjektiver Sichtweisen werden.

Problemzentriertes Interview: Qualitatives, diskursiv-dialogisches Interviewverfahren zur Sammlung und Rekonstruktion von Wissen über gesellschaftlich und individuell relevante *Probleme* in der Perspektive der Interviewten mittels erzählungs- und verständnisgenerierender *Kommunikationsstrategien*. Rekonstruktion ihrer Problemsicht und gemeinsame Reduzierung des Sinnüberschusses von *indexikalen* Äußerungen und Alltagsselbstverständlichkeiten durch Klärung vielfältiger Referenzbezüge entsprechend der *Dokumentarischen Methode der Interpretation* im Rahmen eines *Arbeitsbündnisses*. Methode des partizipativen Fremdverstehens, die den Interviewten im Rahmen eines korrektiven Austauschs, einen Moment der Kontrolle über die Interpretationen der Interviewenden überlässt. Verfahren der In-vivo-Verständnisklärung, die das laufende, lebendige und reaktive Gespräch als Grundlage und Mittel zur *vorwissen*basierten Entwicklung, Überprüfung und Revision von *Vorinterpretationen* nutzt mit dem Ziel der Überwindung von Missverständnissen, Vorurteilen und Sinnunterstellungen und der schrittweisen Konsolidierung von Wissensbeständen entlang der Relevanzsetzungen der Interviewten.

Prozessorientierung: Schrittweise und flexible Gewinnung und Interpretation von Daten im Rahmen des kommunikativen Austauschs im Interviewgespräch sowie über den gesamten problemzentrierten Forschungsprozess hinweg. Graduelle konzeptuelle Verdichtung und Revision des Vorverständnisses durch Offenhalten von *Vorwissen* (als *sensibilisierende Konzepte*) gegenüber der Empirie. Verstehensprozess im Interview als Erarbeiten und Validieren von *Vorinterpretationen* auf der Grundlage eines vertrauensvollen *Arbeitsbündnisses*, das Redundanzen zulässt und robust ist gegen Interviewfehler und mögliche Verstimmungen im Zuge der Klärung von Widersprüchen im Gespräch.

Sensibilisierende Grundhaltung: *Vorwissen*basierte, entdeckende Forschungshaltung, die den problemzentrierten Forschungsprozess ermöglicht und begleitet, indem sie die Vorläufigkeit des Wissens kultiviert, Aufmerksamkeit anregt und Erkenntnisprozesse vorbereitet und unterstützt sowie Festlegungen auf Sinninterpretationen verzögert. Konstitutiv für die flexible und inhaltlich ergebnisoffene Steuerung des Interviewprozesses in Abstimmung auf Gegenüber und Situation zur Entwicklung und Bearbeitung von *Vorinterpretationen*.

Sensibilisierende Konzepte: Flexible, heuristische Konzepte, die theoretisch-abstraktes *Vorwissen* vorläufig abbilden und die Richtung der Forschung anleiten. Schaffen Sensibilität gegenüber der empirischen Welt und werden im Laufe des Forschungsprozesses in Konfrontation mit den Äußerungen der Interviewten erweitert, spezifiziert und korrigiert, indem Vorverständnis und *Vorinterpretationen* schrittweise in Interpretationen und Verständnis überführt werden.

Sensibilisierende Rahmen/Modelle: Heuristisch-theoretische Verknüpfung *sensibilisierender Konzepte* zu vorläufigen konzeptuellen Rahmen bzw. Modellen zur Anleitung und Unterstützung des gesamten Forschungsprozesses (Vorbereitung, Erhebung, Analyse) einschließlich tentativer Hypothesen zu den Konturen des *Problems* ohne Vorwegnahme von Inhalten.

Vorinterpretation: Ergebnis und Prozess der Entwicklung vorläufiger Interpretationen auf der Basis des *problemzentrierten* Dialogs. Lernprozess des Abgleichens von *Vorwissen*bestandteilen mit den Äußerungen der Interviewten auf Basis ihres Alltagswissens zur Überwindung von Vorurteilen und Sinnunterstellungen. Zwischenergebnis des Erkenntnisfortschritts der fortlaufenden Klärung des Problemverständnisses, das noch während des *problemzentrierten Interviews* mithilfe verständnisgenerierender *Kommunikationsstrategien* einer direkten Validierung unterzogen wird und einen Interpretationsrahmen schafft für die anschließende systematische Textinterpretation. Aspekte des Prozesses und vorläufige Ergebnisse werden im *Postskriptum* festgehalten.

Vorwissen: *Problem*bezogenes und expliziertes Hintergrundwissen (aus Alltag, Kontext, vorhandener Forschung) der Forschenden, erkenntnistheoretisches A priori und Ausgangspunkt des hermeneutischen Prozesses der Aktualisierung, Erweiterung und Revision verfügbaren Wissens mittels *sensibilisierender Grundhaltung*. Heuristisches Forschungskapital, das in *sensibilisierenden Konzepten* und *sensibilisierenden Rahmen/Modellen* abgebildet wird, den Verstehensprozess anleitet, Forschung orientiert und den Erkenntnisprozess begleitet. Ermöglicht die *Problemzentrierung* des Gesprächs in Breite und Tiefe sowie die aktive Exploration und Entdeckung bzw. Überwindung von Selbstverständlichkeiten des Alltags im Sinne von Kürzeln, Stereotypen und Widersprüchen. Dem praktischen (Alltags-)Wissen der Interviewten nicht überlegen und steht damit auch nicht im Wettbewerb.

Vorwissensmanagement: Reflexion, Aneignung und strategisch-sensibilisierende Anwendung von *Vorwissen* in allen Phasen des PZI ausgehend von der vorläufigen Formulierung des *Problems*. Fortlaufende Kritik und Kontrolle begrifflicher Bestimmungen durch Offenhalten des Vorwissens gegenüber der ‚eigensinnigen' empirischen Welt.

PZI – Literatur, chronologisch

Witzel, Andreas (1982): Verfahren der Qualitativen Sozialforschung: Überblick und Alternativen. Frankfurt a. M./New York: Campus Verlag.

Witzel, Andreas (1985): Das problemzentrierte Interview. In: Jüttemann, Gerd (Hrsg.): Qualitative Forschung in der Psychologie: Grundfragen, Verfahrensweisen, Anwendungsfelder. Weinheim: Beltz. S. 227–255.

Witzel, Andreas (1996): Auswertung problemzentrierter Interviews: Grundlagen und Erfahrungen. In: Strobl, Rainer/Böttger, Andreas (Hrsg.): Wahre Geschichten? Zu Theorie und Praxis qualitativer Interviews. Baden-Baden: Nomos. S. 49–75.

Witzel, Andreas (2000). Das problemzentrierte Interview [25 Absätze]. Forum Qualitative Sozialforschung / Forum: Qualitative Social Research, 1(1), Art. 22, http://nbn-resolving.de/urn:nbn:de:0114-fqs0001228

Kühn, Thomas/Witzel, Andreas (2000): Der Gebrauch einer Textdatenbank im Auswertungsprozess problemzentrierter Interviews [115 Absätze]. Forum Qualitative Sozialforschung/Forum Qualitative Social Research, 1(3), Art. 18, http://nbn-resolving.de/urn:nbn:de:0114-fqs0003183

Witzel, Andreas/Reiter, Herwig (2012): The problem-centred interview: principles & practice. London: Sage.

Reiter, Herwig/Witzel, Andreas (2019): Problem-centred interview. In: Atkinson, Paul A./Delamont, Sara/Cernat, Alexandru/Sakshaug, Joseph W./Williams, Richard A. (Hrsg.): SAGE Research Methods Foundations. https://methods.sagepub.com/foundations/problem-centred-interview

Witzel, Andreas/Reiter, Herwig (2021): Das problemzentrierte Interview. SocArXiv Papers. https://doi.org/10.31235/osf.io/uetq8 (Abfrage: 03.06.2022).

Witzel, Andreas/Reiter, Herwig (2022): Das problemzentrierte Interview – eine praxisorientierte Einführung. Weinheim/Basel: Beltz Juventa.

Literatur

Ackermann, Annelen/Medjedović, Irena/Witzel, Andreas (2004): Betreuungsrecht und Betreuungspraxis. Gesetzesentwicklung und Handlungsstrategien zwischen Kostendämpfung und Rehabilitation. In: Zeitschrift für Rechtssoziologie 25, H. 2, S. 191–220.

Baur, Nina/Kelle, Udo/Kuckartz, Udo (2017): Mixed methods. Kölner Zeitschrift für Soziologie und Sozialpsychologie 69, Supplement 2. Wiesbaden: Springer VS.

Blumer, Herbert (1954): What is wrong with social theory? In: American Sociological Review 14, S. 3–10.

Blumer, Herbert (1980): Der methodologische Standort des symbolischen Interaktionismus. In: Arbeitsgruppe Bielefelder Soziologen (Hrsg.): Alltagswissen, Interaktion und Gesellschaftliche Wirklichkeit. Wiesbaden: Springer Fachmedien. S. 80–188.

Bogner, Alexander/Menz, Wolfgang (2002): Das theoriegenerierende Experteninterview. Erkenntnisinteresse, Wissensformen, Interaktion. In: Bogner, Alexander, Littig, Beate/Menz, Wolfgang (Hrsg.): Das Experteninterview. Theorie, Methode, Anwendung. Opladen: Leske + Budrich. S. 33–70.

Bohnsack, Ralf (2017): Praxeologische Wissenssoziologie. Opladen. Verlag Barbara Budrich/UTB.

Brinkmann, Svend/Kvale, Steinar (2015): InterViews. Learning the craft of qualitative research interviewing. 3rd ed. Thousand Oaks: Sage.

Brinkmann, Svend/Kvale, Steinar (2018): Doing interviews. London: Sage.

Buschle, Christina/Reiter, Herwig/Bethmann, Arne (2022): The qualitative pretest interview for questionnaire development: outline of programme and practice. In: Quality & Quantity 56, S. 823–842. https://doi.org/10.1007/s11135-021-01156-0 (Abfrage: 03.06.2022).

Cicourel, Aaron V. (1970): Methode und Messung in der Soziologie. Frankfurt a. M.: Suhrkamp.

Cicourel, Aaron V. (1974): Theory and method in a study of Argentine fertility. New York: John Wiley & Sons.

Collica-Cox, Kimberly/Furst, Gennifer (2019): It's not the CSI effect: criminal justice students' choice of major and career goals. In: International Journal of Offender Therapy and Comparative Criminology 63, H. 11, S. 2069–2099.

Diekmann, Andreas (2008): Empirische Sozialforschung. Grundlagen, Methoden, Anwendungen. Reinbek: Rowohlt Verlag.

Edwards, Allen L. (1957): The social desirability variable in personality assessment and research. New York: The Dryden Press.

Erzberger, Christian (1998): Zahlen und Wörter. Die Verbindung quantitativer und qualitativer Daten und Methoden im Forschungsprozeß. Weinheim: Deutscher Studien Verlag.

Flick, Uwe (2021): Doing interview research. The essential how to guide. London: Sage.

Fontana, Andrea/Frey, James H. (2005): The interview: from neutral stance to political involvement. In: Denzin, Norman K./Lincoln, Yvonna S. (Hrsg.): The Sage handbook of qualitative research. Thousand Oaks: Sage Publications. S. 695–727.

Friese, Susanne (2022): Role and impact of CAQDAS software for designs in qualitative research. In: Flick, Uwe (Hrsg.): The SAGE handbook of qualitative research design. 2 volume set. Volume 1. London: Sage. S. 307–326.

Garfinkel, Harold (1967): Studies in Ethnomethodology Englewood Cliffs: Prentice-Hall.

Garfinkel, Harold (1980): Das Alltagswissen über Soziale und Innerhalb Sozialer Strukturen. In: Arbeitsgruppe Bielefelder Soziologen (Hrsg.): Alltagswissen, Interaktion und Gesellschaftliche Wirklichkeit. Wiesbaden: Springer Fachmedien. S. 189–262.

Geertz, Clifford (2003): Dichte Beschreibung. Beiträge zum Verstehen kultureller Systeme. Frankfurt a. M.: Suhrkamp.

Glaser, Barney/Strauss, Anselm L. (1971): Status passage. London: Routledge.

Gulowski, Rebecca (2022): Sekundärtrauma in der qualitativen Forschung: Traumasensitivität in der Forschung zu sexualisierter Gewalt [57 Absätze]. Forum Qualitative Sozialforschung / Forum: Qualitative Social Research, 23(1), Art. 18, https://doi.org/10.17169/fqs-23.1.3697 (Abfrage: 03.06.2022).

Haase, Dieter/Witzel, Andreas/Ackermann, Annelen/Medjedović, Irena (2003): Betreuungskosten. Empirische Studie über die Kostenentwicklung in Betreuungssachen und die Möglichkeiten ihrer Reduzierung. Anhang Bezirksanalysen. Bremen. https://nbn-resolving.org/urn:nbn:de:0168-ssoar-47430-3 (Abfrage: 03.06.2022).

Heinz, Walter R. (1988): Selbstsozialisation uns Arbeitsmarkt: Jugendliche zwischen Modernisierungsversprechen und Beschäftigungsrisiken. In: Das Argument 168, S. 198–207.

Heinz, Walter R. (2000): Selbstsozialisation im Lebenslauf: Umrisse einer Theorie biographischen Handelns. In: Hoerning, Erika M. (Hrsg.): Biographische Sozialisation. Stuttgart: Lucius & Lucius. S. 165–186.

Heinz, Walter R. (2002): Self-socialization and post-traditional society. In: Advances in Life Course Research 7, S. 41–64.

Heinz, Walter R./Behrens, Johann (1991): Statuspassagen und soziale Risiken im Lebensverlauf. In: BIOS Zeitschrift für Biographieforschung und Oral History 4, 1/91, S. 121–139.

Heinz, Walter R./Witzel, Andreas (1995): Das Verantwortungsdilemma in der beruflichen Sozialisation. In: Hoff, Ernst H./Lappe, Lothar (Hrsg.): Verantwortung im Arbeitsleben. Heidelberg: Asanger. S. 99–113.

Heinz, Walter R./Witzel, Andreas/Bogun, Roland/Helling, Vera/Mönnich, Ingo (2022a): Statuspassagen in die Erwerbstätigkeit. Differenzierungsprozesse von Berufsbiographien bei der Integration in das Beschäftigungssystem (Statuspassagen an der „zweiten Schwelle" II) (SPE). Transkripte der Interviews. Bremen: FDZ Qualiservice. (data set). https://doi.org.de/10.1594/PANGAEA.941278 (Eingeschränkter Zugang).

Heinz, Walter R./Witzel, Andreas/Bogun, Roland/Helling, Vera/Mönnich, Ingo (2022b): Studienreport „SFB186 – Teilprojekt A01: Statuspassagen in die Erwerbstätigkeit. Differenzierungsprozesse von Berufsbiographien bei der Integration in das Beschäftigungssystem (Statuspassagen an der „zweiten Schwelle" II) (SPE)". Unter Mitarbeit von Jenny Hahs, Yana Nenkova und Karolin Marie Meyer. Bremen: FDZ Qualiservice. https://doi.org/10.26092/elib/1429 (Abfrage: 03.06.2022).

Helfferich, Cornelia (2011): Qualität qualitativer Daten. Manual für die Durchführung qualitativer Einzelinterviews. 4. Auflage. Wiesbaden: Verlag für Sozialwissenschaften.

Helfferich, Cornelia (2014): Leitfaden- und Experteninterviews. In: Baur, Nina/Blasius, Jörg (Hrsg.): Handbuch Methoden der empirischen Sozialforschung. Wiesbaden: Springer VS. S. 559–574.

Honer, Anne (2006): Interview. In: Bohnsack, Ralf/Marotzki, Winfried/Meuser, Michael (Hrsg.): Hauptbegriffe qualitativer Sozialforschung. Opladen: Verlag Barbara Budrich. S. 94–99.

Hopf, Christel (1978): Die Pseudo-Exploration – Überlegungen zur Technik qualitativer Interviews in der Sozialforschung. In: Zeitschrift für Soziologie 7, S. 97–115.

Hurrelmann, Klaus (1983): Das Modell des produktiv realitätsverarbeitenden Subjekts in der Sozialisationsforschung. In: Zeitschrift für Sozialisationsforschung und Erziehungssoziologie, 3, S. 91–103.

Kahn, Robert L./Cannell, Charles F. (1957): The dynamics of interviewing: theory, technique, and cases. New York: John Wiley & Sons.

Kelle, Udo (1994): Empirisch begründete Theoriebildung. Zur Logik und Methodologie interpretativer Sozialforschung. Weinheim: Deutscher Studien Verlag.

Kelle, Udo (2007a): Die Integration qualitativer und quantitativer Methoden in der empirischen Sozialforschung Theoretische Grundlagen und methodologische Konzepte. Wiesbaden: VS Verlag.

Kelle, Udo (2007b): Theoretisches Vorwissen und Kategorienbildung in der „Grounded Theory". In: Kuckartz, Udo/Grunenberg, Heiko/Dresing, Thorsten (Hrsg.): Qualitative Datenanalyse: computergestützt. Wiesbaden: VS Verlag. S. 32–49.

Kelle, Udo/Erzberger, Christian (2001): Die Integration qualitativer und quantitativer Forschungsergebnisse. In: Kluge, Susann/Kelle, Udo (Hrsg.): Methodeninnovation in der Lebenslaufforschung: Integration qualitativer und quantitative Verfahren in der Lebenslauf- und Biographieforschung. Weinheim/München: Juventa. S. 89–133.

Kelle, Udo/Kluge Susann (2010): Vom Einzelfall zum Typus. Fallvergleich und Fallkontrastierung in der qualitativen Sozialforschung. Wiesbaden: VS Verlag.

Keuneke, Susanne/Graß, Hildegard/Ritz-Timme, Stefanie (2010): „CSI-Effekt" in der deutschen Rechtsmedizin. Einflüsse des Fernsehens auf die berufliche Orientierung Jugendlicher. In: Rechtsmedizin 20, S. 400–406.

Kleemann, Frank/Krähnke, Uwe/Matuschek, Ingo (2013): Interpretative Sozialforschung. Eine Einführung in die Praxis des Interpretierens. 2. Auflage, Wiesbaden: Springer VS.

Kluge, Susann (1999): Empirisch begründete Typenbildung. Zur Konstruktion von Typen und Typologien in der qualitativen Sozialforschung. Opladen: Leske und Budrich.

Kluge, Susann/Kelle, Udo (Hrsg.) (2001): Methodeninnovation in der Lebenslaufforschung. Integration qualitativer und quantitativer Verfahren in der Lebenslauf- und Biographieforschung. Weinheim/München: Juventa.

Kromrey, Helmut/Roose, Jochen/Strübing, Jörg (2016): Empirische Sozialforschung. Modelle und Methoden der standardisierten Datenerhebung und Datenauswertung mit Annotationen aus qualitativ-interpretativer Perspektive. 13., völlig überarbeitete Auflage. Konstanz: UTB.

Kruse, Jan (2014): Qualitative Interviewforschung. Ein integrativer Ansatz. Weinheim/Basel: Beltz Juventa.

Kuckartz, Udo/Rädiker, Stefan (2020): Fokussierte Interviewanalyse mit MAXQDA. Schritt für Schritt. Wiesbaden: Springer VS.

Kühn, Thomas/Witzel, Andreas (2000a): Der Gebrauch einer Textdatenbank im Auswertungsprozess problemzentrierter Interviews [115 Absätze]. Forum Qualitative Sozialforschung/Forum Qualitative Social Research, 1(3), Art. 18, https://doi.org/10.17169/fqs-1.3.1035 (Abfrage: 03.06.2022).

Kühn, Thomas/Witzel, Andreas (2000b): Biographiegestaltung junger Fachkräfte in den ersten Berufsjahren – Methodologische Leitlinien und Herausforderungen im Zuge einer qualitativ-prospektiven Längsschnittstudie. Forum Qualitative Sozialforschung/Forum: Qualitative Social Research, 1(2), Art. 17. https://doi.org/10.17169/fqs-1.2.1086 (Abfrage: 03.06.2022).

Mannheim, Karl (1952): On the interpretation of „Weltanschauung". In: Kecskemeti, Paul (Hrsg.): Essays on the sociology of knowledge. New York: Oxford University Press. S. 33–83.

Medjedović, Irena (2020): Qualitative Sekundäranalyse. In: Mey, Günter/Mruck, Katja (Hrsg.): Handbuch qualitative Forschung in der Psychologie. Band 2: Designs und Verfahren. Wiesbaden: Springer Fachmedien. S. 79–95.

Medjedović, Irena/Witzel, Andreas (2010): Wiederverwendung qualitativer Daten. Archivierung und Sekundärnutzung qualitativer Interviewtranskripte. Wiesbaden: VS Verlag.

Meinefeld, Werner (2000): Hypothesen und Vorwissen in der qualitativen Sozialforschung. In: Flick, Uwe/Kardorff, Ernst von/Steinke, Ines (Hrsg.): Qualitative Forschung. Ein Handbuch. Reinbek: Rowohlt. S. 265–275.

Mey, Günter (2000): Erzählungen in qualitativen Interviews: Konzepte, Probleme, soziale Konstruktion. In: Sozialer Sinn 1: S. 135–51.

Mey, Günter/Mruck, Katja (2020): Qualitative Interviews. In: Mey, Günter/Mruck, Katja (Hrsg.): Handbuch qualitative Forschung in der Psychologie. Band 2: Designs und Verfahren. Wiesbaden: Springer Fachmedien. S. 315–335.

Misoch, Sabina (2019): Qualitative Interviews. 2., erweiterte und aktualisierte Auflage. Berlin: De Gruyter Oldenbourg.

Moses, Jonathon W./Knutsen, Torbjørn. L. (2007): Ways of knowing: Competing methodologies in social and political research. Houndmills: Palgrave Macmillan.

Opitz, Diane/Witzel, Andreas (2005): The concept and architecture of the Bremen Life Course Archive. Forum Qualitative Sozialforschung/Forum: Qualitative Social Research, 6(2), Art. 37. https://doi.org/10.17169/fqs-6.2.460 (Abfrage 03.06.2022).

Ploder, Andrea (2018): Geschichte der qualitativen und interpretativen Sozialforschung im deutschsprachigen Raum nach 1945. In: Moebius, Stephan/Ploder, Andrea (Hrsg.): Handbuch Geschichte der deutschsprachigen Soziologie. Vol. 1: Geschichte der Soziologie im deutschsprachigen Raum. Wiesbaden: VS Verlag. S. 735–760.

Porst, Rolf (2014): Fragebogen. Ein Arbeitsbuch. Wiesbaden: Springer VS.

Przyborski, Aglaja/Wohlrab-Sahr, Monika (2014): Qualitative Sozialforschung. Ein Arbeitsbuch. 4. Auflage. München: Oldenbourg Wissenschaftsverlag.

RatSWD [Rat für Sozial- und Wirtschaftsdaten] (2017): Forschungsethische Grundsätze und Prüfverfahren in den Sozial- und Wirtschaftswissenschaften. RatSWD Output 9(5). Berlin, Rat für Sozial- und Wirtschaftsdaten (RatSWD). https://doi.org/10.17620/02671.1 (Abfrage: 03.06.2022).

RatSWD [Rat für Sozial- und Wirtschaftsdaten] (2020): Handreichung Datenschutz. 2. vollständig überarbeitete Auflage. RatSWD Output 8(6). Berlin, Rat für Sozial- und Wirtschaftsdaten (RatSWD). https://doi.org/10.17620/02671.50 (Abfrage: 03.06.2022).

Reichertz, Jo (2013): Gemeinsam interpretieren. Die Gruppeninterpretation als kommunikativer Prozess. Wiesbaden: Springer VS.
Reichertz, Jo (2016): Qualitative und interpretative Sozialforschung. Eine Einladung. Wiesbaden: Springer VS.
Reinders, Heinz (2016): Qualitative Interviews mit Jugendlichen führen. Ein Leitfaden. 3. Durchgesehene und erweiterte Auflage. Berlin: De Gruyter Oldenbourg.
Reiter, Herwig (2010): „In my opinion, work would be in first place and family in second." – Young women's imagined gender-work relations in post-Soviet Lithuania. In: Journal of Baltic Studies 41, H. 4, S. 531–51.
Reiter, Herwig (2012): On biographical alienation. In: Zeitschrift für Soziologie 41, H. 1, S. 24–40.
Reiter, Herwig (2013): Unemployment in Post-Communism: A Problem-Centred Interview Study. In SAGE Research Methods Cases. London, United Kingdom: SAGE Publications, Ltd. http://dx.doi.org/10.4135/978144627305014528619 (Abfrage: 03.06.2022).
Reiter, Herwig (2019): The problem-centred approach for researching biographical uncertainty and risk. In: Olofsson, Anna/Zinn, Jens O. (Hrsg.): Researching risk and uncertainty. Methodologies, methods and research strategies. Cham: Palgrave Macmillan. S. 153–180.
Reiter, Herwig (2021): Anmerkungen zur Schutzbedürftigkeit qualitativer Sozialforscher*innen im Rahmen einer erweiterten Forschungsethik. In: Franz, Julia/Unterkofler, Ursula (Hrsg.): Forschungsethik in der Sozialen Arbeit. Prinzipien und Erfahrungen. Opladen: Verlag Barbara Budrich. S. 269–280.
Reiter, Herwig/Witzel, Andreas (2019): Problem-centred interview. In: Atkinson, Paul A./Delamont, Sara/Cernat, Alexandru/Sakshaug, Joseph W./Williams, Richard A. (Hrsg.): SAGE Research Methods Foundations.: Sage Publications. https://dx.doi.org/10.4135/9781526421036764665 (Abfrage: 03.06.2022).
Rogers, Carl R. (2021/1961): Entwicklung der Persönlichkeit. Psychotherapie aus der Sicht eines Therapeuten. 23. Auflage. Stuttgart: Klett-Cotta.
Saldaña, Johnny (2021): The coding manual for qualitative researchers. 4th edition. London: Sage.
Schaeper, Hilde/Kühn, Thomas/Witzel, Andreas (2000): Diskontinuierliche Erwerbskarrieren in den 1990ern: Strukturmuster und biografische Umgangsweisen betrieblich ausgebildeter Fachkräfte. In: Mitteilungen aus der Arbeitsmarkt- und Berufsforschung 33, S. 80–100.
Schaeper, Hilde/Witzel, Andreas (2001): Rekonstruktion einer qualitativen Typologie mit standardisierten Daten. In: Kluge, Susann/Kelle, Udo (Hrsg.): Methodeninnovation in der Lebenslaufforschung: Integration qualitativer und quantitative Verfahren in der Lebenslauf- und Biographieforschung. Weinheim/München: Juventa. S. 217–259.
Schreier, Margrit (2020): Fallauswahl. In: Mey, Günter/Mruck, Katja (Hrsg.): Handbuch Qualitative Forschung in der Psychologie. Springer, Wiesbaden. S. 19–39.
Schütz Alfred (1971): Wissenschaftliche Interpretation und Alltagsverständnis menschlichen Handelns. In: Schütz, Alfred (Hrsg.): Gesammelte Aufsätze, Bd. I, Das Problem der sozialen Wirklichkeit. Den Haag: Martinus Nijhoff. S. 3–54.
Schütz, Alfred (1972): Der gut informierte Bürger. Ein Versuch über die soziale Verteilung des Wissens. In: Brodersen, Arvid (Hrsg.): Gesammelte Aufsätze, Bd. II., Studien zur soziologischen Theorie. Den Haag: Martinus Nijhoff. S. 85–101.
Schütze, Fritz (1977): Die Technik des narrativen Interviews in Interaktionsfeldstudien – dargestellt an einem Projekt zur Erforschung von kommunalen Machtstrukturen. Bielefeld: Universität Bielefeld. Unveröffentlichtes Manuskript.
Schütze, Fritz (1983): Biographieforschung und narratives Interview. In: Neue Praxis 3, S. 283–293.
Steinke, Ines (2000): Gütekriterien qualitativer Sozialforschung. In: Flick, Uwe/von Kardorff, Ernst/Steinke, Ines (Hrsg.): Qualitative Forschung. Ein Handbuch. Reinbek: Rowohlt. S. 319–331.
Strauss, Anselm L./Corbin, Juliet M. (1996): Grounded theory: Grundlagen qualitativer Sozialforschung. Beltz, Psychologie-Verlag-Union.
Wahler, Peter/Witzel, Andreas (1985): Arbeit und Persönlichkeit – jenseits von Determination und Wechselwirkung. Anmerkungen zur Rekonstruktion der Handlungslogik einer werdenden Arbeitskraft. In: Hoff, Ernst H./Lappe, Lothar/Lempert, Wolfgang (Hrsg.): Arbeitsbiographie und Persönlichkeitsentwicklung. Bern: Huber. S. 224–236.
Watzlawick, Paul/Beavin, Janet H./Jackson, Don D. (2017/1967): Menschliche Kommunikation – Formen, Störungen, Paradoxien. Bern: Hogrefe.

Wengraf, Tom (2001): Qualitative research interviewing. Biographic narratives and semi-structured methods. London: Sage.
Wilson, Thomas P. (1973): Theorien der Interaktion und Modelle soziologischer Erklärung. In: Arbeitsgruppe Bielefelder Soziologen (Hrsg.): Alltagswissen, Interaktion und gesellschaftliche Wirklichkeit. Wiesbaden: Springer Fachmedien. S. 54–79.
Witzel, Andreas (1982): Verfahren der Qualitativen Sozialforschung: Überblick und Alternativen. Frankfurt a. M./New York: Campus Verlag.
Witzel, Andreas (1985): Das problemzentrierte Interview. In: Jüttemann, Gerd (Hrsg.): Qualitative Forschung in der Psychologie: Grundfragen, Verfahrensweisen, Anwendungsfelder. Weinheim: Beltz. S. 227–255.
Witzel, Andreas (1996): Auswertung problemzentrierter Interviews: Grundlagen und Erfahrungen. In: Strobl, Rainer/Böttger, Andreas (Hrsg.): Wahre Geschichten? Zu Theorie und Praxis qualitativer Interviews. Baden-Baden: Nomos. S. 49–75.
Witzel, Andreas (2000): Das problemzentrierte Interview [25 Absätze]. Forum Qualitative Sozialforschung / Forum: Qualitative Social Research, 1(1), Art. 22. https://doi.org/10.17169/fqs-1.1.1132 (Abfrage: 03.06.2022).
Witzel, Andreas (2001): Prospektion und Retrospektion im Lebenslauf. Ein Konzept zur Rekonstruktion berufs- und bildungsbiographischer Orientierungen und Handlungen. Zeitschrift für Sozialisationsforschung und Erziehungssoziologie 21, H. 4, S. 339–355.
Witzel, Andreas (2020): Qualitative Längsschnittstudien. In: Mey, Günter/Mruck, Katja (Hrsg.): Handbuch qualitative Forschung in der Psychologie. Band 2: Designs und Verfahren. Wiesbaden: Springer Fachmedien. S. 59–77.
Witzel, Andreas/Kühn, Thomas (2000): Orientierungs- uns Handlungsmuster beim Übergang in das Erwerbsleben. In: Heinz, Walter R. (Hrsg.): Übergänge: Individualisierung, Flexibilisierung und Institutionalisierung des Lebensverlaufs. Zeitschrift für Soziologie der Erziehung und Sozialisation, 3. Beiheft 2000. Weinheim/München: Juventa. S. 9–29.
Witzel, Andreas/Kühn, Thomas (2001): Biographiemanagement und Planungschaos. Arbeitsmarktplatzierung und Familiengründung bei jungen Erwachsenen. In: Born, Claudia/Krüger, Helga (Hrsg.): Individualisierung und Verflechtung. Geschlecht und Generation im Lebenslaufregime. Weinheim/München: Juventa. S. 55–82.
Witzel, Andreas/Mey, Günter (2004): „I am NOT opposed to quantification or formalization or modeling, but do not want to pursue quantitative methods that are not commensurate with the research phenomena addressed.“ Aaron Cicourel in conversation with Andreas Witzel and Günter Mey [106 paragraphs]. Forum Qualitative Sozialforschung / Forum: Qualitative Social Research, 5(3), Art. 41. https://doi.org/10.17169/fqs-5.3.549 (Abfrage:03.06.2022).
Witzel, Andreas/Medjedović, Irena/Kretzer, Susanne (Hrsg.) (2008): Sekundäranalyse qualitativer Daten. Historical Social Research/Historische Sozialforschung, 33(3).
Witzel, Andreas/Reiter, Herwig (2012): The problem-centred interview: principles & practice. London: Sage.
Witzel, Andreas/Reiter, Herwig (2021): Das problemzentrierte Interview. SocArXiv Papers. https://doi.org/10.31235/osf.io/uetq8 (Abfrage: 03.06.2022).
Wolff, Stephan (2000): Wege ins Feld und ihre Varianten. In: Flick, Uwe/von Kardorff, Ernst/Steinke, Ines (Hrsg.) Qualitative Forschung. Ein Handbuch. Reinbeck: rowohlts enzyklopädie. S. 334–349.
Zinn, Jens O. (2004): Health, risk and uncertainty in the life course: A typology of biographical certainty constructions. In: Social Theory & Health, H. 2, S. 199–221.

Anhang

Gesprächsfaden der Beispielstudie – erste Erhebungswelle (1989/1990)

1. Einstieg

„Sie haben ja … gelernt. Wie ist es denn eigentlich dazu gekommen?“

2. Vorberufliche Situation

2.1. Berufswahl

- Wann Gedanken gemacht, wann entschieden?
- Davor oder daneben andere Pläne verfolgt? (schulisch, beruflich, Wunschberuf)
- Was war wichtig für die Entscheidung: zukünftige Karriere- und Berufschancen, Weiterbildungsmöglichkeiten, sicherer Arbeitsplatz, zu erwartendes Einkommen, Arbeitsinhalte, Überhaupt eine Ausbildung
- Mit Eltern, Freunden, Lehrern darüber gesprochen?
- Betriebspraktikum
- Berufsberatung (Arbeitsamt)

2.2. Lehrstellensuche

- Wie viele Bewerbungen, wo, warum dort? (Beruf, Betrieb, Region, Anzahl der Angebote)
- Wie gesucht? (Arbeitsamt, Zeitungen, Telefonbuch)
- Unterstützung durch Eltern, Bekannte?
- Lehrstellenangebot, Schulabschluss, Geschlecht, hinderlich/förderlich für die Suche?
- Warum die Lehrstelle angenommen? Warum hat der Betrieb Sie genommen?
- Sind die Erwartungen erfüllt worden? (Länger gesucht, mehr Ablehnungen als erwartet), Umgang mit Absagen, Testergebnissen
- Wie ist es Freunden, Klassenkameraden ergangen?

3. Ausbildung

„Jetzt würde ich gerne mit Ihnen über Ihre Ausbildung reden."

- Betrieb, Anzahl der Azubis, Vorgesetzte
- Gute/schlechte Seiten der Berufsausbildung: a) Betrieb, b) Berufsschule
- Wenn schlecht, an Abbruch gedacht?
- Erklärung von Missständen
- Änderungsmöglichkeiten
- Eigene Ansprüche an die Ausbildung (Inhalte, Bedingungen, Geld)
- Betriebliche Ansprüche: Bewertung und Umgang damit (Kollegen)
- Bedeutung der Abschlussprüfung (Leistungen, Privatleben)
- Bedeutung der Neuordnung des Berufs
- Würden Sie diese Ausbildung noch einmal machen? (Beruf, Betrieb)

3.1. Übergangssituation (1. Schwelle)

„Vor einem halben Jahr, als Sie unseren Fragebogen ausgefüllt haben, hat Ihnen ja Ihr Ausbildungsbetrieb ein (kein) Übernahmeangebot gemacht. ... Wie ist denn das überhaupt abgelaufen: Stand schon früh fest, wer übernommen wird oder wurde das bis zum Ende der Ausbildung offen gehalten?"

- Wann erfahren? Damit gerechnet?
- Bei anderen Azubis genauso?
- Übernahmekriterien des Betriebes (Erklärung)
- Wollten Sie übernommen werden? Warum?
- Was haben Sie selbst dafür getan, übernommen zu werden?
- Andere Pläne / wie praktisch verfolgt?
- Verhältnis zu Azubis im Verlauf?

3.2. Bei Übernahme:

- Bedingungen der Übernahme (Befristung, Mitbestimmung bei Arbeitsplatzwahl)

3.3. Bei Nichtübernahme:

- Konsequenzen für weitere berufliche Pläne
- Was unternommen, um Arbeitsplatz zu finden?

3.4. Bei Absolventen einer Berufsqualifizierungsmaßnahme:

„Für Sie stand ja von vornherein fest, dass Sie sich nach Abschluss der Lehre einen Arbeitsplatz suchen müssen. Hat Ihnen diese Perspektive Schwierigkeiten bereitet?"

- Wie damit umgegangen?
- Beurteilung der Ausbildung: inhaltlich als Voraussetzung für Arbeitsplatzsuche

3.5. Arbeitslosigkeit

„Haben Sie damit gerechnet, arbeitslos zu werden?"

- Warum arbeitslos geworden? (Schulbildung, Region, Beruf, Geschlecht)
- Wie war das bei Kollegen Freunden, Familie?
- Belastungen (materiell, psychisch)
- Weitere berufliche Pläne (Anspruchsreduktion? Zeitliche Perspektiven, materielle Sicherheit contra Arbeitsinhalte)
- Was getan, um in Arbeit zu kommen?
- Was wollen sie tun, wenn in 1/2 Jahr immer noch arbeitslos?
- Bedeutung für private Pläne, Freizeitinteressen?

3.6. Bundeswehr/Zivildienst

„Wann rechnen Sie damit, BW, Zivildienst zu machen?"

- Bedeutung für berufliche Pläne (Zwang, Überbrückungszeit, Strategie)
- Nachteile im Betrieb? (Sozialer Vergleich)

3.7. Für alle, die in einem anderen als dem Ausbildungsbetrieb arbeiten

„Wie sind sie zu Ihrem Arbeitsplatz gekommen?"

- Wie viele Bewerbungen für welche Arbeitsplätze (Anlern-, berufsfremde Tätigkeiten)?
- Wo beworben? (Regional, überregional, welche Betriebe) Warum dort?
- Wie versucht? Arbeitsamt, Beziehungen, Zeitungen
- Arbeitsplatzangebot, Ausbildung hinderlich/förderlich? Warum?
- Warum für diesen Arbeitsplatz entschieden?

- Warum hat der Betrieb Sie genommen?
- Erwartungen erfüllt? (Erklärung von Erfolg/Misserfolg)
- Wie war das bei Mitschülern, Kollegen?

4. Arbeitsplatz

- Verwendbarkeit der Berufsausbildung (evtl. Fortbildung nötig)
- Gute/schlechte Seiten der Arbeit
- Bei schlechten Seiten: Änderungsmöglichkeiten oder daran gewöhnen?
- Was erwartet der Betrieb?
- Entspricht die Arbeit Ihren Vorstellungen (Arbeitsinhalte, Arbeitsbedingungen, Geld, Aufstiegschancen, Leistung)
- Private/Freizeitinteressen mit Berufstätigkeit vereinbar? (Arbeitszeit, Geld, Müdigkeit, Konflikte mit Partner)
- Wie ist das bei Kollegen?
- Was fehlt Ihnen eigentlich auf Ihrem jetzigen Arbeitsplatz?

5. Zukunftsperspektiven

„Wie geht es denn in den nächsten Jahren bei Ihnen weiter?“ (Ablösung von Eltern, Familiengründung, finanzielle Ansprüche, Karriere, Berufs-, Betriebswechsel)

- Was wollen Sie bis wann erreicht haben?
- Was unternommen/geplant, um diese Ziele zu erreichen?
- Wovon ist die Verwirklichung der Ziele abhängig? (Persönliche Voraussetzungen/Leistungen, Arbeitsmarkt)
- Bedeutung von: Arbeit/Freizeit?

6. Rückblick

„Wenn Sie jetzt noch einmal auf die letzten Jahre zurückblicken, würden Sie eigentlich alles noch einmal wieder so machen?“

- Schulabschluss, Beruf, Betrieb ...:
- Auf Widersprüche achten!